Das Buch

Dreißig Jahre bundesdeutscher Nachkriegstourismus haben es mit sich gebracht, daß die meisten von uns schon »irgendwo«, wenn nicht gar »überall« waren. Haben wir deshalb auch wirklich schon alles gesehen? Wer von uns wünscht sich nicht manchmal jene herrlichen Augenblicke erster Entdeckung zurück, als das Fremde noch fremd und die Abenteuer noch jung waren? Wer dem welterfahrenen und scharfsichtigen Horst Krüger auf seinen Reisen in die Normandie, nach Belgrad und Stockholm, Israel oder New York folgt, wird etwas von der Freude erleben, die dem sensiblen Beobachten, dem freundlichen Fragen entspringt. Politische, psychologische Studien, historische Spurensuche, soziologische Analysen (glänzend die Glosse über den Campingbetrieb!) und dichte, fast lyrische Beschreibungen neuer Erfahrung sind Krügers Metier. »Ein faszinierendes Buch für alle, die imstande und willens sind, fremdes Lebensgebiet über den äußeren Eindruck hinaus geistig zu fassen.« (Bücherschau, Wien)

Der Autor

Horst Krüger, am 17. September 1919 in Magdeburg geboren, lebt seit 1967 als freier Autor in Frankfurt am Main. 1970 erhielt er den Thomas-Dehler-Literaturpreis, 1972 den Johann-Heinrich-Merck-Preis der Deutschen Akademie für Sprache und Dichtung, 1973 den Berliner Kritiker-Preis. Wichtige Veröffentlichungen: ›Das zerbrochene Haus. Eine Jugend in Deutschland‹ (1966), ›Fremde Vaterländer. Reiseerfahrungen eines Deutschen‹ (1971), ›Zeitgelächter. Ein deutsches Panorama‹ (1973), ›Ostwest-Passagen‹ (1975), ›Poetische Erdkunde‹ (1978), ›Spötterdämmerung‹ (1981).

Horst Krüger:

Erste Augenblicke

Reiseprosa

Deutscher
Taschenbuch
Verlag

dtv

Von Horst Krüger
sind im Deutschen Taschenbuch Verlag erschienen:
Ostwest-Passagen (1562)
Poetische Erdkunde (1675)

April 1983
Deutscher Taschenbuch Verlag GmbH & Co. KG,
München
Auswahl aus: ›Unterwegs. Gesammelte Reiseprosa‹

ISBN 3-455-04007-1
Umschlaggestaltung: Celestino Piatti
Gesamtherstellung: C. H. Beck'sche Buchdruckerei,
Nördlingen
Printed in Germany · ISBN 3-423-10103-2

Inhalt

Die weiße Stadt
Erfahrungen in Jugoslawien

Blinder Anflug

Zuschlagen die Tür, die Wohnung abschließen, den Schlüssel wegwerfen – Traum immer wieder: Traum wegzugehen, aufzubrechen, auszubrechen aus dem Zuhause, Flucht in die Fremde –; ich frage mich: Geht das eigentlich noch? Ist das noch möglich: alter Odysseus, der Abenteurer der Fremde? Gibt es noch Fahrten zu fremden Völkern? Wo ist denn noch anderswo? Wo immer man sich hinwendet, man kommt an, wo man war. Der Igel ist immer schon da vor dem Hasen. Die Welt wird sich immer ähnlicher, gleichförmiger. Sie schrumpft in die Zukunft hinein. Einmal wird sie ein Glaspalast sein, durchsichtig von allen Seiten.

Diese gläserne, helle Geschäftigkeit aller Flugplätze zum Beispiel: New York oder Rom, Stockholm oder Frankfurt – wie soll man das unterscheiden? Düsenjets sind keine fliegenden Zauberteppiche. Ihre nationalen Embleme sind lächerlich, aufgeklebte Plaketten. Ein Jet ist haargenau wie der andere, ein schlanker Radiergummi, der Raum und Zeit wegwischt, die Welt zu einem leeren, weißen Blatt macht, das flattert im Winde – wohin geht eigentlich die Reise? Düsenjets zelebrieren immer die gleichen Riten: Kapitän Cook und seine Mannschaft begrüßen Sie. Wir werden eine Flugzeit von einer Stunde vierzig Minuten haben. Wir fliegen in neuntausend Meter Höhe. Die Bonbons, die die Stewardeß mit dem halbgefrorenen Lächeln aller Stewardessen auf einem kleinen Tablett verteilt: Lutscheffekt. Dann Tonbandmusik, die beruhigen soll. Dann die Lichtzeichen: Bitte anschnallen, das Rauchen einstellen. Wohin geht eigentlich die Reise?

Und oben dann, die Sicherheitsgurte schon gelöst, erste Rauchwölkchen blasend, den dunklen Brummton der Düsen im Ohr, gibt es immer das gleiche fade Essen, das man gar nicht will, das in viele Zellophantüten und Plastikteller verpackt, so unendlich lieblos und leer, also amerikanisch, also nach nichts schmeckt. Man hat meistens Schwierigkeiten mit den Ellbogen beim Versuch, ein Hühnerkeulchen mit einem Plastikbesteck zu schneiden. Es ist alles zu eng, zu auskalkuliert, zu vorfabriziert hier, und auch der Blick aus dem Fenster ist meistens nichtssagend. Es ist, wie wenn man auf eine Landkarte guckt. Atlasansichten: Städte, Flüsse, Berge, Felder. Ist das also die Welt? Es gibt keine Grenzen mehr: Kapitalismus oder Kommunismus? Das ist nicht mehr auszumachen. Von oben ist alles gleich.

Und wirklich, auch der Flughafen hier ist wie eben alle Flughäfen: die graue, endlose Piste, die Lichter am Rand, in der Ferne das Hauptgebäude, auf dem Turm der Radarschirm, der sich dreht. Die Dunkelheit so sieben Uhr abends; etwas wie Nebel und Diesigkeit ist draußen zu erkennen – warum komme ich eigentlich immer abends auf Flughäfen an? Die Monteure, die Techniker, die Gangway, die angefahren wird. Die Leute, die nun dem Ausgang zudrängen, das halbgefrorene Lächeln der Stewardeß beim Abschied. Dann draußen Atemholen, Prüfen, Erstaunen. Das Wetter dasselbe? Es ist kalt und feucht, Februarluft. Und auch die Empfangshalle ist eigentlich dieselbe: automatische Türen, Glas, Neonlicht, Chrom, Teakholzbarrieren. Das strenge, etwas verkniffene Gesicht der Einreisebeamten, die einen mit einem letzten Blick prüfen beim Zurückgeben des Passes. Wohin ging eigentlich die Reise?

Und dann im Taxi die Einfahrt in die Stadt. Alle Flughäfen scheinen ziemlich präzise siebzehn Kilometer außerhalb zu liegen. Man hat also eine längere Anfahrt, und die Anfahrt ist wieder enttäuschend, weil wie überall. Erst kommt immer gar nichts, dann Dunkelheit, dann ein Kreisel, eine Reihe von Abzweigungen, dann ein kleines Stück Autobahn. Dann plötzlich taucht aus dem Hintergrund Licht auf. Helle Stadtlandschaft: Wohntürme, Hochhäuser, Einkaufszentren, Bungalows dazwischen, so eine richtige strahlende Trabantenstadt aus dem Baukasten aller Urbanisten, und ich sage etwas enttäuscht: Mein Gott, das ist ja, als wenn ich nach Hause käme. Einfahrt von Bad Homburg, Frankfurt Nordweststadt. Weiße Wolkenkratzer, Grünflächen, Peitschenlampen, Parkplätze, auf denen VWs, Peugeots stehen. Auf den Dächern ein Wald von Fernsehantennen. Die Welt wird sich immer ähnlicher. Einmal wird sie ein Glaspalast sein. Wohin ging eigentlich die Reise?

Und dann, auch das ist überall gleich, geht es immer über eine Brücke. Alle wichtigen Städte liegen immer an Flüssen, vorläufig wenigstens noch. Die Brücke ist zu überqueren, dann kommt das Zentrum, die City, manchmal auch Altstadt genannt. Der Verkehr wird mühsamer, stockender, gefährlicher. Der Taxifahrer beginnt zu schimpfen. Und dann kommt man ins Hotel, und man braucht nicht zu sagen, daß alle Rezeptionen immer von gleicher höflicher und aufmerksamer Unfähigkeit sind. Die Reservierung hat nie geklappt. Der Rezeptionschef sucht vergebens in seinen Listen, aber immer klappt es schließlich doch. Man steht etwas ratlos da, blickt auf die Wände. Die Wände sind mit Reiseofferten austapeziert. Leuchtende Plakate: Palermo Primavera, Madrid erwartet Sie. Visit Moscow now. Die Leipziger Messe: Man sieht zwei kleine Männchen in die DDR eilen. Überall diese Aufforderung, wegzugehen, aufzubrechen, auszubrechen – ich frage mich: Geht das denn noch? Ich bin nun da, bin in Belgrad, Hotel Majestic, und das erste, das ich nicht ohne Erstaunen wahrnehme in der Fremde, ist das Gelb, das vertraute Gelbblau der Lufthansa. Ein großes Plakat begrüßt und berät mich: Lufthansa – Fliegen Sie nach Frankfurt am Main. Der Igel ist eben immer schon da vor dem Hasen.

Drei Fragen zunächst

Erste Frage: Was hörst du hier? Ich sage: Ich höre, daß die Belgrader leidenschaftliche Frühaufsteher sein müssen. Das verwirrt mich. Ich hatte mir den Balkan gemächlicher, etwas verschlampter, müder vorgestellt, etwa wie Österreich. Die Leute sind ja von einer Energie, einer Kraft hier, die mich verblüfft und die mich jeden Morgen bald nach fünf weckt – unbarmherzig. Überall höre ich Leute aufstehen, herumtrapsen, Wasser einlassen, planschen im Bad, das Klo benützen. Das Kanalisationssystem des Majestic muß wohl etwas rückständig sein. Es ist, während ich im Halbschlaf noch etwas dämmere jeden Morgen, wie wenn alle Wasser Belgrads durch mein Zimmer rieseln, strömen, gluckern und dann langsam in einem saugenden Jaulen versickern. Eine Stadt wäscht sich, und ich habe teil daran. Ich höre so gegen sechs immer die städtische Müllabfuhr kommen. Dieses dröhnende, schwer mahlende Geräusch großer Mülltrommeln, das höre ich. Ich höre die unbändige Kraft der Mülleute, die sich offenbar schon sechs Uhr morgens sauwohl fühlen. Sie schlagen die Trommeln mit einer rabiaten Lust auf den Wagen, daß alles kracht und etwas zittert. Sie schnauzen, sie rufen, sie wiehern manchmal. Man hört es durch alle Rollläden. Ich höre so kurz vor sieben ein wütendes Hupkonzert auf der Straße. Also das, meine ich, das müßte verboten werden. Die Frühaufsteher sitzen im Auto, und das bedeutet, da hier der Verkehr in der City nicht weniger drangvoll ist als anderswo, daß sich die Belgrader Autofahrer jeden Morgen auf eine herrlich einfache, sehr naive Weise Platz schaffen auf der Straße: Jeder hupt einfach so lange drauflos, bis Platz wird. Ein schöner Wecker. Ist das der jugoslawische Weg?

Zweite Frage: Was siehst du hier? Ich sage: Ich sehe jeden Morgen die Kellner im Hotel Majestic – zunächst. Die Kellner tragen dunkelblaue Uniformen. Sie gehen mit der Würde, der schwerfälligen Grazie königlicher Hofbeamter durch den Frühstückssaal. Sie sind durch nichts aus der Ruhe zu bringen. Sie wirken etwas beleidigt – vor Kraft. Sie balancieren das Frühstückstablett mit einem verächtlichen Gleichmut, der mich an Schwerathleten, an Gewichtstemmer erinnert, denen man zu leichte Aufgaben machte. Sie knallen einem das Tablett auf den Tisch, daß der Kaffee schwappt. Sie lassen einen fühlen, daß sie zu Größerem berufen sind.

Ich sehe auf der Speisekarte, daß man die Buchstaben nicht mehr entziffern kann. Man fühlt sich als Analphabet. Ich sehe überall kyrillische Buchstaben, die mich etwas erschrecken. Sie erinnern an Moskau. Ich frage mich etwas indigniert: Warum kann eine zivilisierte Nation nicht lateinisch schreiben? Das gehört sich doch nicht, das sind doch ganz unmögliche Buchstaben: Das P ist gar kein P, sondern ein R, das B ist gar kein B, sondern ein V, das C ist in Wirklichkeit ein S – ich meine, das kann man doch nicht machen mit uns. Die Wahrheit ist doch lateinisch geschrieben. Man spürt den uralten Hochmut, diese verborgene Arroganz des westlichen Kulturkreises in sich: römischer Hochmut, der etwas kopfschüttelnd auf Byzanz blickt. Ein Westmensch ist in Belgrad und sagt mit der Anmaßung aller Westler: Also die Namen der Leute hier sind ja unaussprechlich. Diese Izaković und Živković und Martinović, die ich jetzt aufsuchen soll. Das kann doch nicht so weitergehen? Man müßte lateinische Namen einführen, nicht wahr?

Dritte Frage: Was riechst du hier? Ich sage: Qualm. Ich sage: Es ist Februar, ganz Belgrad heizt, es ist kalt, und es ist nicht wahr, daß der Balkan nach Paprika, nach Zwiebeln, nach Knoblauch riecht, wie ich dachte. Belgrad riecht im Winter nach einem Kongreß aller Schornsteinfeger. Rauchgeschmack, zarter Ofenqualm steigt aus allen Schloten auf, wird durch irgendwelche Witterungsverhältnisse aufgefangen, heruntergedrückt und zieht als eine schöne Ahnung durch alle Straßen. Duft aller Braunkohlen. Rauchschwaden senken sich nieder, ziehen durch die Boulevards, bedecken die Autos, die Menschen mit einem feinen Geschmack. Die Menschen hier scheinen das nicht zu bemerken. Smog, sagt man bei uns, man ist alarmiert und mobilisiert alles Denkbare dagegen. Hier ist man nicht alarmiert. Man trägt es mit Gelassenheit. Hier ist es manchmal an späteren Vormittagen wie in einer Räucherkammer. Würstchen und Speck werden jetzt in den Rauch gehängt. Ich sage also: Ich rieche ein scharfes und beizendes Land. Geh mittags ein gutes serbisches Mahl essen, iß Paprikaschoten oder Hammelfleisch schön mit Pfeffer dazu. Wenn es dir dann auf der Zunge brennt, wenn es dir den Schweiß auf die Stirne, Tränen in die Augen treibt, und wenn du dann hinaustrittst in diese große, schöne Räucherkammer, etwas erschöpft, so hast du einen guten Vorgeschmack. Ich bin ja noch ganz am Anfang. Ich rieche nur Kraft.

Eine Stadt steigt um

Nein, Belgrad ist keine schöne Stadt. Sie ist auch nicht weiß, wie das serbische Wort Beograd zu deutsch meint. Touristisch ist Belgrad kein Glanzpunkt. Die Belgrader sind frankophil, aber dieser sehnsüchtige Vergleich mit Paris, den man auch hier manchmal hört, ist Unsinn. Die Stadt ist viel zu kraftvoll, zu männlich, zu derb, eine Bauernstadt. Sie hat eine andere Geschichte. Im Zentrum diese wuchtigen, etwas pompösen Häuserfronten der Jahrhundertwende, diese grauen Burgen der Bourgeoisie wie überall in Europa. Daneben die kahlen, furchterregenden Hochhäuser der Bürokratie aus den fünfziger Jahren; dann Neueres, Moderneres, Versuche, gewagt zu bauen, aber das meiste wirkt etwas zu klotzig, zu schwerfällig, zu kantig geraten. Erst die Neubauten jüngster Zeit zeigen Sicherheit: Sachlichkeit, die auch schön ist, strenge Rationalität, die anmutig und human wirkt. Man kennt diesen modernen, einladenden Stil aus New York, aus Zürich, aus Hamburg. Einmal wird die Welt ein Glaspalast sein – hier auch.

Etwas anderes fasziniert: ein Augenblick der Geschichte. Man spürt, wie hier überall die Epochen, die Kulturen, die Welt von gestern und morgen zusammenstoßen, wie Orient und Okzident ineinandergeraten – auf engstem Raum. Belgrad ist ein Karussell der Zeiten, ein Umsteigebahnhof der Geschichte: nicht mehr und noch nicht. Abends auf der Bahnhofstraße oder im Umkreis der Busstation daneben schlägt einem reiner Orient entgegen. Es riecht nach Muskat, etwas süß und faulig. Bauersfrauen mit bunten Kopftüchern, Burschen, die mit ihren runden Pelzmützen aussehen wie Donkosaken, serbische Provinz, die nach Hause aufs Land will: eine Karawanserei der Balkanvölker, in abenteuerliche Tücher gehüllt. Sie steigen in moderne, helle, freundliche Busse ein, die ziemlich verdreckt sind, die in der City nun durch strahlende neue Autobahntunnel fahren, die dann langsam verschluckt werden von der Nacht der Provinz. Auf der Maršala Tita aber, dem Boulevard Marschall Tito, ist westliche Zeit: Modesalon, Autosalon, Juweliergeschäfte, Kunstgalerien. Es gibt sehr modern dekorierte Buchhandlungen, die gut sortiert sind: Man wird von Sartre bis Henry Miller, von Solschenizyn bis Grass alles finden, was den Westen bewegt. Wenige Straßen weiter aber kippt das wieder um. Man steht vor kleinen, schmalen Kramläden serbischer Händler, fast Bauernhäuser noch: Gewürzgeschäfte, Zuckerbäckereien, Handwerker, die, vom Staub der Vergangenheit bedeckt, in schmalen Schaufenstern hocken, an irgend etwas Ledernem herumfingern. Eine Moschee ist zu sehen.

Die Gleichzeitigkeit des Ungleichzeitigen ist zu besichtigen. Die Rolltreppen auf der Terazije führen in unterirdische Verkaufsparadiese, die elegant und verlockend wie die in West-Berlin oder Zürich sind. Überall steht »Nonstop« geschrieben. Wir verkaufen nonstop von acht bis acht. Wenige Schritte von der Terazije entfernt hat man sich sogar das amerikanische System zu eigen gemacht. Hier sind die unterirdischen Geschäfte rund um die Uhr geöffnet: 24 Stunden den Tag, round the clock – ich meine, noch moderner geht es nicht. Aber in den kleinen Caféstuben und Wurstbratereien drei Straßen weiter scheint die Zeit nicht so kostbar. Zwei Männer in schwarzen Pelzmützen brüten über einem Brettspiel, den türkischen Kaffee, die Wasserpfeife neben sich. Frauen hocken auf Stoffballen. Die Frauen tragen lange, rote Pumphosen, die auch türkisch scheinen. Sie würgen an einem Brotfladen herum, in dem kleine, verbrannte Würstchen stecken. Aus der Musikbox aber dröhnt, strahlt, jubelt Europas jüngster Hit. Miguel Ríos steigt auf die Schultern Beethovens, turnt im Finale der 9. Sinfonie herum. Er heult vor Menschlichkeit: A Song Of Joy, Freude, schöner Götterfunken.

Also? Eine Stadt steigt um. Eine Agrargesellschaft, jahrhundertelang erstarrt, vergessen, auf archaische Weise zurückgeblieben, wacht auf, erhebt sich, industrialisiert, technisiert sich, übt sich ein in die Riten der Zivilisation, zieht langsam um in den grünen, strahlenden Park der Moderne. Einmal wird die Welt ein Glaspalast sein – Novi Beograd, Neubelgrad ist dafür ein schönes Beispiel. Hier haben sie in zwanzig Jahren auf dem Sumpfland der Save, auf dem Schwemmland der Donau eine gewaltige Neustadt errichtet, die einmal 240000 Belgrader beherbergen soll. Das war mein Eindruck Nordweststadt, als ich kam. Die weißen Hochhäuser, die schlanken Wohntürme, die Glaspaläste mit Einkaufszentrum, Kino, Kinderspielplätzen, Tankstellen erinnern an unsere Trabantenstädte. Es fehlt das Gewalttätige, das Gigantisch-Monströse, das Trostlose, das unseren Schlafstädten eigen ist. Neubelgrad wirkt menschenfreundlicher. Es ist alles da, was der Mensch braucht, aber manches ist auch schon wieder kaputt. Es ist wie bei Kindern, die mit zu neuen Spielzeugen spielen. Man kann nicht erwarten, daß die Sprechanlage, die automatische Türöffnung auch funktioniert. Das Treppenhaus sieht wie nach einem sehr erfolgreichen Markttag aus: ziemlich wüst. Es gibt überall Telefone in Belgrad. Daß sie funktionieren, ist nicht so sicher. Die Wählscheibe ist manchmal sehr kunstvoll zerbrochen. Oder die WKS-Schlösser, die höchste Sicherheit versprechen, kommen mit dem Schlüssel gleich selbst heraus. Und alle hochmodernen Klappfenster jüngster Bauart scheinen mir gräßlich zu klemmen. Kleine Gebrechlichkeiten der Zivilisation. Die Belgrader lachen. Sie zucken die Schultern. Sie sagen: Wissen Sie, unsere Leute lernen das erst. Wo kommen wir her? Wir sind schon zufrieden, wenn sie in ihren Neubauwohnungen keine Hühner mehr halten.

Mein deutsches Lied

Die Männer von Belgrad – merkwürdig, daß einem in dieser Stadt immer die Männer auffallen. Wo sind eigentlich die Frauen? Ist das ein Rest von Orient, tiefer Süden? Die Männer also hier in der Stadt haben gute, interessante, eigenwillige Gesichter. Man müßte sie wohl Charakterköpfe nennen, ein abscheuliches Wort. Ich meine: Sie haben nichts von der attraktiven, blendenden, merkwürdig leeren Rasseschönheit der Romanen, etwa der Italiener, die mich immer an Friseurgesichter erinnern, etwas zu perfekt im

Schnitt, zu pomadisiert. Die Männer von Belgrad – aber hier muß man schon wieder unterscheiden: Generationsbruch. Die Jungen, so schien es mir, sind jetzt ihren Vätern über den Kopf gewachsen. Sie sind sehr groß, schmale, endlose Latten. Sie tragen schwarze Maximäntel, manche in glänzendem Samt. Sie tragen einen gewaltigen Schal, der ihnen wie eine Königsschärpe nach beiden Seiten bis über die Knie hängt. Sie haben bleiche, verwegene, kühne Gesichter. Sie tragen lange Haare. Man weiß nie so recht, ob das ein serbischer Prinz, ein Hirte oder ein Hippie sein soll. Folklore und Underground fallen mühelos zusammen. Selbstbewußtsein, Stolz, ein Hauch von Anmaßung liegt auf ihren Gesichtern.

Die Väter: kleiner, untersetzter, nachdenklicher. Eine mittlere, sehr bewegliche Generation, das Gedrungene, Geduckte von Kämpfernaturen, die gestern noch im Partisanenkrieg standen, heute an der Wirtschaftsfront reagieren. Manager, elastisch, intelligent, immer auf Neuerungen bedacht. Es fällt einem ihre kritische Reaktionsfähigkeit auf, die Aufmerksamkeit, mit der sie zuhören können, einen Augenblick nachdenken, dann ihre Position entwickeln, sehr klar und zielsicher sich abgrenzen. Ja, einerseits schon, andererseits aber ... In jedem von ihnen spürt man etwas von diesem anderen, eigenen Weg der Jugoslawen. So etwas sah ich noch nie. Das sind keine Unternehmer westdeutscher Art: rötlich, dicklich, etwas aufgetrieben im eigenen Fett. Das sind auch keine Bürokraten, keine Funktionäre ostdeutscher Art, die mit scharfen Brillengläsern, schmalen Lippen streng bürokratisch nach unten weitergeben. Das sind freie und autonome Persönlichkeiten, Menschen, die selber denken, selber urteilen, die eigene Schlüsse wagen, zum Schluß eine Meinung haben. So etwas, wirklich, sah ich noch nie: Verantwortung und Initiative von unten. Richtige Unternehmer im Volkseigentum, die auch noch lachen können, sich ernst, aber nicht tierisch ernst nehmen.

Und ich singe hier manchmal mein deutsches Lied. Ich sitze da und sage: Sie müssen das bitte verstehen, meine Herren, meine Neugier, meine Fragen, mein dauerndes Herumstochern in Ihrem Land, meine unsäglichen Versuche, Ihre Gesellschaft zu verstehen. Wir sind ja nicht ganz unbeleckt in dieser Sache. Ich und meine Leute da in Deutschland. Wir haben das sozusagen vor der Tür bei uns: die DDR. Wir haben auch so einen Versuch des Sozialismus dort. Nein, ich bin kein Feind der DDR, ich bin kein Antikommunist, ich bin ein linker Intellektueller, ich wäre gern ein Sozialist. Ich räume auch ein, daß die

DDR Elemente der Fortschrittlichkeit entwickelt hat, die die Bundesrepublik nicht besitzt, etwa in den Fragen der Bildungspolitik, der Gesundheitspolitik, auch in der Rolle der Frau. Das ist ganz sicher. Wir haben nur in fünfundzwanzig Jahren gelernt, daß solche Fortschritte offenbar nur erkaufbar sind um den Preis neuer, gräßlicher Unfreiheiten. Sozialismus ist möglich auch bei uns, man kann das machen: Volkseigentum und Selbstkontrolle der Gesellschaft – gute Gedanken, aber sie werden nur funktionieren mit Zwang, mit eiserner Gewalt. Ich darf doch das Wort Mauer und Stacheldraht aussprechen? Ich meine: Freiheit und Sozialismus gehen bei uns nicht zusammen, leider. Wie macht ihr denn das?

Das Wichtigste, will mir scheinen, ist, daß man in Jugoslawien dieses Wort aussprechen kann. Man kann das eine Wort Freiheit aussprechen. Man hört nicht das Hohngelächter von links: das Gelächter der alten Dogmatiker, der SED-Leute, der Stalinisten, die nur müde abwinken, die sagen, Freiheit sei doch nie etwas anderes gewesen als die Einsicht in die historischen Notwendigkeiten. Man hört auch nicht den Spott der Jungmaoisten, der Roten Zellen, die immer hell auflachen, wenn man das Wort in den Mund nimmt. Eine Chimäre, eine bürgerliche Illusion, ein kapitalistischer Volksbetrug, würden wohl Enzensberger und Genossen sagen: Freiheit war immer nur eine Klassenfrage. Mit so abstrakten und ungereimten Sätzen, mit so allgemeinen Philosophien darf man den Jugoslawen nicht kommen. Dafür sind sie zu praktisch. Gebranntes Kind scheut auch immer das Feuer.

Sie verstehen einen sehr gut. Sie nicken mit dem Kopf, sie heben beschwörend die Hände. Sie sagen: Also mit der DDR oder der Sowjetunion wollen Sie uns bitte nicht vergleichen, bitte nicht. Sie lachen etwas dabei. Sie lachen auf eine verschmitzte, eigenwillige, lakonische Weise. Sie sagen: Das hatten wir auch im Land. Das kennen wir. Was meinen Sie, was hier los war zwischen 45 und 48, als sowjetische Instrukteure dabei waren, Jugoslawien auf Ost zu trimmen. Wir wissen, was Stalinismus ist. Er steckt uns noch allen in den Knochen. Wir werden das nie vergessen: 48, den Bruch mit dem Kominform. Es war ein Kampf auf Leben und Tod. Das war unsere Geburtsstunde damals. Wir kämpften uns frei so langsam, übrigens unter einem entsetzlichen Trommelfeuer, auch aus Ost-Berlin. Sie wissen ja, daß damals Titoismus dasselbe wie Trotzkismus war: ein Todesurteil. Sie sagen schließlich: Man muß einfach kämpfen um seine Freiheit – das ist die erste Erfahrung unserer Geschichte.

Porträt eines Montenegriners

Eigentlich ist es hier wie in einem bourgeoisen Salon: eine Villa der Belgrader Vorstadt. Ein Dienstmädchen öffnet. Ach, diese Dienstmädchengeschichten hier in der Stadt. Sie entschuldigen sich immer, daß sie im Augenblick nicht das richtige Dienstmädchen hätten: schöne Verlegenheit, die den Entwicklungsstand einer Gesellschaft ablesen läßt. Chippendale-Möbel, altmodische Sofas, kostbare Teppiche, nachgemachter Barock, anmutige Rokokosekretäre, auch nachgemacht; schwere Portieren, Teetische, Teewägelchen, auch Chippendale. Abstrakte Kunst an den Wänden, die auch etwas nachgemacht wirkt. Die jugoslawische Malerei wirkt immer ein wenig verspätet auf uns. Man meint, solche Bilder vor zehn Jahren schon einmal gesehen zu haben, bei uns. Sozialismusverspätungen, Balkanverzögerungen. Immerhin, es gibt nichts, was sie nicht auch machen könnten von der kinetischen Kunst bis zur Pop-art. Die Künstler sind vollkommen frei, was bekanntlich erst glücklich, später dann eher mürrisch, leicht depressiv macht.

Der Mann im Salon, der Hausherr: Er ist groß, straff, quicklebendig. Seine Bewegungen haben etwas Übertriebenes, Theatralisches. Wenn er spricht, spricht er nicht eigentlich; er spielt die Szene mit schwerfälliger Grazie, mit dem Charme eines Elefanten. Er hebt die Hände, dreht den Kopf, richtet sich auf, lehnt sich zurück, setzt sich immer neu in Positur. Ein dramatisches Naturell mit einem kolossalen Bariton, die Augäpfel rollen. Noch nie sah ich das Weiß der Augen so blitzen. Der Mann ist ein Montenegriner, also ein Aufschneider, sagen die Leute. Sie sagen: Ach, der? Er muß wohl schon um die Siebzig sein, aber wirkt wie ein arrivierter Volksschauspieler in den besten Jahren. Der Mann heißt Svetozar Vukmanović Tempo. Er gehörte einmal zu den sechs oder sieben engsten Vertrauten Titos, die sich 1941 zusammentaten, um das neue Jugoslawien zu erkämpfen. Heute lebt er als Pensionär in Belgrad, nicht anders als Djilas und Ranković.

Es wird Tee gereicht, Tee und Gebäck, auch Whisky. Freunde sitzen dabei, ihre Frauen, Damen der Gesellschaft, könnte man sagen. Man könnte das Ganze also für ein typisches Teegespräch im Salon halten, wenn nur das Thema nicht so blutig, so kriegerisch wäre. Denn dieser Mann organisierte in Titos Auftrag den Partisanenkampf. Bei ihm also bin ich richtig. Und ich sage so in meiner direkten, naiven Art: Ich bin fremd hier im Land, Herr Tempo. Ich bin ganz fremd in Ihrer Gesellschaft, die mir sympathisch, aber schwer einsichtig ist. Ich verstehe so gut wie nichts vom jugoslawischen Sozialismus. Ich spüre nur: Die Wurzeln dieses eigenen Weges der Jugoslawen liegen nicht in der Gegenwart. Sie müssen in der Geschichte Ihrer Partisanenbewegung liegen. Damals, meine ich, nicht 48, hat Ihr eigener Weg begonnen. Wie war das denn damals? Wir Deutschen, pardon, kannten Sie nur als Heckenschützen. So hieß das doch im Wehrmachtsbericht.

Und Tempo wäre kein Montenegriner, also kein Fabeltier, wenn er jetzt nicht hüpfte, nicht in die Hände klatschte, auf dem Sofa unruhig wackelte vor Vergnügen, vor Lust, zu erzählen, sich auszubreiten. Vielleicht sind es auch seine Memoiren, die er vor kurzem abgeschlossen hat. Zwei hellgelbe Bände liegen druckfrisch auf dem Teetisch: die Memoiren, die Tito nicht schrieb, nicht schreiben wollte, sagen manche Belgrader etwas mehrdeutig. Und wie jeder Autor ist auch Tempo nicht frei von der schönen Lust des Selbstzitierens. Darüber habe ich auch geschrieben, in Band zwei, sagt er strahlend. Ja, eine sehr wichtige Frage, sie wird bei mir gleich am Anfang behandelt. Also hier bin ich richtig. Ich frage: Wie war das denn eigentlich? Wie konnte es gelingen, daß ihr Partisanen schon 1943 große Teile des Landes befreit hattet, eine eigene Regierung ausrufen konntet, mitten in Hitlers Festung Europa? Wo nahmt ihr zum Beispiel die Waffen her? Ich erfahre jetzt etwas aus der Geschichte der Partisanen, die wirklich ein Heldenlied ist. Man muß da einstimmen. Die Jugoslawen entschlossen sich ganz allein zum bewaffneten Aufstand und zu einer Zeit, als der Pakt zwischen Hitler und Stalin noch bestand. Auch nach dem deutschen Überfall auf Rußland hat Stalin den Jugoslawen immer etwas mißtraut. Stalin hatte sich mit Churchill den Balkan bekanntlich geteilt. Der nördliche Teil sollte russisches, der südliche Teil mit Griechenland sollte englisches Einflußgebiet werden. Das bedeutete, daß Stalin offiziell für die bürgerliche Exilregierung der Jugoslawen war, die in London saß. Er beschwor Tito immer, nur einen nationalen, einen vaterländischen Befreiungskrieg zu führen. Die Partisanen aber waren Kommunisten – leider.

Und wie war das nun mit der Bewaffnung am Anfang? beharre ich. Ihr konntet doch nicht mit Steinen und Stöcken die deutsche Besatzung vertreiben? Tempo: Nein, es hat uns niemand Waffen gegeben am Anfang, weder die Russen noch die Engländer. Wir mußten sie uns einfach holen. Wir sagten zu den Bauern: Wenn ihr mit uns kämpfen wollt, wenn ihr einmal frei sein wollt, macht einen Besatzer nieder. Holt euch die Waffen bei ihnen; sie sind ja da. Ihr müßt sie nur holen. Die Deutschen machten übrigens den Fehler, Hilfswillige hier im Land, junge Faschisten, hoch zu bewaffnen. Hier fanden wir unsere ersten Depots. Auch bei den Italienern natürlich, die leicht zu überwältigen waren. Tempo lachte, klatschte sich auf die Knie, rieb sich die Fäuste, als hätte er gerade einem Feind die Gurgel gut zugedrückt. Gehabte Schmerzen, die hat man gern.

Also, das muß man zuvor wissen, meine ich. 1941 war ganz Europa von Hitlers siegreichen Truppen besetzt. Es raste der deutsche Faschismus. In den besetzten Ländern gab es da und dort Résistance, Widerstandszellen, Gruppen im Untergrund, die aber geheim und verborgen blieben. Nur die Jugoslawen entschlossen sich damals zu einem regulären Befreiungskampf, zu einem offiziellen Volkskrieg. Sie waren keine Heckenschützen. Sie trugen Uniformen und führten den Krieg: zäh, listig, rücksichtslos, und gewannen ihn. Schon damals haben sie sich allein freigekämpft. Sie wollten von Anfang an souverän, also der Herr im eigenen Hause sein. Hier liegen die Wurzeln ihrer heutigen Politik: demokratischer Sozialismus, Blockfreiheit, Neigung zur Dritten Welt – bis hierher muß man zurück.

Über sozialistische Marktwirtschaft

Nein, diesen Knäuel werde ich nicht entwirren. Darin haben sich schon andere verheddert. Es ist nicht möglich, von Frankfurt nach Belgrad zu fliegen und dann zu sagen: So und so ist das also dort, so funktioniert das, so gut, so schlecht, und das, bitte, könnte man so vielleicht besser machen. Die soziale Struktur dieses Landes ist kompliziert genug. Die Mechanismen des gesellschaftlichen Funktionierens aber sind von einer Verwickeltheit, die den Fremden entmutigt. Es ist, wie wenn man als Laie einen Fernsehapparat von rückwärts aufmacht: Diese komplizierten Schaltungen, all diese Drähte, Raster, Rückkoppler, Verteiler – wie funktioniert das nun wirklich? Das hat man davon, daß man sich auf einen neuen Weg machte. Glückliche Zeiten, als man noch in Ländern sowjetischen Typs zu Gast war; da war alles klar und einsichtig, scheinbar wenigstens. Bürokratischer Zentralismus: Es wurde von oben befohlen, dirigiert, angeordnet und verkam dann so unten – meistens. Das eben ist der jugoslawische Weg nicht.

Man kann also nur einzelne Stränge herausziehen – aus dem Knäuel. Man kann zum Beispiel sagen: Sie haben 1945 die Produktionsmittel alle enteignet und an das Volk übergeben. Das verbindet sie mit den Sowjets. Bei den Produktionsmitteln gibt es keinen Privatbesitz mehr, das trennt die Jugoslawen vom Westen. Ihre Grundlage ist die Idee Lenins, auch Rosa Luxemburgs: Sozialismus ist die Selbstverwaltung der Produzenten. Sie haben die Betriebe den Arbeitern in eigene Regie übergeben. Jeder Betrieb wird von der Arbeiterselbstverwaltung geführt. Sie ist das A und O dieser Gesellschaft. Diese Arbeiterräte entscheiden alles: die Arbeitsnormen, die Löhne, die Personalpolitik, die Investitionen, die Planung neuer Produkte, den Verkauf. Sozialismus, sagen sie, kann nur von unten ausgehen. Demokratie muß vom Volk praktiziert werden. Das ist unser demokratischer Sozialismus: daß die Arbeiter sich selber verwalten. Es läuft also alles darauf hinaus, immer mehr Verfügungsgewalt nach unten zu delegieren. Der Staat soll ja absterben im Sozialismus. Das wollte Marx. Alle Macht liegt hier bei den Räten.

Ein zweiter Strang: In dieses Prinzip des Volkseigentums hat man zugleich das Prinzip der Marktwirtschaft eingeführt. Das heißt, es muß ökonomisch, rentabel, effektiv produziert werden. Kommt hier ein kapitalistisches Motiv in die Wirtschaft? Sie sagen nein. Das Marktprinzip hat es immer gegeben, sagen sie, schon lange vor dem Kapitalismus, auch die Feudalwirtschaft, auch die Sklavenwirtschaft war marktwirtschaftlich orientiert. Es bedeutet den belebenden Faktor der Konkurrenz. Tatsächlich konkurrieren alle Betriebe in Jugoslawien untereinander; sie setzen die Preise selber fest. Das wiederum bedeutet, daß Betriebe, die unrentabel, nicht marktkonform produzieren und anbieten, auf der Strecke bleiben. Hier können Fabriken bankrott gehen, nur für die Arbeiter muß vorgesorgt werden. Markt heißt übrigens nicht nur Jugoslawien, sondern die ganze Welt. Jede Fabrik kann ihre Produkte anbieten, wo immer sie will: in Australien, in Amerika, in Rußland oder der Bundesrepublik. Es gibt keine Zentrale des Außenhandels, die das Ganze dirigiert.

Man stößt auf eine vollkommen offene, sehr mobile Gesellschaft, die bestrebt ist, sich dauernd zu modernisieren, zu rationalisieren. Sie schicken ihre Topmanager nach Chicago oder Mailand, um zu studieren, wie man heute Waschmittel oder Kunstdünger oder Kupfer auf dem Weltmarkt verkauft. Das macht die verblüffende Weltoffenheit, die sensible Agilität, auch den Geist des Erfolgsdenkens aus, auf den man hier überall stößt. Und einiges, sicher, fließt nebenher auch in private Taschen. Trotz rückläufiger Tendenzen, die es gab in den letzten Jahren, trotz einiger Arbeitslosigkeit, trotz steigender Preise, muß man sagen: Gemessen an den Ländern sowjetischen Typs, sieht man den Erfolg, die belebende Wirkung des Marktmotivs. Man spürt nichts von der Lahmheit und Uninteressiertheit der Massen an der Ökonomie, wie etwa in Rußland. Arbeiteraufstände wie die in Polen wären hier undenkbar. Das Volk ist frei, es muß seine Sache selber machen. Jugoslawien ist sehr lebendig, ein Bauboom geht durch das Land, vor allem an der Küste. Überall schießen neue Fabriken, neue Werke, neue Hotelpaläste in die Höhe. Der Aufbau blüht, obwohl beim Blühen auch immer etwas abfällt, verdorrt. Das ist einzuräumen.

Und die Partei, wo bleibt eigentlich die Partei? frage ich immer wieder. Ich meine, sie muß doch das Ganze dirigieren, antreiben? Wo ist die eigentlich? Ich sah sie nie. Ich singe also wieder mein deutsches Lied, und daß die Partei noch Herz und Hirn, Vorhut und Schrittmacher der Arbeiterklasse sei. Wo bliebe denn sonst der Sieg des Sozialismus? Sie winken ab, die Jugoslawen. Nein, sagen sie, unsere Partei, der Bund der Kommunisten, versteht sich so autokratisch, so autoritär nicht. Wir diskutieren alle das, was fällig ist. Die Partei hält sich schon lange aus den Wirtschaftsprozessen heraus. Die Regierung beobachtet natürlich den Verlauf und greift hier und dort ein mit Gesetzen. Man könnte es das Prinzip der Kontrabalance nennen.

Steuert unsere sozialistische Marktwirtschaft zu sehr in Richtung Liberalismus, so erlassen wir Gegengesetze. Merken wir, daß der Wirtschaftsprozeß zu schwerfällig, zu initiativarm wird, so bauen wir neue Gewinnchancen ein. Das ist ein ganz komplizierter Prozeß immerwährenden Balancierens, kritischen Schaukelns. Spätestens an diesem Punkt ist der Augenblick erreicht, wo diese Gesellschaft dem Fremden wieder uneinsichtig, kompliziert wird. Der Strang beginnt sich nun zu zerfasern. Er löst sich in tausend feine Fädchen auf. Wie funktioniert das Ganze?

Sicher ist: Es gibt in diesem Lande für eine sozialistische Wirtschaft ganz singuläre Freiheiten. Aber es gibt dann auch Bremsen, Grenzen, Limitierungen, einen Berg von Gesetzen, die man alle kennen müßte, um die praktische Brauchbarkeit des Systems beurteilen zu können. Die Arbeiterräte zum Beispiel sind frei, ihre Löhne selbst zu bestimmen, aber nur in gewissen Grenzen, die das Gesetz bestimmt. Es gibt ein privates Unternehmertum. Man kann ein Restaurant, ein Hotel eröffnen. Man darf aber nur fünf Angestellte haben. Man fragt: Wieso gerade fünf? Die Kollektivierung der Landwirtschaft wurde rückgängig gemacht, aber ökonomisch rentabel können Kleinbauern nur produzieren in Kooperation mit den großen Genossenschaften. Es gab zum Beispiel keine Milch in meinen Belgrader Tagen, das machte mich stutzig. Ich dachte wieder an unsere Deutsche Demokratische Republik, und daß so etwas eben typisch sei für Sozialismus. Es war aber eher typisch für Kapitalismus. Die landwirtschaftlichen Genossenschaften bestreikten den staatlichen Milchpreis. Sie arbeiteten alle Milch in Käse und Joghurt um. Sie sagten: Wir liefern erst wieder Milch, wenn der Milchpreis freigegeben wird. Ich dachte: Das kennst du doch?

Es gibt also auch hier Konflikte, Engpässe, Antagonismen. Die sozialistische Marktwirtschaft ist nicht der Stein der Weisen, der vom Himmel fiel. Sie ist kein Wundersystem, das alle Probleme löst, und ob sie sich, wie unsere Jusos meinen, auf unsere westdeutsche Gesellschaft übertragen läßt, kann ich nicht beurteilen. Ich meine: Die sozialistische Marktwirtschaft ist für Jugoslawien der gute, der richtige Weg. Er stellt unter den Bedingungen einer Gesellschaft, die sich erst zu entwickeln beginnt, das leistungsfähigste und gerechteste System dar. Sozialistische Marktwirtschaft will das östliche Prinzip des Volkseigentums mit dem westlichen Prinzip des Marktdenkens versöhnen. Ob das gelingen wird? Ich weiß es nicht. Es ist noch nicht entschieden.

Diese tiefe Faszination, die trotz allem noch immer vom Westen ausgeht. Wie oft habe ich das schon erlebt: Sozialismuserfahrungen? Man kennt das von Moskau, von Warschau, von Ost-Berlin. Ich frage mich auch in Belgrad wieder: Wie spät ist eigentlich der Spätkapitalismus? Wer kann mir das sagen? Von Paris aus wirkt er sehr spät. Er scheint ziemlich munter und lebensfroh, beinah jugendlich – vom Osten aus. Belgrad ist nicht der Osten. Es ist die Mitte. Trotzdem geht noch Kraft aus, tiefe Verzauberungskraft, auch hier. Wie doch die Jugend hier immer nach London, Paris, nach Stockholm und München starrt, so, als gäbe es da etwas zu versäumen. Was denn?

Alenka, meine blonde, junge Dolmetscherin, die sich als freiberuflich bezeichnet, sozusagen eine Privatunternehmerin in Sprachen, ist so ganz anders als die strengen, ernsten Damen von Intourist Moskau, gottlob. Alenka will nicht erziehen, aufklären, politische Schulung erteilen. Alenka will mithalten – mit dem Westen. Sie sagt immer: Aber sicher, bestimmt, das haben wir auch. Belgrad ist doch kein Dorf, es ist Kleinparis, nicht wahr? Sie sagt mit einem Anflug von Nationalstolz: Natürlich haben wir hier auch Gammler und Hippies. Was denken Sie? Im Sommer sitzen sie immer so malerisch um den Revolutionsplatz. Alenka sagt: Aber bestimmt, glauben Sie mir: Wir haschen auch. Wir sind auch manchmal high. Drogen sind jetzt große Mode bei uns. Ja, sage ich, leider. Ich sah es schon.

Alenka geht manchmal mit Herren aus der Bundesrepublik, mit handfesten Kapitalisten von Neckermann oder dem Kaufhof, den Einkäufern, den Gästen der sozialistischen Marktwirtschaft, auf Jagd. Sie jagt dolmetschend in den Jagdgründen Kroatiens. Na bitte, na schön. Sie kennt von daher die Sitten der feinen Herren und sagt öfters: Also heute abend sollten wir einmal in die Spielbank gehen, ich würde gern wieder einmal Roulett spielen. Und wie wäre es mit der Texas-Bar hinterher? Alenka war manchmal vergrämt, wenn ich immer in politischen und sozialen Problemen herumstocherte. Sie ging einmal wütend weg – mitten im Dolmetschen, weil ich die Sache mit den Jung-Bosniern in Sarajewo, die Geschichte mit dem Knaben Gavrilo Princip haargenau erklärt haben wollte.

Ich wollte es ganz genau wissen, wie dieser Junge, eigentlich unbewußt, den Ersten Weltkrieg eröffnet hatte mit seinen Schüssen. Und nicht nur den Ersten Weltkrieg, könnte man sagen: auch den Zerfall des alten Österreich, auch die Oktoberrevolution in Leningrad, könnte man sagen, mit einiger historischer Phantasie. Was mit diesen paar Schüssen in Sarajewo doch alles in Gang kam im alten Europa: das Ende der Dynastien in Europa, die Republiken, der italienische, der deutsche Faschismus und schließlich Sowjetrußlands Macht in Mitteleuropa – der Gedanke, daß diese Jahrhundertlawine durch so ein paar Kieselsteine, die der bosnische Knabe in Sarajewo auf den österreichischen Thronfolger schleuderte, in Gang kam, dieser Gedanke ist doch schon abenteuerlich, sozusagen ein Märchen der Politik, ein Puzzlespiel für Historiker. Historische Phantasie muß man haben.

Aber Alenka war ausgesprochen sauer. Sie war verdrossen und mit ihr die Jugend der Stadt. Sie hatte die ewige Politik satt. Sie war auf die Straße gegangen, hatte sich ein paar türkische Zuckerbrötchen gekauft. Sie maulte zum erstenmal und erklärte mir ziemlich erschöpft später, daß das doch alles so langweilig sei: Politik, den ganzen Tag Politik und Geschichte, die sie übersetzen müsse, totlangweilig sei das. Kein junger Mensch in Belgrad würde sich für Politik interessieren. Das sei doch etwas für alte Leute. Sie hatte sich aus Protest an einem Kiosk ›Twen‹ und ›Konkret‹ gekauft. Sie winkte mit Porno, mit Titelgeschichten wie: Warum Mädchen sich ausziehen. Sie fragte: Sie kommen doch heute Abend in ›Hair‹? Eine ganz tolle Inszenierung. Ja, sagte ich, ja ja, ja ja, und dachte: Woher kommt das nur, dieses dauernde Buhlen um den Westen?

Natürlich ist es interessant, dieses wilde, verrückte Spektakel der Jugend, das hübsche Anarchisten-Musical ›Hair‹ in einem kommunistischen Staat zu sehen. ›Kosa‹ heißt es auf serbisch; es wird in Belgrads Avantgarde-Theater 212 an der Lole Ribara gespielt. So ganz, natürlich, stimmen hier die Bezüge nicht. Was in New York Greenwich Village ein wütender Aufschrei, ein böser Protest gegen den American Way of Life und seine jüngste Politik ist, paßt nicht so recht nach Serbien und in die Titogesellschaft verpflanzt. Ich meine, die soziologischen Grundlagen des Protestes fehlen. Sie spielen das Ganze also freundlicher, harmloser, mehr als einen Gammlerulk, sie lachen zu oft, sie haben einige lokale Possen hineingearbeitet, die wie aus ›Charleys Tante‹ wirken. Wir haben es adaptiert, sagen sie. Es fiel mir auf, daß die Schauspieler keine wirklich langen Haare trugen, sondern Wuschelköpfe, nach Bauernart. Es saß ein braves, wohlerzogenes Abonnentenpublikum im Parkett, das mit artiger Neugier registrierte, was jetzt die Jugend so trieb. Alenka war selig. Sie lachte bei jeder obszönen Redewendung beglückt. Sie übersetzte mir alle Unanständigkeiten etwas stotternd, soweit das mit zartem Mädchenmund geht. Alenka war mit einem Wort selig, mir ihren westlichen Standard vorzuführen. Sie fragte: Es ist doch genau so gut wie damals bei Ihnen in München? Ich dachte: Belgrad ist doch ein richtiges Provinznest. Provinz verzehrt sich doch immer nach Weltmetropolen.

Ja, und dann müßte man auch noch den Jungen aus dem Restaurant Dubrovnik erwähnen, auch so ein haariges Kind, das mich nachdenklich machte. Die Kinder der Partisanen, sagte ich später etwas ironisch, etwas traurig. So ist eben das Leben, in der zweiten Generation nämlich. Wir hatten ihn in diesem köstlichen Fischrestaurant kennengelernt. Er saß am Nachbartisch. Er sah aus wie ein Teenager-Traum, ein zartes, vollkommen gelungenes Geschöpf der Carnaby Street: Anfang Zwanzig. Er trug lange schwarze Haare, die ihm wie ein vorsichtig nur halb geöffneter Vorhang tief ins Gesicht hingen, ein scharfes, sehr männliches Profil dahinter. Der Junge trug schwarze Samthosen, ein eng tailliertes Hemd aus hellblauem Spitzenbrokat, hohe schwarze Knautschlackstiefelchen. Es klirrte Gold und Silber an seinen Armen. Er verhandelte mit einem Bandleader, der neben ihm saß. Alenka, die wieder glücklich war, ganz auf der Höhe der Zeit zu sein, unserer kapitalistischen Zeit, meine ich, vermittelte mühelos die Bekanntschaft. Ganz Belgrad ist ja eigentlich ein Dorf, und so saßen wir dann später zu einem Drink im Apartment seines Hotels, das man ein Luxushotel nennen muß. Das Apartment des Jungen hatte jene unverschämte und schicke Modernität, die ich nur aus Magazinen, aus ›Schöner Wohnen‹ zum Beispiel, kenne. Sie verschüchtert mich immer etwas und zeigt, daß ich nicht mehr so ganz up to date und wohl auch nicht mehr der Jüngste bin: alles in Plastik, Chrom und Glas, sehr poppig die Farben. Der Junge legte eine Langspielplatte auf, er goß einen Drink ein: cool. Er klatschte öfters in die Hände, so, als müsse er die Stimmung anheizen, triebe vielleicht eine Band an. Es klirrte das Gold und Silber an seinen Armen.

An den Wänden des Apartments waren in fröhlichem Filzstift die Telefonnummern der Stars des amerikanischen Showbusineß praktisch notiert. Ich las: Frank Sinatra: Los Angeles 324871. Ich las: Harry Belafonte: Hollywood 172641. Natürlich war das Aufschneiderei, aber nicht nur. Der Junge war tatsächlich Manager, Agent einer englischen Konzertagentur, die Schlager-, Jazz- und Pop-Bands in alle Welt vermittelte. Er roch ein Geschäft in uns. Er sagte mit dem rabiaten Charme junger Makler, die eben anfangen in der Branche: Also wenn Sie wissen wollen, wo Mick Jagger bei uns sein nächstes Konzert gibt – unter 500 Dollar können wir solche Informationen nicht an die Presse geben. Ich hatte etwas Mühe, ihm meine sogenannte Presserolle auszureden. Ich sagte, und es schwang ein Ton von Gekränktsein mit: Bitte wollen Sie doch zur Kenntnis nehmen, lieber Freund, daß es auf der Welt auch noch Menschen gibt, die sich für Geld nicht interessieren, sondern für Politik. So etwas gibt es, im Westen zum Beispiel. Mich interessieren die politischen Strukturen Ihres Landes. Wie läuft denn so Ihr Geschäft – unter jugoslawischen Bedingungen?

Es war zu sehen, daß sein Interesse nun deutlich nachließ. Er nahm sich einen Schreibblock vor. Das Papier lag auf einer Silberplatte. Er notierte Termin, Daten, Honorare, er begann zu telefonieren. Mein Gott, sagte er später einmal, auf eine Verbindung wartend, so halb in das Telefon hinein. In Jugoslawien geht alles. Man kann hier alles machen. Man muß nur wissen, wie. Know-how – nicht wahr? Er lächelte etwas fies. Der Junge war wirklich ein Hochglanzprodukt seiner Weltfirma, die in London saß. Er organisierte für London von Jugoslawien aus alle Tourneen seiner Stars im Ostblock. Ach, sagte er, wir brechen noch den ganzen Ostblock auf mit unserer scharfen Musik. Ich bring auch noch die Rolling Stones nach Peking. Von hier aus läßt sich alles machen. Know-how – nicht wahr? Er klatschte sich wieder rhythmisch in die Hände beim Abschied. Es war, als wenn er uns hinaustriebe – vor Tüchtigkeit.

Damals war es, daß ich zum erstenmal in meinem Leben eine beklommene und schüchterne Spielart von Stalinismus in mir entdeckte. Sagt man nicht so – in Belgrad? Ich fand ein Haar in der Suppe. Ich sagte, als wir im Lift wieder allein waren, abwärts fuhren: Ich weiß nicht. Ich finde, das geht doch zu weit. So weit sollte die Freiheit nicht gehen – im Sozialismus. Die Jugend wird hier ja überhaupt nicht mehr erzogen zum Sozialismus. Und unten, aussteigend, fuhr es mir durch den Kopf: Du bist ja eine richtige Gouvernante geworden, so eine SED-Gouvernante aus Klein-Machnow. Ich sang also wieder mein deutsches Lied, andersherum.

Natürlich ist es ganz falsch, immer in Belgrad zu hocken, brütend über Sozialismus-Fragen, deutschbrütend. Es ist unmöglich, Jugoslawien von Belgrad aus zu verstehen. Belgrad ist gar nicht typisch. Es ist die Ausnahme, ziemlich hoch entwickelt. Man muß also raus, man muß weg, man muß wenigstens einmal kreuz und quer durchs Land ziehen. Man muß sehen, wie es wirklich ist. In Wirklichkeit gibt es nämlich Jugoslawien nicht. Das ist nur ein Begriff von außen, von oben, eine komische Sache. Es gibt nur, sozusagen als Zelt, dieses hohe und schwache Staatsgerüst der Südslawen, das übrigens immer schwächer werden soll. Und darunter lebt ein eigenwilliges, buntes, verrücktes Gemisch von Völkern, Nationalitäten, Sprachen, Kulturen gleichzeitig. Vielvölkerstaat nennt man das. Man stößt auf ein Land mit zwei Alphabeten, drei Religionen, vier Sprachen, fünf Nationen, sechs Republiken, sieben Nachbarländern – und doch: ein Land. Ich möchte es nennen: Vereinte Nationen.

Die beiden Alphabete: kyrillisch und lateinisch. Darüber sprach ich schon. Die drei Religionen: prawoslawisch, römisch-katholisch, mohammedanisch. Die vier Sprachen: Serbisch, Kroatisch, Slowenisch, Mazedonisch. Die fünf Nationen: die serbische, die kroatische, die slowenische, die mazedonische und die montenegrinische Nation. Die sechs autonomen Republiken: Serbien, Kroatien, Slowenien, Mazedonien, Montenegro, Bosnien-Herzegowina. Und dann müßte man auch noch die großen nationalen Minoritäten aufzählen: die Albaner, die Ungarn, die Türken, die Slowaken, Rumänen, Bulgaren. Ich schenke mir diese Liste, die schließlich mit den Zigeunern, den Polen, den Juden und Deutschen enden müßte. Ich sage nur: Hier ist einfach alles da. Vereinte Nationen, eine Balkan-UNO.

Wir fuhren also los. Wir fuhren in den Norden. Es war flach und kalt; es wehte aus der ungarischen Tiefebene ein steifer Wind: Ostwind, der aus Rußland kommt, der Staub und Eis mitbringt. Man hörte die Tundra, die Steppe singen, sehr melancholisch: Balkangesang. Ist das schon Balalaikamusik? Warum werde ich plötzlich so kitschig? Diese endlosen Ebenen hier, manchmal ein Ziehbrunnen, ein Pferdegespann, eigentlich nichts, nichts als Vergangenheit. In Kovačica sah ich das erste Dorf Jugoslawiens. Es gehört zur Struktur dieser Gesellschaft, daß dann immer andere Völker da wohnen. Hier wohnten also Slowaken. Es war eine Kunstausstellung in Kovačica auf dem

Dorf. Hier wohnen die malenden Bauern, hier unter anderem. Man darf sie nicht mit dem Bitterfelder Weg verwechseln; mit sozialistischem Realismus hat die Kunst der Naiven nichts zu tun. Es ist wirklich Volkskunst. Der Kult mit den naiven Malern wird ja in Jugoslawien auf eine liebevolle und ziemlich kunstgewerbliche Weise zelebriert. Zuzana Chapulova, die Bäuerin, die Künstlerin, der Star des Tages, stand im Kulturhaus und begrüßte uns zu ihrer Vernissage. Es roch nach Sonntag, also nach frischgescheuertem Holzfußboden. Dick, fröhlich, rotbackig stand Zuzana Chapulova wie eine deftige Oma inmitten all ihrer Bilder und verstand es mit nicht unbeträchtlicher Bauernschläue, uns ihren Handelswert auf dem Weltkunstmarkt zu demonstrieren. Tatsächlich wird solche Bauernkunst, die mich immer mehr an Weihnachten, an Kinderkrippen, an bunte Figuren am Tannenbaum erinnert, in den Galerien in Zürich, in Bern, in Wuppertal sehr ehrfürchtig ausgestellt.

Wir fuhren weiter nach Uzdin, einem rumänischen Dorf. War es ein rumänisches oder nicht vielleicht doch ein ungarisches? Für den Fremden ist das schwer auszumachen. Uzdin war auf jeden Fall unvergeßlich. Es war wie ein Schock für mich, ein Alptraum der Vergangenheit. Väterchen Zar, sagte ich, das sieht ja genau so aus, wie wir uns das alte Rußland vorstellen so um 1890, ein böser Märchenstoff: Holzhäuser, Panjewagen, Schlamm, Schlamm, Schlamm. Nichts als schwarzer Schlamm auf den viel zu breiten Dorfstraßen. Sind das Straßen? Hier kann man doch weder gehen noch fahren. Es sind Moorbäder, durch die man eigentlich nur rudern könnte in Schlammkähnen. Daß so etwas noch möglich ist? Wo bleibt hier eigentlich der Sozialismus? Das ist ja Steinzeit, achtzig Kilometer nördlich von Belgrad. Aus der Volksrepublik Rumänien waren Musikanten gekommen. Sie spielten den jugoslawischen Rumänen dünne, fiedelnde Volksweisen auf. Burschen und Mädchen standen weit voneinander getrennt, zum Tanz durften nur die Verlobten vortreten – so streng sind hier noch die Sitten. Die Bauernmädchen waren auf dem Marktplatz sozusagen mit ihrer Mitgift erschienen. Es klapperten Gold und Dukaten, herrliche Goldtaler an ihren Trachtenblusen, die vollbusig wippten und einluden – goldig. Die jungen Männer in mickrigen Regenmänteln, spitze Pelzmützen auf dem Kopf, wirkten verschüchtert. Sie stolperten eigentlich mehr, als daß sie tanzten. Ein Matriarchat, eine Mutterkultur? Man ahnte, wie sie einmal unterdrückt werden würden, die Knaben. Ich mußte an den Jungen aus dem Restaurant Dubrovnik denken, seinen London-Look. Was hier alles zusammenkommt und gleichzeitig ist in einem Staat. Soviel Erstarrung und soviel Bewegung. Was ist Jugoslawien eigentlich?

Wir fuhren in den Süden. Ach, Kossovo? hatten sie vorher in Belgrad grinsend gefragt. Sie wollen tatsächlich nach Priština, nach Prizren, nach Peč – also an die albanische Grenze? Sie sind ja mutig: das Land der Skipetaren. Wer weiß, ob Sie da je zurückkommen? Haben Sie nie etwas von Blutrache gehört? Sie werden sich eine Krankheit holen, mindestens. Und trinken Sie nur kein Wasser. Da unten muß man immer mit Vergiftungen rechnen.

Ich weiß nicht, woher diese Giftigkeit kommt. Ist es der Hochmut aller Metropolen? Ich meine, so war es nicht. Es hat mir im Süden sehr gefallen. Süden ist eigentlich immer gut; tiefer Süden hat immer etwas von Ursprung, von Verzauberung, also wieder von Mutterkultur. Wenn irgendwo, so sieht man hier am deutlichsten den sprunghaften Fortschritt der sozialistischen Marktwirtschaft. Die Berge, die Täler, die Flüsse hier, ein scharfer, schon unerhört blauer Himmel, schon erste Vermutung von Mittelmeer, und überall Fabriken, Schornsteine, die rauchen. Eine Provinz erwacht. Aus diesem muselmanischen, diesem etwas türkischen und sehr albanischen Städtchen Priština erhebt sich heute im Zentrum eine moderne, rechtwinklige, gläserne Neustadt, die beinah zu sachlich, zu funktionell wirkt im bunten Gewimmel des Südens. Einmal wird die Welt ein Glaspalast sein, durchsichtig von allen Seiten. Und hier fängt das an.

Was bleibt von Priština, rückblickend? Das Heulen der Hunde nachts, die wie hungrige Wölfe die ganze Nacht vor dem Hotel standen, bellten, jaulten, ein markerschütterndes Gekläff veranstalteten, herrisch hoffend auf Zusatznahrung. Tatsächlich können einen die Hunde von Priština etwas das Fürchten lehren – so gegen drei Uhr morgens. Alle Not der Kreatur bellt einen an. Das Zimmer war wieder sehr modern. Es war alles da, was der Mensch braucht, nur funktionierte es leider wieder nicht, hier noch weniger. Es ging der Fahrstuhl, das Telefon nicht. Der Wasserhahn blieb in der Hand. Es blieb aber auch die Erinnerung an den Aufschwung des albanischen Verlagswesens, der Literatur hierzulande. Ich hielt einen schönen, sehr kultivierten Band Thomas Mann in der Hand. ›Tonio Kröger‹ auf albanisch. Ich dachte: Was scheren hier diese Muselmanen, gestern noch Analphabeten, heute Schuhputzer zum größten Teil, die feinsinnigen Verstrickungen Lübecker Künstlerseelen? Tonio Kröger in Kossovo – das sind so die Kuriositäten der jüngsten Nationalitätenpolitik hierzulande. Darüber wäre noch viel zu sagen.

Ja, über die Schuhputzer von Priština muß ich noch ein Wort verlieren. Sie vor allem blieben in Erinnerung. Dunkelhäutige, braune Jungens mit schwarzen Ponyhaaren, Rundschädel, hokken zu Hunderten auf den Hauptstraßen. Wenn man vorbeigeht, beginnen sie mit der Holzkante der Schuhbürste sehr eindrucksvoll auf ihren Putzkasten zu schlagen. Erst lächelnd, werbend, aufmerksam machend. Dann, wenn man nicht reagiert, energischer, befehlender, beinah autoritär. Ist man vorüber, ergebnislos, so muß man mit einem Fluch rechnen. Man fürchtet, gleich die Schuhbürste im Genick zu haben. Das also sind die Sitten der Privatunternehmer im Sozialismus. Es bleiben in Erinnerung: die Weiterfahrt, die Berge Montenegros, eine gräßliche Paßfahrt, eine Autopanne, dann Titograd, also der Durchbruch zum Meer, zur Adria. Das kennt man. Ich meine, über das Meer brauche ich doch nichts zu sagen. Die dalmatinische Küste, die kennt man in Deutschland.

Schließlich, auch das müßte ich sagen, nur zur Ergänzung: Ich bin auch in Kroatien gewesen – die andere Seite der Wippe, also ganz oben. Man muß auch das sehen, um die Spannungen, das Gefälle dieser Gesellschaft verstehen zu können. Zagreb, das sehr kultiviert, etwas katholisch, beinah aristokratisch wirkt, erinnert uns schon an Österreich. Es wirkt wie ein modernes, hochintellektuelles Klagenfurt, könnte man sagen. Die *Praxis*-Leute, die Theoretiker des jugoslawischen Sozialismus sind hier zu Hause. Ich hatte den Auftrag, sie zu besuchen. Aber war es nun meine Faulheit, meine Kontaktlosigkeit, meine Müdigkeit? Ich tat es nicht. Ich lief wie ein normaler Tourist durch die Stadt, zwei Tage lang. Immer so vom Bahnhof zum Zentrum und dann wieder zurück; was eben alle Touristen so machen. Zagreb, das einmal Agram hieß, ist für unsereinen ein Vergnügen. Die Stadt scheint aus Geist, aus Kunst, aus sehr erlesenem Stil zu bestehen. Ein Treffpunkt für Intellektuelle: Institute, Museen, Buchhandlungen; eine Stadt, die liest, schien es mir. Lauter Studenten, lauter Kollegmappen auf der Straße. Professorengesichter: goldene Brillen, randlos, hohe Stirn, Denkerfalten; Theorie-Erwägungen, Versammlung von Ideen, die alle nun miteinander zu verknüpfen wären – die *Praxis*-Gruppe. Ich kann das nicht. Ich frage mich nur: Was hält diesen

Staat eigentlich zusammen? Was verbindet die Leute von Ljubljana bis Skopje? Ich glaube, es ist wie mit den Vereinten Nationen: Sie streiten sich, aber sie wissen, daß sie nur zusammen Zukunft haben. Nur gemeinsam wird das weitergehen: Sozialismus, jugoslawisch.

Die weiße Stadt

Noch einmal Belgrad. Also noch einmal der ganze Text durchbuchstabiert: Repetitorium. Es ist hell, sonnig, ziemlich warm geworden in der Hauptstadt. Ein Geschmack von Frühling liegt in der Luft – Ende Februar. Schornsteingeschmack ist dabei. Die Leute auf der Terazije flanieren. Sie gehen, reden, diskutieren. Sie haben den Mantel geöffnet, sie schnuppern. Sie spüren die Sonne auf der Nase. Sie werfen die Mäntel, den Winter ab. Wird jetzt der Frühling kommen? An den Zeitungskiosken ist offenbar immer Hitze, immer Sonne, wie bei uns. Die nackten Körper von ›Stern‹ und ›Quick‹ und ›Konkret‹ locken: heiße Themen, heiße Höschen – der ganze Pornoquatsch aus der Bundesrepublik blüht auch hier, obwohl man nicht den Eindruck hat, die Leute hier litten unter Orgasmusproblemen. Sie wirken gesund, rustikal-deftig, fröhliche Draufgänger. Man braucht ihnen nicht auf die Sprünge zu helfen – mit Theorie. Die Jugend geht eng umschlungen, zärtlich vereint, Studenten aus Bauernfamilien. Ich glaube nicht, daß man sie aufklären muß.

Anders bei mir. Ich brauchte noch Aufklärung in meiner Sache, also soziologisch. Wo gibt es sie? Ich war da. Aber bin ich durchgekommen? Ich war nun in dieser Gesellschaft. Aber habe ich ihre Reflexe, ihre Mechanismen, die eigene Weise ihres Funktionierens wirklich verstanden? Jugoslawien ist ziemlich schwierig. Das merkt man zum Schluß. Es sind immer mehr Fragen, die sich zum Schluß stellen: Fragen, Fragen, nichts als Fragen. Ich laufe durch die Stadt, fragend. Ich laufe wie ein Hund von Ecke zu Ecke, ich laufe von Büro zu Büro. Ich habe einen Kopf voller Fragen und die dumme Erwartung, daß es auf Fragen Antworten gäbe. Solides, Handgreifliches, das man schön brauchbar nach Hause mitnehmen könnte: konkrete Versicherungen, daß die Welt nur so und nicht anders beschaffen sein sollte, also jugoslawisch. Mir hat das sehr imponiert. Wäre das nicht ein Ausweg, ein Modell für uns alle? Diese tiefe, kindliche Erwartung immer in mir, daß es brauchbare Antworten, handverpackt, gäbe, die man nun mitnehmen kann als Rezepte für eigene Schmerzen.

Ich fragte also den Mann von der Zeitung: Wie steht es hier um die Pressefreiheit? Der Mann schwankt etwas, schweigt, überlegt in jener ruhigen, nachdenklichen Art, die ich nun kenne. Er sagt: Naja, es gibt natürlich überall Tabus. Es gibt auch hier Probleme, an die man besser nicht rühren wird. Aber eine Zensur gibt es nicht. Die Redaktionen sind unabhängig, auch von der Partei. Für uns ist das Wichtigste: Wir müssen rentabel arbeiten. Auch die Presse ist marktwirtschaftlich orientiert. Wissen Sie, was das heißt? Eine kommunistische Zeitung, die sich verkaufen muß am Kiosk? Wir brauchen noch mehr Reklame, mehr Werbung im Blatt.

Ich fragte den Ingenieur in der Elektrofabrik »1. Mai«: Also das mit der Arbeiterselbstverwaltung habe ich verstanden, theoretisch. Aber wie funktioniert diese gute Idee in der Praxis? Sind denn die Arbeiter intellektuell in der Lage, ein so hochkompliziertes und anfälliges Gebilde wie einen modernen Industriebetrieb ernsthaft zu kontrollieren? Ich meine: Bilden sich nicht vom Fachverstand her neue Elite- und Managergruppen, die die Arbeiterselbstverwaltung geschickt unterlaufen? Die Antworten überzeugten mich nicht. Ich fragte den Mann von der Partei: Ist Titoismus ein Exportartikel? Nein, sagte der, wir schätzen den Begriff Titoismus nicht. Wir sprechen vom jugoslawischen Weg, unserem. Das ist kein Exportartikel. Wir fühlen uns nicht als Modell, wie etwa die Schweden. Wir verantworten nur unsere Sache, weiter nichts auf der Welt. Dann war der Verleger dran. Ich fragte: Die Freiheit hier in der Kultur ist bewundernswert, aber wenn ich all diesen amerikanischen Schund und den westdeutschen Pornoquatsch sehe, der damit bei Ihnen auch hochkommt an Ihren Kiosken – geht das nicht doch etwas zu weit? Der Verleger sagte: Es gibt keinen Mittelweg – leider. Wir sehen ungern, was da alles so mitschwimmt bei uns, aber das ist der Preis der Freiheit. Wir wollen das nicht mehr: verbieten. Es wäre der Anfang vom Ende. Ich nickte etwas melancholisch. Dann war der Herr vom serbischen Informationsministerium dran. Ich fragte: Dieser Kult der Nationalitäten hier ist ja abenteuerlich – für unsereinen. Jugoslawien löst sich ja langsam auf in einen hauchdünnen Staatenbund. Sicher werden hier auch noch die Zigeuner eine autonome Republik gründen. Finden Sie das im planetarischen Zeitalter und von Kommunisten gemacht nicht doch etwas provinziell? Der Herr fand es nicht. Er sagte: Nein, Sie sind auf dem Balkan hier, mein Herr, Sie sind in einer anderen Epoche. Die Völker Jugoslawiens wurden immer unterdrückt. Wir brauchen diesen extremen Regionalismus jetzt. Jetzt soll sich jede Nationalität hier ausformen, frei fühlen, zu sich selber finden. Wir brauchen diesen Schritt im Augenblick. Und was soll einmal nach Tito werden? fragte ich schließlich. Meinen Sie nicht, daß die Russen einen neuen Druck ausüben werden? Die Russen setzen doch offenbar auf die serbische Karte und wären ganz gern in Triest, nicht wahr?

Ja, so ist das also in Jugoslawien, so ungefähr. Man kommt ziemlich naiv und viel zu schnell angeflogen. Man fragt sich: Wohin geht eigentlich die Reise? Ach, dahin? So ein Ferienland auf dem Balkan, das wird man rasch durchschauen. Man ist viel zu sicher. Man mokiert sich am Anfang über die Kellner, die zu würdig und langsam gehen, über die kyrillischen Buchstaben, das Hupen der Autos und den Rauchgeschmack in der Stadt, und zum Schluß ist das alles verflogen. Man ist ernüchtert. Zum Schluß sind nur noch Fragen da: Realitäten, Probleme, Politik, also Leben. Was? Wie? Wo? Warum ist das so hier? Lauter offene Stellen. Man ist in eine sehr komplizierte Gesellschaft geraten, von der man spürt: Sie ist eigentlich zu verzwickt für dich. Du durchschaust sie nicht. Du hattest nur einige Erfahrungen: deine.

Also noch einmal Terazije. Ich stehe am Fenster, Hotel Kasina im 8. Stock. Man sieht weit über die Stadt: das Hotel Moskau, die City, die Save, die Donau, Neubelgrad da hinten. Ich denke an das, worüber ich nun schreiben werde zu Hause. Aber dann tat ich es nicht, nicht hier: also Nachholversuche. Ich habe nichts über die Klöster des Landes geschrieben, auf die die Menschen hier so stolz sind, der Geschichte wegen. Das dunkle, starre Reich der Ikonen, das mich eigentlich nur müde und lustlos macht: Freskenkunst – ein Maskenspiel, ein Totenreich. Das Beste in diesen Klöstern erschien mir immer der Wein, der Schnaps, die Schnapsnasen mancher Popen. Museum mit Weinkellerei, so enden schließlich die Klöster, gottlob. Ich habe nichts über die Türken geschrieben, die immerhin fünfhundert Jahre lang das Land beherrschten. Heute zahlt sich das aus. Wenn irgendwo etwas ganz miserabel und rückständig ist, eine uralte Brücke etwa oder der Steinschlag, das Geröll auf den

Straßen, die eigentlich sehr modern, sehr gut sind, nur der Steinschlag bleibt eben liegen – dann sagen die Jugoslawen etwas ironisch: Sie müssen das verstehen; immerhin hatten wir fünfhundert Jahre die Türken im Land. Da ist noch manches liegen geblieben. Ich habe nichts über den Zeitungshändler in Zagreb geschrieben, bei dem ich einmal neugierig ›Neues Deutschland‹ verlangte. Das führen wir nicht, mein Herr, sagte er etwas pikiert in bestem Österreichisch. Bei uns ist das unverkäuflich. Der Herr sind wohl aus der DDR, pardon? Ich habe nichts über das Revolutionsmuseum in Belgrad geschrieben, das mich erstaunte, ach, hell entzückte. Zum erstenmal sah ich die Geschichte einer kommunistischen Partei unfrisiert und undogmatisch dargestellt, zudem noch sehr modern, beinah verspielt in der Form. Man hat Djilas nicht wegretuschiert. Bekanntlich ist doch die Vergangenheit immer am schwersten vorauszusagen im Kommunismus. Sie wird immer neu geschrieben, nicht hier beim Bund der Kommunisten. Mein Führer tröstete mich zum Schluß mit den Türken. Er sagte: Wir waren fünfhundert Jahre geteilt und besetzt, mein Herr. Glauben Sie uns, wir können mit den Deutschen heute mitfühlen. Ich fand das etwas stark. Eine Provokation, würde man wohl im Osten sagen. Oder hatte er es anders gemeint?

Und natürlich, das Wichtigste für die Kunstfreunde hier in der Stadt: Ich habe nichts über die Belgrader Oper geschrieben, die einigermaßen berühmt ist – ein Faltenwurf aus Samt und Ewigkeit. Ich saß für ein paar Minuten in einer prunkvollen Seitenloge, so rein zufällig. Man sah gerade eine düstere Gebirgslandschaft, als ich eintrat. Ein Bariton grollte dunkel, ein Tenor gab eine helle, schwelgende Replik. Eine füllige Sopranistin rang sich mit wogendem Busen eine rasende Liebesarie vom Herzen. Dann wurde es noch dunkler auf der Bühne. Andacht verbreitete sich. Man hörte Glöckchen, frommen Pilgersang. Klosterbrüder schritten mit Hirtenstäben feierlich und streng durch die Szene. Ein Kruzifix blitzte. Die vollbusige Sopranistin stürzte zu Boden. Sie schrie. Sie sah ihre sündige Liebe ein und flehte um Gnade, Vergebung. Es war ein erhabener Augenblick bei mir in der Loge. War das nun ›La Gioconda‹ oder ›Margarethe‹ oder gar der ›Troubadour‹? Das hast du doch schon als Kind gesehen, in der Deutschen Oper? Das sind doch die ewigen Werte der Menschheit, die uns ganz oben begleiten, wie Sterne? Ob Ulbricht oder Adenauer, ob Stalin oder Tito, ob Kairo oder Tel Aviv: Die Oper überlebt alles. Einmal wird das alles vergangen sein, was uns so bewegt: Faschismus und Kapitalismus, sogar der Sozialismus. Nur Verdi und Puccini sind ewig. An die kann man sich halten. Warum tust du es nicht?

Also noch einmal Terazije. Ich stehe am Fenster, Hotel Kasina im 8. Stock. Man hört den Straßenverkehr, das Brodeln der Stadt, die eigentlich grau ist und ziemlich rauchig. Ich weiß: Es ist doch eine unglaubliche Stadt. Es ist wie ein Märchen. Da unten wird ein Marxismus versucht für die Menschen, nicht für den Staat. Traum aller Linken: Sozialismus und Freiheit. Wo gab es das je in Europa? Prager Traum, Dubčeks Traum – hier ist das doch. Hier ist das doch möglich. Ich singe also wieder mein deutsches Lied. Ich sage: Belgrad ist doch eine weiße Stadt. Ich will sie reinwaschen.

(1971)

Das perfekte Schattenreich
Schwedische Depressionen

Orpheus steigt herab

Gleich zu Beginn, also gleich hinter Hälsingborg, Europastraße 4, kam mir dieser skurrile Gedanke, diese antike Vermutung, etwas verrückt, so nördlich: Merkst du denn nichts? Du fährst in ein Schattenreich. Das ist nicht eine Reise wie andere Reisen auch – im Licht. Es ist beinah, wie sich die Griechen den Hades vorstellten. Gefilde der Abgeschiedenen, fast wie bei Gluck. Man gleitet im schwarzen Wasser hinüber von einem Land in das andere, so, wie sich die Griechen den Tod vorstellten: unmerklich, sanft, lautlos. Es gibt keine Grenzkontrollen zwischen Dänemark und Schweden. Man gleitet einfach so hinüber auf diesem Fährschiff, das Gustav Wasa heißt, und sieht, wie das Licht fahler wird. Es ziehen die Möwen hoch oben schwingend, gleitend, schreiend wie Todesvögel hinter der Fähre her. Hieß das Wasser nicht Styx bei den Alten? Aber die Toten sind eben nicht tot. Sie leben weiter, schattenhaft und selig: drüben. Soll man sich das Reich des Hades, das Elysium als eine Art Wohlfahrtsstaat vorstellen? Die haben einfach alles drüben – nur im Schatten.

Nein, es ist eigentlich nicht meine Art, auf Reisen antike Mythen zu bemühen. Ich liebe das nicht: so frühe Verdunklung. Aber wenn man nach Schweden einfährt, müßte man ziemlich fühllos sein, ziemlich blind, auch taub, wenn man nicht mit allen Sinnen sofort die Veränderung spüren würde. Hier schlägt etwas um; die Spannung der Existenz wird herabgesetzt. Du kommst in ein Tiefland, hochentwickelt. Hier ist alles anders. Hier ist alles genau wie bei uns, aber in ein anderes Licht getaucht, das die Dinge fahler, glasiger, abgerückter erscheinen läßt. Diese endlose Landschaft hier, die schwer und lastend wie eine Urweltlandschaft daliegt, vor sich hin brütend, dem Menschen nicht zugehörig. Das ist kein Ackerland wie bei uns, auf dem Korn reift, Bauern arbeiten, also Kultur. Das ist steinalte Natur, endlos, formlos fließend, so zerlaufend im All, eigentlich trübsinnig. Ob hier des Nachts Geister, Elfen tanzen?

Noch einmal Ausfahrt Hälsingborg, Europastraße 4. Es ist

mittags um 12, also ziemlich hell, ein Julitag. Manchmal bricht für Augenblicke die Sonne durch die Wolken, aber alle Autofahrer, die uns entgegenkommen, fahren mit Licht, manche auch noch mit Nebelscheinwerfern und blenden und blinken dauernd. Nanu? Man sieht tief in das Tal, wo die Straße hinzieht nach Stockholm: Hunderte von Volvos kommen uns entgegen, und alle haben Licht eingeschaltet, fahren so langsam und feierlich wie auf einer Schiene gleitend. Keiner schert aus, niemand überholt. Alle fahren einheitlich siebzig Kilometer. Es wirkt wie eine Prozession, so feierlich. Was ist denn hier los? frage ich. Wer wird hier beerdigt? Warum so viel Polizeiwagen auf den Straßen, und warum dieser griechische Verweis auf ihren Limousinen? Es steht da immer in großen Lettern: POLIS. Es war aber nichts los, so lernte ich später. Es war einfach Schweden, hochentwickelt, mit Schwedenstahl und schwedischen Sicherheitsgurten, mit Scheinwerferlicht am Tag und dann höchstens fünfundsiebzig in der Stunde. Wahrscheinlich führen sie auch noch Blutkonserven bei sich. Ihr Gott heißt Sicherheit.

Abends dieser Ort, der mich so mutlos machte. Der erste Abend, eine kleine graue Depression. Rückzugsversuchungen. Diese böse Vorahnung: So wird das überall sein; kein Land für dich. Der Ort heißt Örkelljunga, eine Kleinstadt in Schonen, und ist wie ein Anfall von Müdigkeit, wie Phanodorm. Die Straßen leer, die Häuser grau und abweisend. Sie stehen in ihrem gelben Klinkerbaustil vereinzelt da, lustlose Zufälligkeiten, reine Abweisung. Jetzt kommt ein Einkaufszentrum, vor dem ein paar junge Burschen mit Motorrädern stehen. Die Burschen haben lange, weiße Bubiköpfe. Sie langweilen sich, lassen manchmal ihre Motoren aufheulen. Im Knattern der Motoren hört man erst ganz das Schweigen solcher Städte. Wie still das hier ist. Leichenhausstille. Ich gehe weiter: die Kirche, ein spitzer neugotischer Bau aus rotem Klinker, der mich an Spandauer Kirchen erinnert – Protestantismus, verblichen. Dann kommt ein großes, modernes Gebäude: die Volkshochschule. Dahinter beginnt dann der See. Alle schwedischen Orte, so schien es mir, liegen immer an einem See, haben immer eine spitze Kirche, ein Einkaufszentrum und eine Volkshochschule, nur darf man sich das nicht wie bei uns vorstellen: belebt, farbig, bevölkert. Der See liegt schwer und bleiern da, auch er hat etwas von Unterwelt. Schwarzes Wasser. O große Einsamkeit – schrecklich: Frösche quaken. Ich setze mich auf die Bank am See, sehe den

Wildenten zu, die an Land paddeln, im Steingeröll herumtrapsen, Futter erhoffen von mir. Ist das also das berühmte Schwedengefühl: am See sitzen, ins Wasser starren, eine Angel werfen, entspannen? Man sinkt immer tiefer. Man ist jetzt in Ingmar Bergmans Reich, denkt man. Gleich werden Zwerge aus dem Wald kommen und eine Jungfrau und bärtige Männer mit Holzfällergesichtern. Dann wird die Jungfrau vergewaltigt, und eine Quelle entspringt wundersam: reiner Naturklimbim. Bergman, das merkt man hier, ist eben Schwede.

Aber dann kam es doch anders. Oben auf der Straße hörte ich zwei Motorräder. Es waren die Burschen vom Einkaufszentrum. Die Motoren heulten, die langen weißen Haare der Burschen wehten wie Friedensfahnen, sie jagten, wilde Engel, die Straße entlang; für ein paar Sekunden ein ohrenbetäubender Lärm am See, dem bleiernen. Natürlich, dachte ich, das hast du doch auch schon einmal gesehen – im Film: Cocteaus ›Orphée‹. Madame La Mort und ihre beiden Todesboten? Orpheus steigt herab.

Im Touristentresor

Dann aber, nach Tagen, kam doch der Augenblick, wo ich lachte, wo ich strahlte, triumphierend sagte: Siehst du, das habe ich doch gewußt, wie toll Schweden ist! Nun sieh dir das einmal an: so ein modernes Hotel in Stockholm; mein Gott, ist das raffiniert, ein Traum der Technik. Welch eine verwegene Modernität. Aus welcher Bauernkultur kommen wir? Freuden der Zivilisation: Das 21. Jahrhundert, hier hast du es. Spürst du nicht, daß dieses Hotel Amaranten pure Zukunft ist? So werden wir alle einmal leben: Hunderte von Maschinen, die uns dauernd surrend bedienen. Hörtest du nicht schon, als wir zum erstenmal in die City einfuhren, überall dieses Klicken und Summen, diese verschiedenen Meßtöne, das zarte Pfeifen der Elektronik? An den Bürohäusern die Namen der großen amerikanischen Computer-Firmen. Die Stadt wird von Rechenmaschinen und Elektronengehirnen beherrscht. Stockholm ist ein Automatentraum, in dem es immer klick, klick, klick macht. Dann fällt alles fertig heraus.

Glück, in so einem automatischen Zimmer zu wohnen: hell, sauber, vollkommen anonym. Ist es eigentlich ein Glück? Alles im Schwedenlook, skandinavische Wohnkultur. Draußen ist es immer blaß und kümmerlich; drinnen ist es luxuriös. Elektrische Betten mit Vibrationseffekt, dreistufig. Diese raffinierten Schränke, und überall kommt Musik heraus: diese stille, besänftigende Barmusik, die wir so brauchen. Öffne im Haus eine Tür: Du wirst immer von sanfter Musik empfangen. Und dann gibt es den Fernseher, den Eisschrank im Zimmer, die Höhensonne, das Rotlicht, die Fernheizung, die dauernd arbeitet, auch im Sommer, und die Air-condition, die die Hitze wieder runterholt und neu reguliert. Man darf allerdings kein Fenster öffnen in Schweden. Überall die Mahnung, dreisprachig: Wir warnen Sie. Öffnen Sie nicht das Fenster. Es bricht unsere Air-condition zusammen. Man kann also mit einem kleinen Hotelfensterchen einen ganzen Wolkenkratzer lahmlegen.

Es wäre nun eine Abhandlung zu schreiben über Einzelheiten, worin sich Schweden mir zeigte, worin ich seinen nationalen Topos sah – als Fremder: zum Beispiel das Zufallen der Türen hierzulande, ein bedeutsames Thema. Wer hat es schon analysiert? Zimmertüren gleichen hier alle unseren Tresortüren. Sie sind aus Stahl, zentnerschwer, meistens zwanzig Zentimeter dick und haben eine Art, einen Ton zuzufallen, vornehm und entschlossen, der mich an das Zufallen von Mercedestüren erinnerte. Wohlstand fällt mit und Sicherheit; man fühlt sich richtig eingeschlossen. Mein Gott, was habe ich auf dieser Reise doch gekämpft: mit Stahltüren, mit Sicherheitsschlössern, mit Kombinationssystemen. Die schwedischen WKS-Schlösser sind von der subtilen Raffiniertheit, die manchem Banktresor Ehre machen würde. Steht man draußen, vor der Zimmertür, so kriegt man dieses zweimal halblinks, einmal halbrechts und dann kräftig durchstoßen, das alle Schweden so mühelos beherrschen, nie hin. Warum schließen sie sich eigentlich so ein? Warum kapseln sie sich so radikal ab? Ich behauptete immer: Das Schloß ist kaputt, ich Neuling. Ich ließ jemanden von der Rezeption kommen, der mir dann unendlich geduldig und freundlich zum drittenmal erklärte, wie die Schließmechanik in diesem Haus funktioniert. Ich will von den Ängsten drinnen nicht sprechen. Aber ich weiß, daß am ersten Abend gegen sechs Uhr in meinem Tresor plötzlich ein heller Brummton sich ausbreitete. Er kam stereophonisch aus allen Ecken zugleich: nachsichtig und doch unerbittlich. Ich litt das eine Weile, ein böser Ton. Dann rief ich wieder um Hilfe. Ein blonder Jüngling erschien mit Hamletfrisur. Es wehten wieder die langen Haare wie Friedensfahnen. Er erklärte mir höflich, dies sei die automatische Weckanlage, die ins Radio eingebaut sei. Ob ich das denn nicht wüßte? Ich solle die elektrische Uhr im Radio auf zwölf stellen. Dann schweigen alle Wecker hierzulande.

Mit all diesem will ich nicht gerade sagen, daß man sich in den ersten Tagen in Stockholm wie ein Bauer vorkommt, der die Stadt besucht und nun so herumstolpert und das meiste falsch macht und immer Angst hat, sich zu blamieren. Aber zunächst ist man doch etwas verblüfft über diesen Anfall totaler Technisierung in so einem Naturpark. Man findet es etwas übertrieben. Dieser vollkommene Ersatz des Menschen durch Maschinen. Ist das wirklich nur Rationalität? In den Selfservice-Restaurants gibt es nur noch eine große, elektrische Speisekarte am Eingang, wo man sich das Tablett nimmt. Das finde ich vernünftig. Man drückt einfach auf das Knöpfchen hinter dem Preis, und irgendwelche Zangenarme lassen dann am Ende der Theke den Teller aufs Tablett fallen. Vor den Bürozimmern in Stockholm gibt es subtile Lichtsignale. Das fand ich nur komisch. Grünes Licht signalisiert dem Besucher im Flur: Sekretärin nimmt gerade Diktat auf. Gelbes: Die Dame hat eine Besprechung. Blaues: Der Chef hat die Dame gerufen. Und rotes Licht? fragte ich. Heißt das vielleicht im freien Schweden: Jetzt schläft der Chef mit der Sekretärin? Bitte nicht stören?

An einem Sonntagabend war es sehr kalt in meinem Zimmer. Ich rief wieder den freundlichen Hamlet zu Hilfe. Sorry, sagte der, es haben auch schon andere Gäste Klage geführt. Aber wir können in diese Apparate nicht eingreifen, nicht am Sonntag. Wir zwei sind ganz allein hier im Haus. Stellen Sie sich das Rotlicht ein. Es wärmte tatsächlich. Es war für mich immer etwas mühsam, Ruhe zu finden, einzuschlafen. Es arbeiten zu viel Maschinen für einen, auch nachts noch. Irgendwo an der Decke wird immer Feuchtigkeit eingesprüht in die trockene Luft. Im Eisspender fallen manchmal die frischen Eiswürfel eine Etage tiefer. Luft, die künstlich abgesaugt und eingeblasen wird, rauscht. Etwas brummt, tickt, klickt hier immer. Man fühlt sich wie ein Schatz in Banktresoren.

All diese Annäherungsversuche, Versuche, in die Stadt einzudringen, zu sagen: Stockholm ist doch schön. Eigentlich sind sie alle mißlungen. Ich versuchte es zehn Tage lang; es war vergeblich. Die Stadt ist ein klares Nein an den Menschen, und ich meine: Man muß das aussprechen. So etwas sah ich noch nie: so viel schwarze Abweisung. Die Stadt ist düster und unwirtlich und ziemlich häßlich. Vom Wetter will ich nicht sprechen; der Sommer war so ein milder Dauerregen, von Windböen unterbrochen. Die Stadt steht auf grauem Felsengestein, vom schwarzen Wasser der Ostsee und des Mälarsees umflossen. Die Stadt besteht aus 14 Inseln mit 50 Brücken, aber ein Vergleich mit Venedig wäre absurd. Schwedische Erfahrung, immer wieder: Einerseits ist Stockholm reine Natur, ein Felsengebirge im Meer, ein gewaltiger Brocken, das ist zuzugeben, andererseits ist es exzessive Technisierung, schwer begreiflich für den Fremden.

Zehn Tage lang vergeblich im Auto mit dem Highway-System gekämpft. Die Stadt, die grau, überaltert, wie ein monströses Berlin der zwanziger Jahre wirkt, ist in den letzten Jahren auf eine rabiate Weise modernisiert worden. In der Innenstadt werden ganze Viertel weggeschoben, abgeräumt. Man stößt immer auf Gruben und Löcher, überall gähnt die Tiefe, der Orkus. Darüber dieses Highway-System. Sie haben sich da zur Überbrückung der vielen Inseln ein Kommunikations-System ausgedacht, das sicher vernünftig ist, auf den Fremden aber vollkommen entmutigend wirkt. Man schafft es einfach nicht als Tourist. Man lernt es nicht, sich in dieses Labyrinth von Kurven und Rundbögen richtig einzufädeln, und landet mit Sicherheit immer auf der falschen Insel. Man muß sich das so vorstellen: unten diese schwarze, überalterte Eisenstadt, und darüber wölbt sich in drei, in vier, manchmal in fünf Etagen, blitzblank und modern, ein Highway-System, das sich wie ein himmlischer Knäuel immer mehr nach oben verwirrt und sich dann in den Wolken verliert, die hier ja sehr niedrig hängen. Natürlich übertreibe ich jetzt. Die Teufelei besteht darin, daß der schlichte Augenschein bösartig trügt. Da drüben direkt liegt doch Riddarsholmen, sagt man. Da rechts ist doch Kungsholmen; ich bin doch nicht blind. Da links ist doch Skeppsholmen – ich sehe es doch vor Augen. Wer so direkt, so naiv fährt, wird schreckliche Verwirrungen erleben. Man muß sich in dieses nordische Gefühl des Fließens und Zerlaufens einschwingen. Man muß ein Gefühl für Umwege, für Schlangenlinien, für Spiralen kriegen als Autofahrer. Ich habe es nicht gelernt.

Stockholm ist auch ein klares Nein an den Fußgänger. Auch so etwas sah ich noch nie. Dieser erste Abend, als wir einfach so losgingen, die Altstadt suchend, die wirklich schön ist, ein guter Kern, anmutig und voller Geschichte, in dieser bösen Frucht. Also, als wir da nichtsahnend aufbrachen, unwissend, welch ein Labyrinth uns erwartete: zu Fuß. Bürgersteige sind offenbar knapp in Stockholm. Irgendwo hören sie bestimmt immer auf, und man steht etwas verwirrt und ratlos auf dem Asphalt einer Schnellstraße und weiß nicht mehr weiter als Fußgänger. Angstgefühle, Gefühle verlorenzugehen auf Brücken. Wir kletterten Eisentreppen hoch, wir liefen über Schienen, wir überquerten Bahnsteige, wir schwangen uns verrostete Leitern hoch und sagten immer: Aber da oben ist doch unsere Straße. Wie kommt man nur hinauf?

Selbst auf der Kungsgatan, Stockholms Hauptstraße, herrscht pure Unwirtlichkeit. Es ist nichts auf soziale Kommunikation, auf urbane Solidarität, auf städtische Treffpunkte für Menschen angelegt. Die Stadt ist reine Introversion: Hochhäuser, die vor sich hinträumen; im Inneren sind sie sehr schön. Da haben sie mitten im Zentrum zwischen dem Konzerthaus und dem Sergelstorg in den letzten Jahren so etwas Modernes, Offenes versucht: fünf achtzehnstöckige Hochhäuser mit Ladenstraßen, Tiefgaragen, unterirdischer Markthalle und dreistöckigen Fußgänger-Etagen. Das Viertel heißt Hötorgcity, und die Stockholmer sind stolz darauf. Auf unsereinen wirkt es wie kalte Pracht. Die Proportionen stimmen nicht. Die Häuser sind viel zu hoch für die engen Ladenstraßen. Sie bedrohen die Passanten. Man fühlt sich wieder hilflos. Und gleich daneben am Sergelstorg dieser Springbrunnen, der anmutig ist; sie haben da Bänke aufgestellt, zwanzig hübsche weiße Parkbänke, aber statt sie locker und menschenfreundlich um den Brunnen zu gruppieren, stehen alle zwanzig Bänke wie Zinnsoldaten stramm hintereinander. Es sieht wie eine Schulklasse aus, die gleich kommen wird, um hier ihr Examen zu machen. Ich meine, man müßte die schwedischen Stadtplaner einmal nach Paris oder Mailand schicken, damit sie studieren können, was eigentlich ein Platz ist in unserer Kultur: schöne Zusammenführung. Hier ist er nur leerer Raum.

Schon abends um acht ist die Innenstadt leer, ausgestorben.

Kaum Autos noch auf der Straße. Fremde irren an Schaufenstern vorbei, die alle Rea, Realisation, als Ausverkauf anpreisen. Wind schlägt einem entgegen, Regen peitscht ins Gesicht. Es ist dunkel und naß, eine Berliner Novembernacht – jetzt im Juli. An einer Taxihaltestelle stehen viele Stockholmer und warten. Vor einem Café windet sich eine noch längere Schlange, wie sonderbar. Man muß sich das vorstellen: Es ist dunkel und regnerisch, es ist neun Uhr abends, und es stehen etwa dreißig oder vierzig Menschen elegant gekleidet, unendlich geduldig vor einem Café. Und alle mit Regenschirmen. Eine Dame mit Abendkleid liest dabei Zeitung. Eine andere Dame streitet mit ihrem Hündchen, ein Herr liest tiefversunken in einem Buch, und jedesmal, wenn ein Gast das Café verläßt, winkt der Portier mit einer kleinen, unauffälligen Gebärde, und einer darf eintreten. Ich frage mich: Was ist das für eine wohlerzogene Nation? Das Bild hat auch etwas Jenseitiges an sich: lauter Engel unter Regenschirmen.

Abends manchmal dieses Schauspiel

Trotzdem, die Stadt hält Überraschungen bereit. Manchmal, wenn ich nach dem Abendessen noch einmal losging: lustlos, unentschlossen, nichts mehr erwartend als eben diese Sprödigkeit, diese Menschenfeindlichkeit von Stockholm, trat dieses Schauspiel ein, von dem ich nichts wußte, von dem ich nie etwas gehört hatte. Schwer zu beschreiben. Es machte mich grenzenlos staunen. Es ist, wie alles, was wirklich groß und unvergeßlich in Schweden ist, ein Naturphänomen und beginnt gegen neun Uhr abends nach dem Sonnenuntergang an Sommertagen. Es ist nicht der Sonnenuntergang, wie man glauben könnte, ein Schauspiel, das bekannt ist, auch anderswo. Wenn der vorbei ist, wenn die Sonne längst abgesackt ist hinter dem Horizont, beginnt in den hellen Julinächten hier ein Lichtspiel, das faszinierend ist, das die Stadt völlig verändert – für genau neunzig Minuten wie in einem Lichtspieltheater. Es ist, als wenn die versunkene Sonne von unten, nein, von hinten noch einmal den Himmel zum Aufleuchten brächte. Ein indirektes Licht schiebt sich ganz von hinten über den Horizont, erleuchtet den Himmel magisch. Die Wolken werden rückwärtig angestrahlt. Sie werden wie Kerzen, nein, wie Wattebäusche, die etwas Benzin enthalten, rückwärts angezündet, und nun gießen diese brennenden Wolken ein ganz unwirkliches Licht über die Stadt aus, die plötzlich verzaubert daliegt wie in einem Märchenbuch. Sieh da: Stockholm ist schön. Eben war es noch trist, fade, trostlos, jetzt um halbzehn ist es wunderbar. Es ist reine Kunst. Plötzlich heben sich diese altmodischen Häuser, diese grauen Kaimauern, die Kräne und Lagerschuppen wie raffinierte Kunstwerke, von Buffet gemalt, scharf und schön vom Himmel ab. Die Stadt ist ein einziger Scherenschnitt, der auch japanisch sein könnte, zart koloriert. Jede Linie ist von zarter Kontur, ist da, unerhört scharf und doch durchsichtig.

Diese späte Stunde ist Schwedens Wunder. Dieses Licht von unten, das noch einmal fremdartig wiederkehrt, sein Geheimnis. Nicht seine weißen Nächte, die einfach nur weiß sind – weiter gar nichts. Ich habe dieses Licht drei- oder viermal im Juli gesehen. Ich kann es nie mehr vergessen. Es ist unmöglich, von dieser jähen Verwandlung schäbiger Langeweile in reine Kunst nicht ergriffen zu werden. Unvergeßlich der Abend in Gripsholm am Mälarsee. Immer nach dem Abendbrot, immer wenn man diesem Land schon keinen Pfifferling mehr zubilligen will, geschieht das – manchmal. In Gripsholm war der Himmel plötzlich wie eine Operninszenierung. Ich erinnerte mich, so einmal ›Madame Butterfly‹ gesehen zu haben, als Kind in der Berliner Staatsoper. So etwas vergißt man nicht. Man hatte, um das Japanische recht japanisch zu machen, die Bühne mit dunkelblauem Papier, so einer Art Pauspapier, ausstaffiert und dann von hinten stark angestrahlt. So war es in Gripsholm. Es leuchtete plötzlich die Landschaft in einem unwirklichen Opernblau auf. Gripsholm war eine einzige Bühne so gegen halbzehn, und dann stieg über dem See, der wie ein Kristall strahlte, so hell und blau, also hellblau, der Mond auf: riesengroß und purpurrot. Es war so unwirklich schön, daß ich nichts mehr sagen will. Nur dies: Es ist eine Art von Gerechtigkeit in der Welt. So viel Dunkelheit, so viel Regen und Kälte in Schweden, aber im Sommer, manchmal, an einigen Abenden, gibt es Entschädigung. Sie lohnt.

Selbst in Malmö, der südlichsten Stadt, sozusagen schon gegenüber von Travemünde, war es noch einmal so. Wieder die lustlose Stunde nach dem Abendbrot. Ich stand im Hafen von Malmö, der nicht bemerkenswert ist. Man muß ihn sich vorstellen wie das Hafenviertel von Mannheim-Ludwigshafen, genauso belanglos und blaß, allerdings mit Salzgeschmack. Und die

Sonne, die längst verschwunden war, begann wieder das verrückte Bild zu malen, sie pinselte märchenhaft: erst am Himmel, dann in den Wolken, dann über der Stadt. Sie färbte die Lagerhäuser und Schuppen, die Schornsteine und Kräne in ein buntes Gemisch: zartrot, zartgelb. Alle Farben liefen ineinander wie in einem Tuschkasten, in dem man mischt. Das graue häßliche Hafengewirr von Malmö war ein Gemälde. Man hätte es nur noch einrahmen und abnehmen müssen, so schön war es. Das Gemälde sagte: Siehst du denn nicht, daß wir für diese eine Stunde gemacht sind? Unsere Städte sind keine Tagschönheiten; das ist wohl wahr. Sie sind auch keine Nachtschönheiten, leider. Wir sind nur in dieser einen schrägen Stunde schön, nach Sonnenuntergang. Du weißt doch: das schöne Schattenreich.

System Bolaget

Daß die Schweden gesund und von wunderbarer Natürlichkeit seien, sozusagen paradiesische Naturwesen, immer liebend, nackend badend, gehört mit zu den unausrottbaren Legenden, die eine triviale Filmindustrie in der Welt verbreitet hat: lauter Lügen. Es ist wahr, daß der Umgang der Schweden untereinander von bewundernswerter Nachsicht und Toleranz ist. Das hat schon etwas Paradiesisches hier: der Wolf und das Lamm; sie weiden beide. Niemand schiebt, schimpft, drängt in diesem Land. Man kann auch als Autofahrer das gräßlichste Verkehrshindernis bilden: Nie wird die Kolonne hinter einem zu hupen anfangen. Wenn man dichter auffährt auf den Vordermann, so weicht er sofort nach rechts aus und gibt die Vorfahrt frei. Man kann auch vor Grünampeln träumen, dann warten die anderen eben.

Sie sind auf eine geradezu übermenschliche Weise tolerant und nachsichtig miteinander, doch bin ich unsicher, ob solche Tugend wirklich als ein Akt sozialer Souveränität zu deuten ist. Die berühmte schwedische Toleranz scheint mir eher ein etwas unklares Ineinander von Phlegma, ständiger Introvertiertheit und einer ausgeprägten Berührungsphobie. Ich behaupte, hier hat der Mensch noch Angst vor dem Menschen. Die Leute auf der Straße haben eine Art, aneinander vorbeizugehen, mechanisch und schnell wie Puppen, die immer nur sagt: Komm mir nicht zu nahe, berühre mich nicht, guck bitte weg. Ich will das nicht: Kontakt. Kontakte würden Probleme aufwerfen. Man stößt auf ein Volk von lauter einzelnen, lauter Introvertierten, die immer von ihren Seen, ihren Wäldern, ihrer Anglereinsamkeit träumen. Langsamkeit, Tiefsinn umgibt sie. »Menschenmüdigkeit« ist ein Lieblingswort aller Schweden; jeder sehnt sich von jedem weit weg. »Abschied von der Kindheit« ist ein Lieblingsthema aller Autoren hier: Als ich das letztemal noch träumen durfte, damals als Kind, darüber sinnen sie gern. Sind sie nicht eigentlich das Volk der chronisch Depressiven?

Es gibt kollektive Neurosen in Schweden, die den Fremden in staunende Heiterkeit versetzen. Daß es so etwas noch gibt, unter modernen, aufgeklärten Menschen: so viel Angst, so viel Verklemmtheit, so viel schweren Zwang. Der Alkohol zum Beispiel. Erst 1955 wurde die Rationierung des Alkohols aufgehoben. Spezielle Staatsläden, »System Bolaget« genannt, regulieren die Abgabe. Ein Laden sieht haargenau wie der andere aus: Von Trelleborg bis Kiruna in Lappland gibt es nur diese eine staatliche Konzession an das Laster: sauber, streng kontrolliert, unerhört teuer natürlich.

Man erkennt diese Läden von außen deutlich daran, daß nichts zu erkennen ist. Kein Schaufenster, keine Werbung, nur dicke Mauern, eine kleine Tür. Darüber das seltsame Wort: System Bolaget. Tritt man ein, so umgibt einen sakrales Schweigen, Tempelluft. Skandinavische Gediegenheit, Eleganz in der Ausstattung: schöne Teakholzkultur, das ist zuzugeben. In sehr schönen Holzregalen steht ganz hinten der köstliche Stoff gestapelt, der Whisky und Wodka und Branntwein heißt, und glänzt von weitem: teuflisch. Hinter der Theke die Verkäufer: Amtspersonen. Tragen sie nicht auch Uniformen? Sie bedienen halb wie Zöllner, halb wie Hohepriester, die Hostien reichen, und man spürt sofort: Das ist kein Geschäft, hier wird nichts verkauft, hier wird ein Ritus zelebriert, eine nationale Neurose, hier wird dem Teufel der kleine Finger gegeben. Paß auf!

Und die wenigen Schweden, die nicht in den schwarzen Listen stehen, in denen die Amtspersonen zunächst blättern, die, die so unerhörte Schuld freiwillig auf sich laden, sind verängstigt und still, beugen sich vor, wagen das Wort Whisky oder Wodka nicht auszusprechen, sondern flüstern den Amtspersonen heimlich eine Nummer ins Ohr. Tatsächlich sind alle Alkoholarten numeriert: Wortphobien. Sie flüstern: 3, 12, 17, und kriegen dann, in eine zerreißfeste Tragtasche verpackt, sicher verklebt und verschnürt, diese Ungeheuerlichkeit, die Alkohol heißt. Auf den Tüten steht groß aufgedruckt: »Trinkt keinen Alkohol – Es ist ein Verbrechen, an Heranwachsende Alkohol abzugeben«, und die Schweden schieben sich diese Tüten schuldbewußt in die Brusttasche und schleichen wie Einbrecher davon, tiefer Schmach bewußt. Es ist unmöglich, in Schweden mit so einer Tüte spazierenzugehen. Alle Introvertierten, alle Träumer würden plötzlich erwachen auf der Straße, würden unruhig werden, würden Alarm rufen: Vorsicht, der trägt eine Zeitbombe. Die tickt. Ich frage mich wieder: Was kommt da hoch – in Tiefland?

Pornoshop

Ich glaube, auch dieses Phänomen, das dem Land den etwas komischen Ruf eines Sex-Paradieses eingebracht hat, beruht auf einem Mißverständnis. Es ist richtig: Die Pornographie ist auf eine radikale Weise frei in Schweden, die den Besucher aus der Bundesrepublik immer noch erstaunt, etwas verblüfft. Das meiste wird übrigens nicht in Schweden hergestellt. Das meiste sind Kopenhagener Importe. Es gibt gewisse Einschränkungen hierzulande: Pornographische Filme dürfen nicht öffentlich gezeigt werden; aber man kann das diskret umgehen. Auch darf der Umgang mit Tieren im Bild nicht dargestellt werden. Hier ist die schwedische Polizei sehr streng; sie kontrolliert den Markt. Es spricht einiges dafür, daß die schmerzliche Menschenverachtung der Schweden den Hunden und Schlangen und Pferden des Landes solche Schmach nicht zumuten will. Mögen Menschen das treiben. Tiere tun so was nicht, nicht bei uns. Man muß sie vor den Menschen schützen.

Also Pornoshops: Es gibt sie überall im Lande, in Kleinstädten, in Großstädten, immer in Nebenstraßen. Es empfängt einen eine bunte, ach, eine kolossale Orgie in Fleisch, doch ist das zu menschenfreundlich, zu lustvoll ausgedrückt. Die skandinavische Pornographie hat es eigentlich nicht mit dem Körper, dem Fleisch, der Sinnlichkeit von Menschen zu tun; sie reproduziert in einer stereotypen Mechanik Genitalakte. Es ist wie beim Frauenarzt: eine gynäkologische Schau, tief und ernst in vaginale, in anale Ressorts hinein. Ob da vielleicht eine Infektion im Gang ist?

Die skandinavische Pornographie ist unendlich sauber, aseptisch und medizinisch aufgeklärt und wirkt in ihrer totalen Überbelichtetheit wie eine Unterabteilung des staatlichen Gesundheitsdienstes. So macht man das also, ihr chronisch Depressiven, wenn man zwei Genitalien vereinigen will, so zum Beispiel, bitte so. Und dann gibt es noch diese Spielformen, Variationen der Liebe, die müssen in einer aufgeklärten Gesellschaft auch gelernt, eintrainiert werden: genitale Mundkontakte, bitte so. Orale Analkontakte, so zum Beispiel. Und dann die Komplikationen im Gruppensex: eine Art Volkshochschule für Fortgeschrittene. Dann kommt die Abteilung, über der in goldenen Lettern steht: Homo. Hier wird die ganze Prozedur unter Männern durchexerziert. Dann kommt die Abteilung: Lesbos. Daran schließt sich eine Art Beate-Uhse-Abteilung an, eine orthopädische Klinik für Verkehrsbehinderte. Allerlei Apparate und Instrumente, manche elektrisch mit Batteriebetrieb. Es ist wie bei einem Prothesenspezialisten: künstliche Glieder, anzuschnallen. Mit einem Wort: Krankenhausluft, sterilisiert.

Nein, ich will hier nicht Pornographie schlechtmachen. Ich will die Darstellung der sexuellen Lust nicht diskreditieren. Ich meine, Pornographie kann sehr schön sein, ab und zu, gelegentlich und in Grenzen. Ich beklage nur die unendliche Phantasielosigkeit und plumpe Direktheit der skandinavischen Version. Sie ist einfach schlecht und unglaublich charmelos. Was haben uns da die Griechen, die Römer, die Japaner, die Chinesen für anmutige und kunstvolle Triebgeschichten, schöne Phantasien in Fleisch hinterlassen. Wie hat noch das Barockzeitalter die Fleischeslust gezeigt: Das war Lust, es war eine Feier für Feinschmecker. Dies hier ist wie ein nationaler Dienst, eine Art Turnstunde der Jugend. Fach Leibesertüchtigung. Ach, ich hatte schon als Schüler immer etwas gegen Turnstunden.

In Schweden kommt noch etwas anderes hinzu. Ist es Sparsamkeit? Ist es ein Verkaufstrick? Die Pornoshops sind oft kombiniert mit einer anderen Branche. In der zweiten Ladenhälfte kann man Zeitungen, Tabakwaren, Waschmittel kaufen. Oft sind es einfach auch Drugstores mit einer Abteilung »sexueller Verkehr«. Und es sieht nun wirklich etwas komisch und ziemlich desillusionierend aus, wenn die Leute da mit ihrem Einkaufswägelchen Waschpulver und Ata und Toilettenpapier vor sich herkarren und dann noch ein Kunstglied, eine Pornoplatte, ein Heftchen Lesbos draufwerfen. So direkt, so lustlos sollte man den Warencharakter nun doch nicht freilegen. Es wird der tiefe Trieb so mürrisch, so lustlos zusammen mit

Scheuersand und Waschlappen. Ich frage mich: Ist das also das Ende der Aufklärung? Sind das die süßen Früchte unserer Freiheit?

Die Schweden scheinen erpicht zu sein, Sexualität radikal herunterzuspielen. Porno ist hier wie Seifenreklame: nichts. Die gynäkologischen Großaufnahmen hängen überall in der Stadt herum, vor allem an Zeitungskiosken, und es ist für den Fremden schon etwas komisch am Anfang. Manchmal sucht man Lektüre. Man möchte die ›Frankfurter Rundschau‹, die ›Zeit‹, den ›Spiegel‹ kaufen. Man geht um den Kiosk, aber hinter den Glasfensterchen werden nur weit gespreizte Schenkel von Frauen angeboten oder das kolossale Glied eines Mannes, an dem sich zwei Mädchen oral betätigen. Na bitte, na schön, und viel Vergnügen. Die Fotos sind etwas verstaubt und gelblich am Rande, und es kommt einem die Vermutung, daß so viel exzessive genitale Vergrößerung vielleicht etwas mit Schwäche, mit Kälte, mit Triebarmut zu tun habe. Könnte das sein? Gibt es frigide Nationen? Auf jeden Fall wirkt das Thema müde und langweilig hier, nach ein paar Tagen. Es ist weggeleuchtet. Man erblindet.

Hoher Norden oder Ein Hauch von Karinhall

Nun aber weg. Weiter, immer weiter. Man möchte immer woanders hin in Schweden. Man hofft immer, daß es anderswo anders sei, daß irgendwo noch das eigentliche, das wahre Schweden begänne. Das kann es doch nicht gewesen sein? Man ist 1500 Kilometer gefahren, von Frankfurt nach Stockholm, und findet dann dieses monströse Altberlin vor, mit seinen Wunderlichkeiten, die ich beschrieb. Das kann es doch nicht gewesen sein? Es erinnert so viel an den Wannsee, die Havel. Das kann doch nicht alles gewesen sein, die ganze Reise? Also laß uns noch einmal 1500 Kilometer zulegen, sage ich. Das Land ist ja groß. Laß uns in den Norden gehen. Vielleicht wird es in Lappland interessanter. Wir fahren nach Kiruna.

Eisenbahnfahrt Stockholm–Kiruna: zweiundzwanzig Stunden. Es rast der Zug elektrisch. Es ist Sommerzeit, Ferienzeit, »Semestertide« heißt das auf schwedisch, übrigens eine schöne Sprache, sehr musikalisch, sehr tief, alles auf diesem einen Laut, der kein a und kein o ist, sondern das dazwischen: oa. Und alles mit Nasallauten: das Französisch des Nordens. Der Zug ist voll. Sie fahren in die Ferien, ein ganzes Volk. Schlagzeile von ›Aftonbladet‹, das die Leute im Zug lesen wie bei uns die Leute ›Bild‹: »Endlich Freitag – Viele Menschen ersehnen sich das Wochenende!« Siehst du, sage ich, das sind so die Probleme, die Sensationen im Wohlfahrtsstaat: endlich wieder einmal Freitag, Sommerzeit.

Wir hatten es schon in Stockholm gehört. Im Hotel, in den Restaurants, von allen Schallplatten und Tonbändern, aus allen Maschinen kam immer der eine Refrain: Summertime. Es summte und sang, es tanzte und jubelte leise in allen Schlagern: Summertime. Alle Schaufenster sagten: Summertime und boten leuchtende Camping-Ausrüstungen. Die ganze raffinierte Schweden-Wohnung noch einmal: aufblasbar und zum Zusammenklappen. Die Modegeschäfte, die Cafés, die wenigen, und die sanfte Musik im Bad und im Lift, sie alle sangen: Summertime. Man hat leicht spotten. Hier ist das anders. Die Nation erwacht aus diesem schrecklichen Winterschlaf. Neun Monate Kälte, Dunkelheit, graue Nacht. Jetzt ist der Sommer da, der kurze; drei Monate nur, und alle Schweden summen selig: Summertime. Ein Elfentraum.

Sie fahren in ihre Sommerhäuser, diese kleinen roten Holzhäuser, die irgendwo im weiten Land stehen, ganz allein natürlich, ganz einsam, denn man ist »menschenmüde«. Der Zug rast durch das Land, ein Sibirien-Expreß, sehr demokratisch, und es ist immer dasselbe: immer Wälder, immer Seen. Man kann tagelang fahren, und wenn man am nächsten Morgen zum Fenster hinausblickt, ist immer noch derselbe See, derselbe Wald da und auf einem Stück Wiese das Sommerhaus also. Das Glück ist auch im Vorbeifliegen gut einzusehen. Das einsame Ferienglück steht offen. Die Schweden sind draußen, sitzen aufrecht in der Sonne, die nicht scheint. Das grüne Idyll ist von einer Gleichförmigkeit, die beim Vorbeifahren komisch wirkt. Es wiederholt sich alle zehn Minuten haargenau, es ist eigentlich ein einziges Bild: das rote Holzhaus, der Volvo davor, die Gartenmöbel sind mit großer Entschlossenheit herausgerückt, obwohl es beinah regnet. Überall ein leuchtender Sonnenschirm, ein Planschbecken für die Kinder, eine herrliche Hollywoodschaukel, in der die Eltern sitzen, der Mann meistens mit nacktem Oberkörper, denn es ist Summertime. Das Bild ist eine einzige Demonstration, ein überwältigender Beweis der schwedischen Égalité; die große Hoffnung Gleichheit sitzt im Freien, friert und sagt: Ferien.

Ja, und dann, dann war es doch anders, hoch im Norden, in

Lappland. Hundertsechzig Kilometer nördlich des Polarkreises verändert sich die Landschaft – Gott sei Dank. Die ewigen Wälder, die singen, verschwinden, die Seen werden seltener. Die Tundra, die Steppe, die Wildnis beginnt. Des Menschen Spur hört auf. Manchmal noch die niederen, zerrissenen Buschbirken, struppige Birkenhecken; dann hört auch das auf. Es gibt keine Straßen, kaum Fußwege, ganz selten eine Ortschaft hier. Die Wildnis, das ist nichts. Nichts als Moose, Farne, Flechten, Steine, die Bärlappdynastie, breite Flüsse, manchmal Wasserfälle. Es ist die große Regression, botanisch. Es ist licht, es ist hell, weißglänzend hier oben geworden: die Zeit der hellen Nächte, immer noch. Noch Mitte Juli geht hier die Sonne nicht unter – es ist immer Tag, auch noch nach Mitternacht. Man kann um zwei Uhr nachts die Zeitung draußen lesen. Das Licht ist etwas fahl, etwas glasig geworden. Die Sonne rollt den Horizont entlang wie eine müde Apfelsine.

Mittsommernacht – das ist die Zeit der Freudenfeuer, der langen Feste: Feuerspringen. Sie soll die Leute hier oben in seltsame Euphorien, in schwebende Leichtigkeit, in die Taumel ewigen Lichtes versetzen. Ich sah das nie. Sie wirkten eher matt, zerknittert: halbe Finnen. Ich fand es lästig, diese Himmelstörung. Es ist nicht gut, wenn die Sonne nicht untergeht. Man schläft so schlecht, selbst in den diskreten Hoteltresoren. Man wacht oft auf, wälzt sich herum, träumt viel zuviel, stöhnt manchmal: Soll es denn niemals Abend werden?

Kiruna, Abisko, Riksgränsen: Nördlicher geht es nicht, noch reiner, unberührter, noch germanischer ist die Welt nicht denkbar. Wir sind jetzt ganz oben am kalten Dach der Welt. Ein Paradies für Sonderlinge, für Schwermütige, sensible Nordlandseelen – mein Fall ist das nicht. Hier wird nur noch gewandert: den Stab in der Hand, die Gummischuhe, die Regenhaut, ein ungeheurer Rucksack, zentnerschwer, wird in den Euphorien der hellen Nächte durch die Wildnis geschleppt. Wohin, wozu? Man watet durch Flüsse, man balanciert über hauchdünne Stege, man stolpert Felsengeröll empor. Sie reden alle vom Kebnekaise, als sei es der Kyffhäuser. Schwedens höchster Berg dräut wie ein Mythos. Das Wandern ist hier wirklich des Müllers Lust, denn viele Deutsche, die mit Nordlandsehnsucht: die aus Hamburg, Gelsenkirchen, Lüneburg, traben herum, waten durch Wasser, erleben irgend etwas Tiefes, das sich mir entzieht. Ich mußte immer an Reformhäuser denken: Grieß und Graupen, alles so natürlich. Die Landschaft wirkt vegetarisch,

Geschmack von Bircher-Benner, Lebensreform: tief einatmen, Turnübungen auf Gesundheitspantinen. Alte Männer mit Spitzbart und Knotenstock stapfen durch die Wildnis. Sie sehen halb wie Gartenzwerge, halb wie Gesundheitsapostel aus. Sicher essen sie nur noch Hirse und trinken Buttermilch.

Und hier oben fand ich nun das, woran ich so gar nicht gedacht hatte, das mir ganz entfallen war unter all den friedlichen, demokratischen Schweden. Ich traf auf das, was einmal die Welt bewegte und zerbrach, Europa, Deutschland, Berlin, auch mich ein bißchen. Ich traf die nordische Seele, den Geist der Germanen, das Licht des Ariertums, wohin wir doch alle strebten – wenn ich mich recht erinnere. Das war doch einmal unser Ziel, unsere Hoffnung, das flackernde Nordlicht der deutschen Seele, weshalb wir die vielen Millionen umbringen mußten: Die waren doch nicht arisch.

Also, ich traf Odin, den rüstigen Wanderer, auch Wotan genannt, den Gott der Winde, den Herrn der Schlachten und Totengott, mit seiner treusorgenden Gattin Frija. Sie waren von vielen Walküren umgeben. Sie schleuderten böse Blicke auf mich, weil ich rauchte: Zigarren. Ich traf auch den Loki und Baldur: alles blaue Augen, blonde Haare, schöne Rasse, nette Jungens. Ich sah den Greif, die Runen und das Hakenkreuz und all die Thingstätten: Es war ein Hauch von Karinhall. Schon in Gamla Uppsala hatte ich Met aus Stierhörnern schlürfen dürfen, echt germanisch, und hier gab es jetzt auch Kirchen, die aussahen wie von Alfred Rosenberg, nein, wie von Albert Speer erbaut: Das Kreuz ist weg, und alle beten einen großen grünen Baum an, der zur Sonne strebt. Licht fällt ein aus dem hohen Giebelhaus. Es war auch etwas Jugendstil dabei in Lappland, beinah wie in Darmstadt.

Und alle Gasthäuser sind gut germanisch: kleine Königshallen, rechtwinklig und wehrhaft. Es stehen immer ein paar Lanzen und Hellebarden in der Ecke zum Schutz der Recken. Und dann dieses kernige, solide Material: das Holz, das in allen Fugen kracht, die Eisenbeschläge, die schönen Stoffe, von nordischer Frauenhand züchtig gesponnen, gewebt am heimischen Herd. O schönes Kunstgewerbe: Nazizeit.

Natürlich ist das nur meine Interpretation. Ich weiß, ich weiß. Andere Völker mit anderer Vergangenheit werden das gar nicht sehen. Für die Schweden ist das einfach ihr hoher Norden: sehr einsam, sehr wichtig wegen der großen Erzlager, ein Ruhrgebiet des Nordens. Es quietschen viele Loren. Nur für mich ist das so, komisch. Nun hast du endlich einmal das Erlebnis der Fremde, nun bist du ganz anderswo, anderswo ist es doch immer anders. Und was findest du? Himmlers, Rosenbergs, Görings Traum: die nordische Seele, das Ariertum, ein metaphysisches Rechteck, sozusagen. Die sind zwar nie hier oben gewesen, die kamen aus Österreich, aus Bayern, aus allerlei dunklen Hofbräuhäusern und hetzten die Deutschen in dieses ferne Nordlicht hinein. Das hat uns doch einmal beflügelt. Das war doch das Schöne am Dritten Reich: die Hoffnung, die man heute so ganz vergißt. Nur gut, daß sie hier nie gewesen sind. Die Lappländer zum Beispiel, auch Samen genannt, hätten sie ausrotten müssen, des Blutes wegen. Die Lappen sehen ziemlich undeutsch aus, ein bißchen Eskimo, ein bißchen wie Indianer.

Der linke Balkon

Noch eine Legende, die sich über Schweden so zäh erhält. Sie heißt Sozialismus. Ein drittes Mißverständnis? Wenn du nach Schweden fährst, so hieß es, so triffst du auf einen demokratischen, einen westlichen Sozialismus, so etwa, wie ihn Dubček wollte, ungefähr so, hieß es zu Hause. Ich will gleich erwidern: Ich habe das nirgends gefunden. Wo denn? Ich habe es auch nicht erwartet, auch nicht nach vierzig Jahren Sozialdemokratie. Ich sage das ohne Tadel, ohne Lob. Ich bin gar nicht sicher, ob Sozialismus wirklich die einzige Glückspolice der Menschheit ist, wie das die Sowjets meinen. Ich meine nur, man sollte die Begriffe sauber, etwas reinlich halten. Sozialismus, wie er sich in unserem Jahrhundert in der Welt durchgesetzt hat, ist ohne die Überführung der Produktionsmittel in Gemeineigentum, ohne die Aufhebung des Privatkapitals und seines Profitmotives nicht denkbar. Sozialismus ist die Selbstverwaltung der Produzenten. Davon kann hier nicht die Rede sein. Ich trage jetzt einige Zahlen vor, die Besitzverhältnisse betreffend. In Privatbesitz sind: landwirtschaftlicher Boden 93%, Holzindustrie 95%, Stahlindustrie 93%, Metallverarbeitung 98%, Schifffahrt 99%, Banken 93%. Die Elektrizität ist zu 58% privat. Eine Ausnahme machen nur die Erzgruben: Sie sind zu 75% in öffentlicher Hand.

Man hat also die Eigentumsverhältnisse bei den Produktionsmitteln bestehen lassen. Das Profitmotiv der kapitalistischen Wirtschaft bestimmt noch immer die Dynamik der Gesellschaft. Man hat aber über diese kapitalistische Milchkuh ein ganzes Netzwerk sozialer Reformgesetze geworfen, die die krassen Widersprüche der kapitalistischen Umverteilung des Volksvermögens mildern, neutralisieren, abfangen. Ich möchte es einen gezügelten, einen gebändigten Kapitalismus nennen. Man hat dem Raubtier einige Zähne gezogen, einige Krallen gekappt. Die Privatinitiative besteht weiter, aber gedämpft. Mit Geld kann man weiterhin alles machen, nur die Gewinne werden durch ein kompliziertes und rabiates Steuersystem kräftig weggeschnitten. Tatsächlich steigt die Steuerschraube schon bei mittleren Einkommen beträchtlich und erreicht sehr schnell 80% des Einkommens, die abzuführen sind. Es gibt die Sozialmedizin, die Volksrente, die hochentwickelte Bildungspolitik aus solchen Steuergewinnen. Aber das Universitätsstudium muß man selber bezahlen. Schwedens Löhne sind die höchsten Europas, aber in den Erzgruben Kirunas wurde zugleich auch lange und erbittert gestreikt, weil den Arbeitern die Produktionsnormen zu scharf kalkuliert waren. Das Entwicklungsgefälle zwischen Süden und Norden, zwischen Stadt und Land fällt immer noch auf. In den Großstädten herrscht Wohnungsmangel. Die Mieten sind hoch. Sie streben alle der Gleichheit nach in Schweden, aber unter den Gleichen gibt es dann doch sehr erhebliche Unterschiede.

Dem Fremden fällt etwas anderes auf, worin sich diese Gesellschaft tatsächlich von den westlichen Demokratien unterscheidet. Der linke Protest ist hier nicht eine Sache der kleinen Gruppen, der Außenseiter, der radikalen Jugend, halb im Untergrund wie im Westen; er ist sozusagen eingearbeitet in das System, wird von den großen Organisationen mitbetrieben. Überall findet man wohlinformierte und hochdotierte Büros, Institute, die über die dritte Welt, über die Entwicklung in Kuba, in China, in Nordkorea Auskunft geben. Man ist immer willkommen und wird reich bedacht mit Broschüren, auch in deutscher Sprache. Peter Weiss erlebte hier seine Konversion zum Sozialismus. In einem herrlichen Hochhaus der Innenstadt ist das Internationale Institut für Friedensforschung untergebracht, SIPRI genannt, das sich, genauer besehen, mit etwas sehr viel Konkreterem befaßt: Es ist ein Institut zur Erforschung der Weltrüstung. Das alles hängt sehr tief mit den sozial-humanitären Traditionen des Landes zusammen. Sie verstehen sich nicht als Macht, sondern als Modell. Vermittlung, Ausgleich, Schiedsspruch, das ist ihre Rolle, die Eigenart ihrer Neutralität. Sie zwingen ihren Nachbarn nichts auf wie die Sowjets oder die Amerikaner. Sie sagen: Seht doch auf uns. Wir sind das Modell. Wenn ihr eure Welt morgen zivilisiert und funktionstüchtig haben wollt, ungefähr so wie wir, werdet ihr sie einrichten müssen. Wir sind nur voraus. Wir sind der linke Balkon.

Tucholskys Grab

Man muß wissen: Einen Ort Gripsholm gibt es nicht. Das ist nur der Name eines Schlosses am Mälarsee. Der Ort heißt Mariefred und liegt sechs Kilometer weg von der E 6, die nach Göteborg führt. Und da ich das alles nicht wußte, nicht genau, nicht wirklich präzise damals, ließ ich mich eben so treiben nach Gripsholm und stellte das Auto auf dem großen Parkplatz dort ab. Ich war überrascht über die vielen Touristenautos hier; der Platz war ganz voll mit Volvos. Ich dachte: Siehst du, ein Drei-Sterne-Ort im Baedeker. Hier wird er geehrt, im freien Schweden. Hunderte von Besuchern kommen täglich, den deutschen Schriftsteller, den mutigen Antifaschisten zu ehren. Das sind Demokraten: der linke Balkon. Es war aber ein Irrtum, ein Mißverständnis. Der Strom der Besucher wanderte zum Schloß, und ich meinte immer noch: Natürlich, ganz richtig die Richtung. Irgendwo da im Schloß Gripsholm muß er liegen. Das geht ja authentisch aus seinem Roman-Titel hervor. Gelesen habe ich das Buch nie. Das muß ich zugeben. Ich habe mir den Unterhaltungsschriftsteller immer erspart. War es ein Fehler?

Ich kaufte mir also eine Eintrittskarte fürs Schloß, dachte immer noch: Jetzt wird es bestimmt gleich kommen, das ist doch sicher. Irgendwo in diesem riesigen Kastell wird nun eine Tucholsky-Abteilung kommen, ein kleines Museum, ein Gedächtniszimmer und irgendwo seine Grabplatte. O holder Wahn! So war es nicht. Es ging durch viele hohe Säle, es gab eine riesige Gemäldeausstellung der schwedischen Monarchie: Prinzen, Fürsten, Könige. Man kennt die typischen Posen der Herren: diese triumphierende Gebärde, die rechte Hand auf das Schwert gestützt, das eine Bein vorgestreckt, den Fuß auf dem erlegten Elch. Man glaubt gar nicht, wie viele Fürsten und Potentaten diese Schweden gehabt haben. Viel zuviel, schien es mir. Und alle Schweden bewunderten ihre Majestäten, ihren Schlafrock, ihre Spiegel, ihre Stühle, ihre königlichen Betten, die breiten. Es gibt ein monströses Paradebett da. Ich dachte, für Tucholsky und seine beiden Freundinnen wäre das gerade recht. Er soll doch die Leser damals mit so einer Dreiecksliebe schockiert haben. Aber es ging nicht um ihn. Es war immer nur von Königen die Rede. So langsam begriff ich den Fehler, doch da war es schon beinah Abend.

Ach, war das schön, im Värdshus Gripsholm zu übernachten. Es war die Nacht nach dem Butterfly-Abend, von dem ich schon sprach. Ich hatte das hellblaue Licht und den Purpurmond von Gripsholm gesehen. Es war ein kleines, ein sehr diskretes und delikates Haus, herrlich altmodisch, nicht diese kolossalen Touristentresore, in denen man sich immer halb kollektiviert, halb vereinsamt fühlt. Das Haus war verspielt, leicht rokokohaft. So kannte ich gar nicht die Schweden. Allerdings hatte ich dann wieder mit den Türen zu kämpfen. Das Värdshus Gripsholm hat die raffiniertesten Schließmechaniken, die ich je sah in Schweden: dreistufig. Schon wenn man die Zimmertür zufallen läßt, von außen, ist sie verschlossen durch eine dritte Verzahnung der Riegel. Ich war morgens nur einmal kurz im Bad nebenan gewesen und stand nun also, fast nackt und noch sehr verschlafen, vor meiner Zimmertür, die sich nicht mehr öffnen ließ. Doch lassen wir das. Ich bin wieder hineingekommen, nach einer knappen halben Stunde.

Tucholskys Grab? Ich fragte am nächsten Morgen einen Bewohner von Mariefred. Er sann lange nach, überlegte, grübelte, gab sich jenen Ruck, den sich alle Schweden geben, wenn sie mit anderen sprechen müssen, und sagte dann in dieser unendlichen Bemühtheit und Höflichkeit dieses Volkes: O yes, o sure? The grave of Tolstoy? I remember, a german poet, that may be, perhaps. Ich dachte: Mein Lieber, die schwedischen Volkshochschulen haben an dir noch ein Werk zu tun. So großartig scheint das hier auch nicht mit der Volksbildung. Die Russen wären sicher informierter. Der Mann versank in Schweigen. Er lächelte dauernd.

Ich habe es aber schließlich gefunden, am Vormittag. Man muß den Friedhof Mariefred aufsuchen, und dort, auf einem sehr schönen, stillen, grünen Platz, kein Schild weist darauf hin, dort rechts oben, wo der Friedhof beinah zu Ende ist, liegt es.

Eine hohe, alte Eiche rauscht darüber. Vögel zwitschern in den Ästen. Es fällt etwas Sonne durch das dichte Grün. Eine Bank. Es ist still und andächtig hier. Man möchte die Eiche gern eine deutsche nennen, der Ironie wegen. Daran sägte er doch zeitlebens. Und liegt nun darunter – schwedisch. Eine lange, schlichte Marmorplatte, hellbraun, und darauf nur: Kurt Tucholsky 1890–1935. In der Mitte der Platte steht dann ein Sinnspruch, der offenbar deutschbezüglich, nachdenklich auf Letztes verweisend sein soll, goethebezüglich. Da steht doch tatsächlich in Marmor eingemeißelt: »Alles Vergängliche ist nur ein Gleichnis.« So ein richtiger dummer Witwenspruch, der sich mit Goethe hinwegmogeln will über die Leidenschaft dieses Lebens, das sich in der Zeit verbrannte. Für Tucholsky ist dieses Faustzitat ein übler Nachruf, will mir scheinen, eine schlampige Lüge. Alles Vergängliche war gar kein Gleichnis für ihn. Es war überhaupt nicht vergänglich, das Vergängliche, das war ja sein Schmerz. Es war ekelhaft aktuell und zählebig: die Richter, die Schlotbarone, die Herren der deutschen Verwaltung. Es ritt die deutsche Restauration so nach 1919. Sie saß wieder im Sattel. Das war sein Schmerz. Das hat ihn schließlich nach Schweden getrieben. Hier war er allein und war doch beinah in Berlin – an märkischen Seen, tagsüber. In diesem Land hat er sich umgebracht. Ein guter Ort am Ende: Schweden.

Ich legte Blumen auf diesen Grabstein. Ich legte sie so, daß der Spruch nun verdeckt war. Ich sagte: Das streichen wir jetzt einmal durch. Ich korrigiere das. Wenigstens dafür bin ich in Schweden gewesen, um diesen Spruch wegzuwischen. Ich dachte: Warum eigentlich immer Sprüche zum Schluß? Was gibt es denn da zu verklären – am Ende?

Straßburger Retrospektive

Jetzt kommt ein großer Sprung. Ich bin wieder oben, bin wieder aufgetaucht aus Tiefland, die Erde, Hochland hat mich wieder. Es hat mich heute ganz plötzlich nach Straßburg verschlagen, ein purer Zufall, nur für ein paar Stunden. Und wie es manchmal im Leben ist, bei Freundschaften, bei Liebschaften, nach einer Ehe: Hinterher, wenn man rechtskräftig geschieden ist, hinterher sieht man erst ganz, was war, was man hatte. Man sieht plötzlich die ganze Affäre von außen, viel schärfer als aus der Nähe. Es gibt nur einen Zeugen, der glaubwürdig ist für mich. Der heißt Erinnerung. Man müßte sich an alles erinnern können. Es wäre beinah die Wahrheit.

Ich will nur sagen: In dieser Straßburger Stunde, in diesem Restaurant Dauphine beim Münsterplatz, begriff ich plötzlich die Reise, rückblickend, als Erinnerung. Schwedens Bild stieg noch einmal auf, und Bilder, das weiß man, brauchen manchmal Rahmen. Der Rahmen war das Elsaß. Ich sah alles mit schwedischen Augen plötzlich, ich sah das Elsaß, es lag strahlend auf allen Gesichtern, Straßburg leuchtete, und ich sagte nur immer staunend: Nun sieh dir das an, wie anders die Leute hier sind. Beobachte bitte die Menschen am Tresen, da, die die Speisen, die Weine richten. Nimm ihre Bewegungen, ihre Handgriffe wahr: Was die für Freude haben an jeder Herrichtung. Wie der Garçon die Platten putzt, wie der Wirt den Wein einschenkt – mit wieviel Vergnügen und amüsierter Heiterkeit sie arbeiten. Da drüben der Kellner, der jetzt das Stückchen Languste serviert. Er dient und spielt zugleich sehr ironisch den Diener. Wie doch der Mensch am Menschen Lust haben kann. Ich hatte das ganz vergessen. In Schweden war alles so ernst und tief, so tief lustlos, immer etwas gequält die Menschen, dabei sehr freundlich. Man sah aber nur wenige, ich war viel allein. Man war immer von Maschinen umgeben. Hier im »Dauphine«, als wir hereinkamen vorhin, wollte ich gleich nach links an den Tresen, ich wollte mir das Tablett greifen und mich dann so langsam in der Schlange schweigend voranschieben. Man ist schon so eintrainiert in diese lustlosen Riten der Selbstbedienung, diese gräßliche Mechanisierung: alles vorfabriziert, alles in Tüten, in Blech, in Kunststoffhüllen. Dieses ewige Aufreißen von Zellophan: Kuchen, Schinken, Käse, Zucker, Milch, alles immer in diesen gräßlichen Tüten, wie bei einer Fluggesellschaft. Es ist einfach alles vorfabriziert dort, nicht nur die Häuser. Ich weiß, daß ich einmal die Wut bekam, richtig böse wurde. Es war in Sigtuna in diesem sehr schönen Hotel beim Frühstück. Ich stand in der Schlange, wie sich das so gehört, hatte den Kaffee mir aus der großen Volkskanne eingegossen, suchte die Milch, die es nicht gab. Es war keine Milch da, und ich fragte den Wirt, der nur mit einem kleinen Finger schweigend auf diesen Teller mit Zellophantütchen wies: winzige Abpackungen von Trokkenmilch. Ich weiß, daß ich da für einen Augenblick richtig wütend wurde und sagte: Das ist doch wirklich unglaublich hier in diesem Naturpark. Seit drei Wochen muß ich mir jeden Morgen Trockenmilch in den Kaffee schütten. Das ist ja wie im Krieg hier. Muß denn Wohlstand so in Armseligkeit umschlagen?

Ach, es war wohl nur eine kybernetische Depression, das Ganze. Weißt du, wenn ich jetzt an Schweden zurückdenke, jetzt hier in Straßburg, so sehe ich lauter Bilder: die von Munch. Das war zwar ein Norweger, aber ich behaupte, er hat die Schweden sehr treffend gemalt; vielleicht ist ganz Skandinavien so. Du kennst doch diese strömenden, fließenden Bilder von Munch: Weltangst und unbewältigte Triebdynamik. Die Frauen hocken wie große Mumien da. Sie haben Angstgesichter, sie halten sich die Ohren zu, und um sie herum fließt der Kosmos, endlos, formlos. Der Norden ist ewiges Fließen. Wir haben ganz falsche Vorstellungen: Die Schweden sind eigentlich ein reines Naturvolk, Holzfäller, Bauern, Fischer. Sie haben durch viele Jahrhunderte unverändert an ihren Seen, diesen Wäldern gehockt, und erst seit zwei Generationen haben sie plötzlich begriffen, daß das vorbei ist. Es sind ja unheimlich viele junge Schweden ausgewandert, so kurz vor dem Ersten Weltkrieg, nach Amerika, weil das Land so hoffnungslos, so unterentwickelt war. Die Schweden haben ihre Verspätung begriffen. Sie haben plötzlich in diesem Anfall von Industrialisierung alles rasend schnell nachgeholt und übertreiben das Neue natürlich. Sie haben sich einen glitzernden Panzer umgeworfen: die Zivilisation, die von morgen. Aber darunter nistet doch noch die alte Schwermut, die Angst.

Der Kellner kam an den Tisch. Er brachte einen Pernod als Aperitif sozusagen. Es wurde nicht in Büchern, in schwarzen Listen nachgeschlagen, ob ich das scharfe Zeug trinken dürfe. Ich mußte auch später nicht Milch zum Karpfen trinken wie damals in Gränna am Vättersee. Es gab guten Wein, ziemlich billig. Und ich dachte, diesen Traminer zum erstenmal wieder schmeckend auf der Zunge: Man sollte sich nicht irritieren lassen durch so viel Zivilisation. Die technische Revolution wird die der Gesellschaft nie ersetzen können. Haben sie sich nicht um alle Probleme gedrückt – die Schweden? Im Grunde leben sie doch noch vor Marx und vor Freud in ganz alten Bindungen. Es gibt noch nicht einmal ein Einwohnermeldeamt in Schweden. Wenn einer zuzieht, muß er sich im Kirchenbuch registrieren lassen – das ist ihre wahre Lage.

Aber das Klima, dachte ich später, dieses Wetter. Aber der

Regen, die Dunkelheit, die lange Nacht, der endlose Winter – das hat auch seine Hand im Spiel. Ich fürchte, das wird man auch mit Marxismus und Psychoanalyse nicht wegkriegen. Ich dachte: Ein dunkler Fall, der Norden.

(1971)

Camping
Ein deutsches Sommermärchen

I

Erst gegen neun war er erwacht. Es war Oktober, Montagmorgen. Die Wiesen waren naß, die Schotterwege waren naß; große gelbliche Pfützen hatte die Nacht hinterlassen. Regenwolken hingen noch immer am Himmel, drohend tief. Er schlurfte über den Platz, der ihn jetzt an die graue und müde Verlassenheit alter Männer erinnerte. Rentnerschicksal, Endstation, dachte er, so nähert man sich immer mehr der Erde. Oktober auf einer Wiese, Montagmorgen auf einem Campingplatz im Oktober: Reste, Abfall vom Sommer, verblichene Zelte, verlorene Zeit, verwaschene Farben. Er ging an überfüllten Mülleimern, an leeren Flaschen, an vielen gelblichen Regenpfützen vorbei.

Verschlossene Wohnwagen, Strippen, die abgerissenen Zelte: Man erkannte die Stellen noch Wochen später an dem verblichenen, gelblichen Gras. Man sah auf der Erde die Stelle, wo ihre Luftmatratzen gelegen hatten. Es gab da kleine Vertiefungen, Mulden im Boden, Ausbuchtungen, in denen sich jetzt Wasser gesammelt hatte. Da hatten sie gelegen, geschlafen, geliebt. Nichts als ein gelber Fleck zum Schluß, dachte er, und etwas Wasser. Er ging an Hütten, Buden, geschlossenen Kiosken vorbei: tot. An einer Betonwand die Lagerordnung: Es wird gebeten, es ist nicht erlaubt, unverheiratete Paare, die Polizei, die verehrlichen Gäste. Jetzt war das alles außer Kraft gesetzt. War er allein auf dem Platz? Eine Ratte huschte über den Weg, verschwand unter Balken. Sie sind eigentlich ganz zierlich, dachte er. Er spürte an dem scharfen Karbolgeruch, daß er sich der Toilette näherte. Er spürte das Ende, das Sterben der Saison, die große Tristesse des Novembers, der nun kommen würde. Er sehnte sich nach der Stadt. Den letzten beißen immer die Hunde, dachte er. Er stieß den nassen Eisenriegel zurück. Ein scharfer, beizender Geruch schlug ihm jetzt entgegen. Er stellte sich an die Mauer. Er begann zu urinieren.

Frage: *Wie kamen Sie eigentlich auf diesen Platz?*

Ja, wie? Dieser Sommer war anders gewesen. Er hatte sich in

einem Anfall von Neugier, von Leichtsinn, von froher Ahnungslosigkeit mit diesen Dingern eingelassen. Neugier, Leichtsinn, Ahnungslosigkeit, war da nicht noch mehr im Spiel? Ein Hunger nach mehr, saß ihm das Geld zu locker? Er hatte bemerkt, wie diese weißen Wagen, die über die Autobahn rollten, die auf Wiesen standen, auf ihn eine fremdartige Faszination ausübten. Er hatte sie einen Sommer am Fluß beobachtet, wie sie ankamen aus Mailand, Paris, Kopenhagen, wie die Leute hineinsprangen, heraussprangen, baden gingen, des Abends die Lichter entzündeten, die Speisen richteten. Feriengefühle, er fand das lustig. Ferne und Nähe, Fremdheit und Geborgenheit, Bequemlichkeit und sanfte Strapazen – was fuhr da mit? Welch eine bizarre Versuchung, das Fremde mit dem Vertrauten neu zu vermischen: zu Hause auf Rädern. Immer in seinen vier Wänden und doch anderswo – welch ein verspielter und perverser Reiz der Urbanität, die Natur neu zu erfahren. Letztes Zigeunertum – war es das? Er hatte sich dieses weiße Traumding gekauft und war in eine neue Welt eingebrochen. Zum erstenmal erfuhr er die Subkultur unserer Campingplätze.

Frage: *Was ist denn so schön daran?*

Er erinnerte sich an Abende, an die Dämmerung, an den langsamen Einfall der Nacht; das hatte er nicht gekannt in der Stadt. Man saß draußen in Gartenstühlen, die Whiskyflasche, die Eiswürfel, Radiomusik: eine richtige kleine Kitschromanze im Grünen. Man saß auf einer Wiese und sah dem Untergang der Sonne, dem Versacken des Lichts, dem Aufziehen der Nacht entgegen. Freuden des Nichtstuns, des Absinkens, Verdämmerns, der großen Entspannung, na und? Der Gartengrill muß aufgestellt werden. Hast du die Kohlen schon aufgelegt? Werden die Hähnchen mit Paprika oder Thymian eingerieben? Petroleum auf Kohlen: Einen Augenblick schlagen Flammen empor, einen Augenblick leuchtet das Vorzelt feuergelb auf, dann beruhigt sich der Grill. Die Batterie ist eingeschaltet, der winzige Elektromotor schnurrt; jetzt wird sich das Hähnchen gut eine Stunde drehen. Ab und zu muß Fett nachgegossen werden, einmal müssen Kohlen neu aufgelegt werden. Große Entspannung, großes Verdämmern im Nichts. Drehen am Transistorenknopf: Nachrichten, Schlager, eine Stimme aus Leipzig; Ferne und Nähe, Reiz der Distanz. Es ist gar nichts wichtig. Es ist plötzlich dunkel geworden. Schwarze Nacht steht vor dem Zelt. Im Wohnwagen brennen die elektrischen

Birnen, der Eisschrank arbeitet, es brummt manchmal die Gasheizung, das Wasser gluckert. Es ist alles wie zu Hause und doch anders: winzig, praktisch und umständlich zugleich. Das Hähnchen dreht sich und wird immer knuspriger. Ab und zu muß man die Taschenlampe grell aufstrahlen lassen, um den Grad der Bräune zu ermitteln. Die Wasserpumpe gluckert. Der Kanister ist wieder leer. Geh doch mal neues Wasser holen. Man schlurft durch die taufeuchten Wiesen, steht vor einem Wasserhahn, holt zehn Liter Wasser, baut den Kanister vor der Wagendeichsel ein, zieht die Pumpenverschlüsse an, klappt den Blechdeckel zu, setzt sich wieder. Das Hähnchen glänzt schon im Widerschein der glühenden Kohle. Gleich wird der Schmaus beginnen.

Frage: *Ist das denn alles?*

Er erinnert sich an Morgende. Morgende waren hier draußen heller, frischer, fröhlicher. Er erinnerte sich an Sommermorgende, deren leuchtende Freundlichkeit alle Prospekte übertraf. Frühstück im Grünen, von Renoir oder Cézanne, das Frühstück bei Tiffany: So etwas gab es auch. Der Gartentisch wird herausgerückt, unter dem Apfelbaum werden Stühle gerichtet. Es ist warm, es ist hell, es ist ein strahlend blauer Maitag; es ist wieder wie ein Kinderidyll, wie ein Sommermärchen, eine Romanze aus dem 19. Jahrhundert, nur bequemer. Man sitzt in der Badehose beim Frühstück, schmiert sich ein Geleebrötchen, sein Butterbrot, klopft an den Eiern herum, nimmt den Abwehrkampf mit den Wespen auf, möchte noch etwas Kaffee, etwas Saft, etwas Milch nachgeschenkt haben. Orgelmusik aus dem Radio, jemand redet über das Christentum. Muß das jetzt sein? Man kann auch auf Luxemburg übergehen: Schlagerparade. Man rekelt sich, raucht, bläst blaue Ringe vor sich hin. Ein kleiner grüner Kosmos. Morgens um neun ist die Welt hier in Ordnung.

Frage: *Was ist denn so schrecklich daran?*

Er sagte: Die anderen. Es sind immer die anderen, wie in Kindergeschichten. Ich will eine schreckliche Geschichte erzählen: Maisfelden zum Beispiel. Maisfelden gibt es nicht mehr. Ich habe es ausgestrichen, ausradiert. Maisfelden soll nichts mehr sein als eine schreckliche Erinnerung an Deutschland – in mir. Von außen sieht es sehr ernst und grün, fast wie ein festlicher Friedhof aus. Ein Camposanto schwarzgrüner Sonntagsruhe.

Friede deiner Freizeit. Tannen, Zypressen, Weiden, viele Birken. Wege wie Friedhofswege: gelbgrauer Kies, Buchsbaumbepflanzung. Ein alter Mann weist als Platzwart ein, Feldwebelgesicht, das Blinzeln von Unteroffizieren auf Plätzen: Sie, Reihe vier, Grab acht, ganz hinten. Der Weg ist auf eine unheimliche Weise geordnet. Weiße Ketten, rote Ketten, grüne Ketten, Blumenrabatten als Abwehr; jeder hat seinen Platz eingezäunt. Hier stehen sie, die Besitzer, Verfestiger, die Dauercamper, und haben aus ihren Plätzchen eine feste Blechburg ihrer Innerlichkeit gemacht: außen niedlich, innen böse. Die Standplätze gleichen in ihrer rabiaten Buntheit Zwergenvillen mit Zwergengärtchen und Gartenzwergen: kurzgeschorener Rasen, Springbrunnen, eine grünumwachsene Eingangslaube, Raben aus Plastik auf allen Dächern, den Schnabel zum Hacken geöffnet. Es steigen dicke Männer aus großen Wagen, dicke Frauen ziehen ächzend Körbe, Flaschen, Taschen, Gartenschläuche hinter sich her. Es sitzen alte Frauen hinter Wohnwagenfenstern und strikken. Man zieht sich aus. Es liegen kolossale Männer in Liegestühlen und lesen ›Bild‹ und ›Bild am Sonntag‹. So gegen elf Uhr vormittags bricht am Sonntag eine ungeheure Arbeitswut aus. Woher kommt das? Die kolossalen Männer, die halbnackt und schwabbelig sind, beginnen plötzlich zu hämmern, zu schlagen. Es ist immer etwas da, auf das man einschlagen kann – Gott sei Dank. Neue Ketten werden gehämmert, noch stabilere Zäune in die Erde getrieben, einer montiert ein Eisenschild an: Eintritt verboten! Man gräbt, man wühlt, buddelt ein oder aus, neue Bäume, andere Sträucher, Fernsehantennen, Wassergräben, Müllgruben. Man trägt Steine, Eisen, Hämmer. Es riecht überall nach Braten, nach Soße und Kraut. Die lange Grabreihe ist jetzt ein einziger großer Schweinebraten, den man gleich verschlingen wird mit glänzenden, glasigen Augen, mit rosaschmatzendem Mündchen. Fett will immer zu Fett. Dann sinkt allmählich Stille über den Platz: Mittagsruhe. Erschöpfung und Müdigkeit. Es tritt Friedhofsstille ein über dem Platz. Sie liegen auf ihren blauen Liegestühlen, werfen sich manchmal, atmen schwer, ringen nach Luft. Die dicke Frau mit dem kolossalen Busen hat sich jetzt ›Bild‹ über den Kopf gedeckt. Sie verdaut. Eine ungeheure Bosheit träumt vor sich hin und verdaut. Gleich wird sie ausbrechen. Also, geh leise, bewege dich nicht, sei still. Es träumt die deutsche Kleinbürgerseele ihren wilden, bösen Traum der Innerlichkeit.

Frage: *Ist Maisfelden typisch?*

An solchen Wochenenden fuhr er entsetzt nach Hause. Sonderbar: mal widerwärtig, mal schön, welch eine ambivalente Kinderwelt. Zu Hause besah er sich die Prospekte, die bunte Werbung, die die Caravan-Industrie auf den Markt warf. Er besah sie noch einmal. Alle täuschten den großen Robinson-Crusoe-Traum vor, diese herrliche Phantasmagorie aller Jungen: allein auf einer Insel, allein in der Natur, höchstens noch Freitag, später. Immer stand das weiße Ding an einem Strand, an einem Gebirgsbach, mitten im Walde. Ein Mädchen winkte fröhlich heraus – bitte zu Tisch! Welch eine bunte und unverschämte Lüge. Es gab keine Werbung, die die Wirklichkeit dieser Pläne zeigte. Maisfelden war ein Extremfall, das wußte er, aber auf jedem Platz gab es diesen merkwürdigen Hang dazu, gab es eine winzige Ecke Maisfelden, diesen absurden Versuch, aus dem Blechding auf Rädern ein stabiles Wohnheim zu machen. Nicht ganz ohne Staunen hatte er beobachtet, wie in solchen Ecken alle technischen Teile, die an den Wagencharakter des Wagens erinnerten, sorgfältig abgedeckt wurden. Die Räder wurden mit Plastik verkleidet, die Zugdeichsel wurde mit einer Kommode umbaut, vor den Eingang wurden komplette Veranden aus Plexiglas installiert. Einige hätten den Wagen am liebsten eingegraben, fest unterkellert: Haben, besitzen, festhalten, nie wieder hergeben – das war es. Wie die Großen, die Mächtigen haben, besitzen, festhalten, wie die Großen nie wieder hergeben, das war viel beherrschender auf den Plätzen als der Wunsch, unterwegs zu sein. Eine große Zahl dieser neuen Nomaden waren einfach verhinderte Bürger, Hausbesitzer in Plastik und Blech. Kleinbürgertum.

Letzte Frage: *Leiden Sie unter einem KZ-Syndrom?*

Er erinnerte sich an Augenblicke, in denen ihm seine Jugend wieder zugefallen war – blitzschnell. Er sah einen alten, ausgemergelten Mann in Holzpantinen dem Waschraum zuschlürfen. Muselmänner, dachte er. Er roch wieder den Geruch von Karbol und Urin, das kannte er. Er erinnerte sich an all die Eingangstore, die Stacheldrahtzäune, die Ketten, die Verbotsschilder. Er hatte Schaftstiefel auf Zement und Schäferhunde über Gräben springen gesehen. Manchmal, des Abends, sang man zusammen Lieder, selten. Dies war eine bizarre und doppelbödige Welt; intim und kollektiv, privat und ganz öffentlich, schön und zwanghaft zugleich. Eines Nachts war er aufgewacht. Es regnete. Es regnete oft in der Nacht; hier merkte man es. Er hörte eine Weile den Regen auf das Dach trommeln. Der Wind schlug gegen das Zelt, blähte eine Wand auf, schlug sie klatschend um. Eine Weile hörte er es rauschen und stöhnen. Die Nächte sind hier anders als in der Stadt, hatte er gedacht, unheimlicher, tiefer, schwärzer. Zu Hause in der Stadt war man auf wunderbare Weise warm und geborgen. Beton macht so warm, dachte er. Die Wände hier waren hauchdünn. Er spürte eine kühle Feuchtigkeit aufsteigen. Er spürte die Nacht und alle Vorgänge der Nacht draußen, wie das Wasser niederklatschte, wie der Wind in den Weidenbaum griff und die schwere Krone schüttelte, ächzen machte. Er fühlte, wie sich die Regenwolken draußen über die Hügel schoben. In der Ferne manchmal das leise Schnurren der Autobahn. Wie das liebe Vieh, hatte er damals gedacht, wie Rind und Pferd. Und plötzlich war ihm seine Jugend zugefallen – blitzschnell. Cherbourg, sagte er. Er lag ganz still, hatte in dem breiten Bett die Arme wie Antennen neben sich ausgebreitet, lag mit der krankhaften Sensibilität der Schläfer, die zu schnell erwachen, in der schwarzen Nachtwiese und sagte: Das war doch schon einmal da? Gefangenschaft.

2

Heute sind wir bis Baume-les-Dames gekommen. Die Sache geht einfacher, als man denkt. Das Ding läuft nämlich mit, es ist ein Mitläufer, ein Nachläufer, den man schon nach vier Stunden beinah vergessen hat. Man gewöhnt sich schnell daran. Das Ding halbiert dir den Motor und halbiert dir die Bremsen. Statt vier Bremsen hat man nur noch das Gefühl von zweien, statt achtzig PS hast du noch ein Gefühl von vierzig. Es geht alles etwas langsamer, aber man kommt doch voran. In Frankreich sind wir fast immer hundert gefahren; ein bißchen halsbrecherisch ist jede Aktion des Überholens. Manchmal schiebt das Ding etwas; manchmal hebt es den Wagen von hinten etwas an. Die bequeme, weiche Federung des Peugeot ist weg. Das ganze Gespann schwingt jetzt mehr, ungefähr wie ein Opel Rekord: Kinderwagengefühle.

Das erste Mittagessen war amüsant. Man fährt an den Straßenrand, hält auf einem Parkplatz, schraubt die vier Stützen herunter, schließt auf, steigt ein, das Streichholz an den Gasherd – die Suppe kocht, während man sich auf dem Bett ausstreckt, sich rekelt und sagt: Na also, endlich mal was Neues. Draußen rauschen Autos vorbei, Radfahrer huschen an den Gardinen vorüber. Der Blick aus dem Fenster erfüllt schönste Werbeträume: ein Bach, ein Waldsaum. Siehst du da hinten die Vogesen? Nur auf den Boden des Parkplatzes darf man nicht blicken: Rasthaus im Freien, zwei Stunden lang, Tausende haben das hier schon getan. Man sieht es liegen: Blechbüchsen, Bierflaschen, Papiertüten, Schutzmittel. Wirf doch die Eierschalen nicht zum Fenster raus, sage ich. Die Eier, die rohen Eier im Eisschrank, sie waren bei diesem Tempo zu Bruch gegangen.

Abends erste Übernachtung auf französischem Boden. Uralter, vergammelter Platz an einem Nebenarm des Doubs, eigentlich eine kleine Insel. Das muß einmal eine alte Mühle gewesen sein; über eine knarrende Ziehbrücke fährt man an windschiefen Bauernhäusern, verfallenen Scheunen vorbei, an denen noch mächtige Mühlsteine lehnen. Wie lange schon? Drei Farbige spielen auf dem Schotterweg Boule. Ein junger Bursche weist uns gleichmütig ein: Nietenhosen, rotes Unterhemd, Baskenmütze, den kalten Zigarettenstummel auf die Unterlippe geklebt.

Ach, niederknien müßte man jetzt, müßte sagen: Danke, daß es dich gibt, Land der verschimmelnden Menschlichkeit. Du bist schön, La France, alt und schön. Es verändert sich nichts bei dir in Jahrhunderten. Es fault alles auf eine so sinnliche und appetitanregende Weise weiter und wird richtig reif, zum Reinbeißen. Es riecht nach Weinkellern, nach alten Fässern mit Rotwein. Man wird Käse, Obst, die langen Weißbrotstangen holen: das alte Lied, das neue Lied, La France, hier laß uns leben.

Zum erstenmal beginnen wir Gewinn und Verlust zu verbuchen. Es ist zum erstenmal eine Reise ohne Koffer, ohne Herauszerren, Herumtragen, Hochschleppen, Öffnen – natürlich alles zerknittert. Man braucht sich nicht anziehen, umziehen, sich schön machen. Man hat alles dabei in schmalen Schränken, in winzigen Schüben und praktisch verschlossenen Fächern, aber das meiste braucht man gar nicht. Man braucht einen Trainingsanzug, seine Badehose, Schlafanzug, Schlafsack, ein Paar alte Sandalen. Man hat sein Bett, das weich und vertraut mitgefahren ist, seine Küche; Gasherd, Eisschrank, Spülanlage, sogar ein winziger Toilettenraum ist tatsächlich mitgefahren, ist immer noch dran: Zwergenkomfort. Es ist alles sehr klein, zu eng, jeder Zentimeter ist ausgenützt und so verflucht praktisch durchkalkuliert. Ein Brett verbarrikadiert immer das andere. Man stößt sich, weicht zurück, holt sich Schrammen am Kopf, am Schienbein, kann dieses Türchen nicht öffnen, weil jenes schon aufsteht. Man schimpft erbost, während man sich das Schienbein reibt: Diese Kiste, diese elende Blechbüchse. Jetzt weiß man einmal, wie es den Sardinen in ihren Ölbüchsen zumute ist – ungefähr so. Man sollte eine Abhandlung schreiben: Über das Leben in Konservenbüchsen – rollend.

Aber dann beginnt wieder der Abend, der Ritus zivilisierten und gefräßigen Zigeunertums: Strom anschließen, Gasflasche auf, Wasser holen, Grill aufklappen, Holzkohle aufwerfen, Benzin darüber. Wieder dieses jähe Hochschießen der weißgelben Flammen, die schnell fallen, bläulich werden und sich langsam grasgrün reinfressen in die schwarzen Kohlen, sie später zum Glühen bringen. Abendtau liegt schon auf den Wiesen, nasses Gras. Man übt sich in kunstvollem, trockenem Gehen: Storchengang, die Beine hoch; beim Schlurfen gibt es nasse Füße. Und während man das im Dunkeln übt, fragt man sich plötzlich: Warum machst du das eigentlich? Die Beine hoch? Zu Hause wäre alles so bequem, so geräumig und vornehm. Es gibt richtige Teppiche zu Hause. Man braucht ja nicht Wasser zu schleppen. Zu Hause springt es aus allen Wänden, heiß und kalt. Warum legst du jeden Abend neue Stromleitungen? Warum fächelst du schwarzer Kohle zu? Ja, warum eigentlich?

3. September. In Lyon und Valence sind wir an gewaltigen neuen Wohnstädten vorbeigefahren: Suburbia, Trabantenstädte, Mondstädte in Beton und Stahl. Sie sind von beklemmender Häßlichkeit: entsetzliche Insektentürme, tot. Ich sagte nur: Sowjetisch, schlimmer als in Moskau. Warum bauen die Franzosen eigentlich so phantasielos? Aber dann verfärbt sich das Bild langsam, der Süden sickert ein. Montélimar kündigt sein Nougat festlich an. Eine große, süße Stadt zum Schlecken, zum Erbrechen. Dieser Umschlag der Kulturen, der mich immer wieder entzückt, breit und still von der Rhone begleitet. Die Landschaft wird mediterran: Zypressen, Kakteen, Feigenbäume, ein Hauch von Thymian in der Luft, eine Ahnung von Mittelmeer. Es ist heiß und hell geworden, die Sonne brennt auf der Haut, die Sonnenbrille heraus, dann Orange, das Römertor. Überall Wegweiser zu antiken Monumenten: die Römer, die Kelten, die Griechen – Provence, wer zog hier nicht durch? Ich sage: Die Kirchen von Arles und Saint-Gilles – ob die wohl

noch stehen? Das Ding hinter uns läuft immer noch mit. Es ist ein Mitläufer, ein Nachläufer.

4. September. In Avignon Zwischenstation. Der Campingplatz La Bagatelle liegt direkt an der Rhone mit Blick auf die Stadtmauer, die alte Brücke, den Papstpalast. Die Aussicht muß jedes Grand-Hotel neidisch machen; sie ist klassisch, der Rest ist ein kolossaler Massenbetrieb, aber französisch: locker, planlos, jeder macht, was er will. La Bagatelle ist eine einzige, gewaltige Drehscheibe Europas für Caravans. Sie kommen von Spanien und wollen nach Holland zurück, sie kommen aus der Schweiz und wollen nach Saint-Raphaël. Leute aus dem Ruhrgebiet, aus Berlin, aus dem Elsaß, Jugend aus München, Kopenhagen, Hamburg: lichthungrig, badesüchtig.

Der Platz gleicht einem großen, fröhlichen Flüchtlingslager, das Urlaub sagt, Europa unterwegs auf Rädern, Europa auf der Flucht vor sich selbst. Ich sage so zum Spaß: Also, wenn die Russen einmal wieder kommen, der nächste Treck gen Westen sieht anders aus. So etwas soll man nicht sagen, ich weiß es. Es ist etwas frivol, es hängt zuviel Vergangenheit daran. Denn plötzlich erinnere ich mich wieder; wieder dieses ekelhafte Hochklappen von Vergangenheit. Wo kommt es nur her?

Es ist November 1944. Ich stehe an meinem Schreibstubenfenster. Deutschland ist geschlagen, aber noch nicht ganz. Eine Kaserne in Brandenburg. Draußen zieht ein endloser Strom von Flüchtlingen vorbei: Pferdewagen, Handwagen, Panjewagen, grau, müde, novembernaß. Der Strom reißt Tag und Nacht nicht ab. Schon seit Wochen ziehen sie diese Straße entlang. Die Wagen sind mit Hausrat, mit Möbeln, Geschirr, mit Teppichen beladen. Alte Frauen mit Kopftüchern, alte Männer mit Pelzmützen und Peitschen daneben – sind sie wirklich alt? Es sieht alles etwas wie Mutter Courage und ihre Kinder aus. Sie fliehen vor der Front, die irgendwo zwischen Breslau und Frankfurt/Oder eben zusammenbricht – Gott sei Dank. Mutter Courage, da hast du deinen Krieg, deinen Sieg, deinen Tod im Osten. Also das nächstemal, sage ich, während ich meine Gabel hilflos in den Spaghettis drehe und zum Fenster hinaussehe, wird es doch etwas komfortabler aussehen. Wir spannen alle unsere Wohnwagen an, von Hamburg bis Bern, und ziehen über die Pyrenäen. Ein endloser, weißer, fröhlicher Treck, der eingerichtet ist. Europa auf Rädern.

6. September. War es töricht, so vornehm und festlich auszugehen? Es fehlte mir etwas, es war nicht das Ganze. Frankreich,

ist das nur Baum und Wiese? Die Rhone, Zelte und Caravans und viele Stromanschlüsse dazwischen? Es trieb mich heraus, es drängte mich weg. Laß uns doch einmal richtig essen gehen, sagte ich. Sieh, drüben die Stadt hinter dem Strom, eine andere Welt. Wer es sagt, ist schon verloren, steht schon vor dem Spiegel, bindet sich eine Krawatte, zieht sich einen sauberen Jakkettanzug an, fusselt an Staubkörnchen herum. Man ist plötzlich wieder wie früher: Tourist erster Klasse. Man geht strenger, steifer: ein Herr. Die Stadt nimmt einen auf. So viele neue Geschäfte, so elegant und verspielt zugleich. Cafés, Restaurants, Bistros. Die leuchtenden Auslagen überall. Kultur? Das ist hier Reichtum hinter Ruinen. Die Innenstadt ist erfüllt von lautem, buntem Leben. Es ziehen Scharen von jungen Menschen durch die Straßen, sitzen in Bars, hocken draußen auf Bänken herum. Es liegt ein Glanz, ein Wohlstand, ein Hauch von Gold über den Straßen, den ich früher nie sah.

Das Restaurant gegenüber dem Rathaus wirkt von außen alt, aber innen strahlt es in einem gedämpften, roten Licht. Stille Vornehmheit, tiefe Teppiche, roter Samt an den Wänden. Der Ober trägt einen Smoking, entzündet umständlich eine hohe Kerze, legt große Karten vor. Aus welcher Welt komme ich? Es wirkt alles wie ein Fest, wie ein kleines, sehr delikates Bankett. Diese Fülle von Gläsern, von Silber, von weißem Damast. Oder ist es nur Leinen? Der Ritus, zu dienen, zu fragen, umständlich zu überlegen, begrenzte und kluge Ratschläge zu geben, umständlich aufzutragen, Wein einzuschenken, abzuwarten, ob er mundet oder nicht. Welch eine schöne Verschwendung um nichts. Ich denke: Der Ober wird mich doch nicht nach meinem Hotel fragen? Monsieur, Ihre Residenz bitte, wir dürfen die Rechnung dort hinterlegen? Ich komme mir fast wie ein kleiner Schwindler, ein Hochstapler vor. Ich müßte dann sagen: Ach, Monsieur, ich komme vom Campingplatz drüben – La Bagatelle. Ich komme aus einer kleinen und schäbigen Welt, arm und sauber, immer ehrlich geblieben. Ich wollte nur einmal nippen bei Ihnen. Was – hundertdreißig Francs der Abend? Also wissen Sie: Davon leben wir gut eine Woche!

7. September. Wer in Richtung Saintes-Maries-de-la-Mer fährt, muß natürlich immer mit ihnen rechnen. Jeder weiß das, aber dann steht man plötzlich auf einem anderen Platz in der Camargue ihnen gegenüber und ist indigniert. Die alten Zigeuner, die neuen Zigeuner – es gibt immer noch eindeutige Klassenfronten. Zwei ältere Männer, drei ältere Frauen. Woran er-

kennt man eigentlich, daß Zigeuner Zigeuner sind? Es ist fast wie mit den Juden: Kleinigkeiten. Es steht seit gestern abend ein Wohnwagen mit Zigeunern neben uns, und wir reagieren, wie die Leute eben früher auf Juden reagierten: Irgendwie sind sie anders. Sie haben auch einen Wohnwagen, aber er sieht eben anders aus: älter, fremdartiger, heruntergekommener. Sie hängen viele Strippen auf, um Wäsche zu trocknen. Die Frauen haben ihre Küche vor die Tür verlegt. Sie machen alles draußen. Wir alles drinnen. Sie schälen ungeheure Berge von Kartoffeln, sie schneiden an fremdartigen, merkwürdigen Gemüsen herum. Siehst du denn nicht, daß Zigeuner anders aussehen? Sie haben so etwas Bräunliches und Schlitziges im Gesicht. Sie sind so glatt, so verschlagen. Die Männer wollen ausgehen. Sie stehen schon draußen vor dem Wagen. Die Frauen werfen sich mit ihren bunten Kopftüchern wie Sklavinnen vor den Männern nieder und beginnen plötzlich liegend deren kräftige Lederschuhe wie besessen zu putzen. Die Frauen liegen auf dem nackten Beton und reiben und wienern mit Tüchern, mit Lappen und zum Schluß mit ihren Schürzen auf den Schuhen der Männer herum. Sie küssen die Schuhe der Männer, sie umschließen die Füße mit ihren Armen. Was ist das? Siehst du, sage ich, so sind Zigeuner. So. Schließ das Ding ab, wenn wir weggehen. Nimm die Badehose, das Handtuch herein. Die Zigeuner sind da.

8. September. Wir haben versucht, in Saintes-Maries einen Platz zu finden. Der Ort ist schön, der Platz ein Alptraum. Der Campingplatz am Meer ist überfüllt, verstopft, total blockiert. Eine einzige Orgie in Blech und Stoff, Zelte, Wohnwagen, Kochgeschirr – dicht an dicht. Wenn man über die Kaimauer geht, öffnet sich einem ein verwirrender und peinlicher Einblick in Intimstes. Die Wagen stehen hier ohne jeden Abstand auf Zentimeternähe nebeneinander. Blau, weiß, rot, gelb. Es ist, als wenn ganz Westeuropa eine schiefe Ebene wäre: Nun ist hier unten am Meer alles zusammengekippt, durcheinandergewürfelt, hockt aufeinander. Man sieht in Kochtöpfe, in Plastikeimer, in alle Zelte hinein: Eine Frau rührt in einer Suppe, ein alter Mann kratzt sich am Rücken, ein junges Paar liegt aufeinander, ein Kind hopst über eine Strippe, ein Junge versucht, im Sand zu zeichnen. Eine dicke Frau sitzt hinter dem Fenster, liest ›Bild‹.

9. September. Flach, weit, still. Man fährt über leere Straßen, sieht weit in der Ferne Pferde stehen. Merkwürdig, wie der

Massenbetrieb plötzlich abbricht. Masse – was ist das? Es hockt alles zusammen auf einem Klumpen, eng ineinander verkeilt; fährt man drei Kilometer weiter, ist vollkommene Leere, Einsamkeit. Weideland, Schwemmland, manchmal Hornissenschwärme – die Camargue ist wie am ersten Tag, ein weites, flaches Fest der Einsamkeit. Man kommt an einen Fluß, eine Autofähre. Um 14 Uhr, steht geschrieben, gehe die nächste. Es ist 13.30 Uhr. Schläfrigkeit, eine Katze liegt in der Sonne, ein Hund daneben, ein paar Leute liegen im Gras: bukolischer Mittagsfrieden. Frankreichgefühle werden wieder wach: Es hat Zeit, es hat viel Zeit, erst einmal essen, gut essen, lange essen und trinken, dann etwas schlafen, es ist immer noch Zeit. Um 14.10 Uhr kommt ein junger Mann, den ich für einen Touristen hielt. Er zieht sich das Hemd über den Bauch, steckt sich sehr behaglich eine Zigarette an, wirft den Motor an, der laut zu tuckern beginnt, sagt: Voilà, Monsieur. Die Fähre gleitet wie ein breites Floß langsam über den Fluß, der gelb und lehmig ist.

19. September. Seit zehn Tagen stehen wir hier in Le Grau-du-Roi am Strand, der weiß und sandig ist, mit richtigen Dünen und Seegras dazwischen. Wir haben das Ding ganz nahe an das Wasser gerückt, in eine Mulde zwischen zwei Dünen geschoben, vielleicht zwanzig Schritte vom Meer entfernt. Des Nachts hört man die Brandung, die manchmal anschwillt, sich dann wieder verliert und plötzlich zurückkommt. Ist das also der Traum, die kleine Verlockung, die große Phantasmagorie aller Werbeprospekte? Nur Wasser, Sonne, Sand und seine eigene, winzige Einzimmerwohnung dazwischen? Es ist eine andere Art der Erholung, das ist sicher. Sie geht tiefer, weil man dauernd draußen ist im Badeanzug, dauernd barfuß lebt mit Sand zwischen den Zehen und Fingern. Man geht nicht ans Meer, sondern wohnt jetzt dort. Man geht mit dem Meer schlafen und wacht mit ihm wieder auf. Die Zeitrhythmen verschieben sich, alles rutscht etwas nach vorne. Oder soll man sagen: zurück, zurück zur Natur? Um sechs Uhr abends kündigt sich schon die Dämmerung an, das Licht wird fahl, glasig, kraftlos. Um sieben Uhr ist später Abend mit letztem Abendrot. Um acht Uhr ist es stockdunkel: Der Himmel ist eine große schwarze Kuppel, die langsam zu flimmern anfängt. Um zehn Uhr ist tiefe Nacht und Schlafenszeit. Um Mitternacht ist der Himmel schon wieder blasser, grauer geworden, an den Rändern scheint sich schon Helligkeit anzudeuten. Um

zwei Uhr beginnt man zum erstenmal zu erwachen und spürt den Morgen heraufziehen. Der Mond hat einen großen, milchigen Hof.

Der Campingplatz hier ist leerer, aber total verwahrlost. Müll, Unrat hinter allen Büschen. Der Platz liegt herrlich in einer großen Meeresbucht und könnte mit seinem endlosen Sand ein Paradies für Fremde sein, aber er gleicht eher einem verkommenen Feldquartier, das von gefräßigen Truppen eilig geräumt werden mußte. Schachteln, Holzkisten, Konservenbüchsen, Küchenreste sind hinter den Dünen gehäuft. Niemanden stört das hier. Ach, Südfrankreich, sagt einer, Provence, also daran müssen Sie sich gewöhnen, das ist hier nun mal so, wissen Sie, die Provenzalen, und dann die vielen Algerier hier; das ist schon ein Hauch von Afrika.

Ja, was ist Schmutz, was Sauberkeit? Wo beginnt die Schönheit, und wie schlägt sie ins Häßliche um? Kontraste des Südens – man muß sie erlernen. Zunächst wirkt das Ganze abscheulich, unfaßbar und ein bißchen zum Speien. Man sagt entrüstet: Also hier bleiben wir nicht – um keinen Preis. Aber dann ist man doch geblieben. Später, nach drei oder vier Tagen, verliert sich langsam die Kraft der Provokation, merkwürdig. Man hat auch Müll weggeworfen, man hat es sich selber bequem und faul gemacht. Man übersieht nun den Schmutz. Er ist da, aber plötzlich nicht mehr so wichtig. Na laß doch, sagt man, das gehört nun einmal dazu. Was ist? Man ist langsam eingesunken in diese Welt, sagt: So ist das eben hier, sagt: Anderswo ist es eben anders. Nach einer Woche sieht man das Häßliche nicht mehr.

Außerdem gibt es reizvolle Kontraste. Die Menschen zum Beispiel, sie sind hier so schön wie auf keinem Campingplatz Deutschlands. Sieh doch die Menschen an, die Mädchen, die Jungen, die Männer, die Frauen, Franzosen, Spanier, Italiener, Algerier, Zigeuner – jeder Körper trägt seine eigene Anmut und Grazie mit sich, ist schlank und schmiegsam, ist ein Stück naiver Natur, ist Körper, nur braun und mit sich selbst identisch. Warum sind wir Deutschen eigentlich so häßlich? Es liegt Jugend am Strand, geht an Zelten vorbei, schlurft durch den Sand, biegsame und schöne Jugend. Woher kommt sie? Sie kommt hinter Müllhaufen und zerbrochenen Betonquadern vor, aus dem Abfall, den Resten, dem Schaum von gestern geboren. Sie stelzen und schreiten wie Göttergestalten aus dem Dreck hervor und sind nichts als vollkommene Leiber, Statuen der

Aphrodite, Statuen des Eros – im Sand. Mythos des Südens, mediterrane Verwirrung: So wächst die Schönheit aus Schatten, so steigt die Anmut aus Armut empor. Und wieder die Frage: Warum ist unsere Sauberkeit eigentlich so häßlich?

20. September. Ich will noch ein Wort über den Kleinbürger sagen, den Stammkunden aller Campingplätze. Er ist auch hier zu Hause, aber anders. Seit gestern wohnen Monsieur und Madame Dubois uns gegenüber. Sie kamen mit einem alten Citroën, mit einem alten Zelt und mit Saphir, ihrer dicken Katze, die sie an einer langen Leine führen. Ein älteres Ehepaar, wohl Mitte Fünfzig, kinderlos – Saphir ist auf eine unverkennbare und komische Weise ihr Kinderersatz. Saphir bekommt zunächst ihre Milch, ihr Stück Fisch und beurteilt danach die Lage. Saphir schnuppert herum und entscheidet dann: Hier ist es schmutzig, hier ist es schön, wir bleiben. Die Leute tragen Hausrat aus ihrem Wagen, schleppen Stangen, Stühle, Klappbetten an, reinigen ihren Platz, bauen das Zelt auf. Madame Dubois beginnt draußen den Abendbrottisch zu richten, trägt Weißbrot, Butter, Käse, eine ganze Batterie Flaschen auf. Es ist wie in einem Theaterstück: Le petit bourgeois, das kleine Glück der kleinen Leute, eine Vorstadt von Paris, begrenzt, idyllisch, durchaus unpolitisch – und doch anders als in Deutschland. Der Mann steht manchmal auf, zieht an einer Strippe, spannt das Zelt nach, steckt sich eine Zigarette an, blickt auf das Meer, das lasch und still daliegt. Er spricht mit seiner Frau, die mit dem abendlichen Freiheitsdrang von Saphir ernst beschäftigt ist. Saphir möchte ausgehen, aber darf das nur in begrenzten Räumen. Die lange Leine wird um eine weitere Schnur verlängert. Die beiden verfolgen eine Weile die Wege Saphirs. Still, friedlich, etwas versponnen sitzen sie da, die beiden sind ganz allein auf der Welt mit all ihren Skurrilitäten, fühlen sich wohl im Sand, im Schmutz am Strand, reden jetzt wieder leise. Madame beginnt Saphir einzuholen. Was ist das? Da ist keine Herrschsucht, keine Arbeitswut, keine Spur von unterdrückter Aggressivität. Sie sind einfach zufrieden mit sich und der Welt. Jetzt gehen sie schlafen. Sie haben die Gaslampe ins Zelt getragen. Eine Weile hört man sie drinnen reden, rumoren, dann verlöscht das Licht. Ende.

3

Den Tag über hatte die Sonne geschienen. Es war noch einmal ein schöner Sonntag geworden mit einer schrägen, milchigen, etwas gebrochenen Sonne: Oktoberlicht in Hessen. Das Zelt war sehr groß. Tiefblau und orange hatte es den ganzen Sommer auf der Wiese gestanden, eine bunte Verheißung von Ferienfreuden. Jetzt kommen sie. Sie kommen mit einem grauen VW aus Darmstadt, sie beginnen es abzubrechen. Sie sagen: Ach, es ist aus, es hat keinen Sinn mehr, diese kalten Nächte, mein Mann hat sich schon eine Grippe geholt. Der Mann ist groß, blond, dicklich, vielleicht Anfang Dreißig. Er hat die bemühten und etwas zu höflichen Gebärden kleiner Leute, die sich nach oben strecken müssen: eifrig, immer zur Stelle, etwas unterwürfig. Die Frau wirkt älter, härter, ein wettererprobter Muttertyp mit dunklem, männlichem Einschlag. Zwei Kinder jagen umher, aufgeregt, planlos wie Hunde.

Es ist plötzlich aus mit den Freuden des Sommers. Camping braucht Wärme, also Luftrauslassen. Camping ist auch eine Welt zum Zusammenlegen, Zusammenklappen, Zusammenwickeln und in große Beutel stecken, ins Auto stopfen. Freuden rascher Vergänglichkeit – nun wird alles abgebrochen. Sie tragen die Stühle und Tische heraus, sie lockern Strippen, lassen plötzlich ganze Wände fallen. Die breite, stramme Zeltwand sackt zusammen, rutscht runter und liegt plötzlich wie Packpapier etwas zerknittert am Boden. Aus. Jetzt stehen die Stangen auf eine bizarre und melancholische Weise allein in die Luft, entlaubter Baum. Sie markieren noch einmal den Raum der Familie, der jetzt winzig und luftig anmutet, alles zum Durchgreifen. War es das? Sie rollen Decken und Luftmatratzen zusammen, schlagen die Stangen ab, bündeln sie, stecken alles in lange, graue Säcke. VW schluckt alles. Der Mann ist in Schweiß geraten. Sein rosa-glänzendes Gesicht wirkt jetzt jungenhaft, hat sich verändert. Sein ordentlicher Scheitel ist zerzaust, die Haare stehen ihm wild zu Berge. Er sieht plötzlich wie ein großer, dicker, zwölfjähriger Junge aus, der Lust am Ballspiel, Lust am Abenteuer und an kleinen Kämpfen hat. Er ist wieder ein Kind, das schön und fröhlich geworden ist, aber das dauert nicht lange. Der Mann hat noch ein Bier getrunken, dann sitzt er am Steuer und hat schon beinah wieder sein altes, braves Kleineleutegesicht, das sich strecken muß. Sie sind total überladen. Sie stoßen zurück, sie winken, rufen: »Also, nächstes Jahr wieder!« Sie geben Gas, rollen hinaus, und plötzlich ist nichts mehr da, gar nichts.

Nur dieses kleine Quadrat gelbgrauer Grasnarbe ist geblieben. Papierzeug flattert herum. Ein alter Campingausweis, verschmiert, zerknittert. Ich lese: Steller, Heinrich, geboren 1935, wohnhaft Darmstadt, Beruf: Arbeiter. Der Mann mußte es selber ausgefüllt haben. Er hatte nicht Arbeiter geschrieben. Er schrieb: Abeiter.

Frage: *Was ist Camping nun – soziologisch?*

Der Platzwart kommt, harkt die Reste zusammen, sagt: Wir kriegen jetzt neue Wagen. Elf Stück sind schon für November gemeldet. Winter-Camping – das wird jetzt Mode bei uns. Wissen Sie, wir nehmen nur gute Leute hier, klar, keine Zigeuner, kein Kroppzeug. Wissen Sie, manche Leute glauben ja wirklich, Camping heißt Saufen. Schrecklich, was hier so im Rhein-Main-Zentrum herumhockt. Also, es kommt ein Schlossermeister aus Hanau, sehr ordentliche Familie, ein Herr, dem eine Tankstelle gehört in Niederrad. Dort drüben kommt eine Gastwirtsfamilie hin vom Lokalbahnhof und hierher Offenbacher, ältere Herrschaften, der Mann ist wohl bei der Bahn. – Das war es: Handwerkerfreuden, Arbeiterfreuden, Träume des kleinen, unteren Mittelstandes, Leute von der Post, von der Bahn, von den städtischen Wasserwerken. Es gab eine ganz einfache Rechnung für diese Soziologie. Es kostete den Preis, den sich der kleine Mittelstand, wenn er aus dem Gröbsten zu Hause heraus war, gerade leisten konnte.

Frage: *Und psychologisch, was ist Camping psychologisch?*

Einmal war er des Abends über den Platz gelaufen. Er liebte die Abende, weil sie den grotesken Wirrwarr dieser Wochenend-Wohnstätten milderten, zudeckten, wegwischten. Der Platz war jetzt dunkel. Die Nacht kam von den Feldern herein, Feuchtigkeit zog wieder auf. Manchmal huschte eine Gestalt vorbei, schattenhaft, nach wenigen Schritten verschluckt vom Dunkel.

Die Leute saßen in ihren Wagen und sahen fern. Überall schimmerte aus den Fenstern dieses mattblaue Flimmerlicht heraus. Sie saßen auf Wiesen, unter Bäumen, mitten im freien Feld – den Fernseher vor sich. Es lief ein Programm für die Leute, ein Abend mit Vico Torriani. Spaßmacher waren am Werk für die Leute. Er stand ganz allein im Dunkel und hörte es plötzlich aufkichern in vielen bunten Blechbüchsen. Er verstand das nicht, er wußte nichts von dem Grund ihrer Heiterkeit, die Wagen schlossen akustisch nicht schlecht. Er hörte nur, wie in unregelmäßigen Wellen eine Heiterkeit, ein vielfaches Gelächter durch die Nachtwiese ging. Es kam stoßartig, brüllte einen Augenblick auf, versackte dann wieder. Eine Weile war es ganz still; man hörte nur den Wind und die Bäume und das Surren der fernen Autobahn, dann ging wieder ein helles Gelächter durch die Nacht. Die Büchsen kicherten, vibrierten, zitterten einen Augenblick vor Heiterkeit. Man hörte Applaus aufrauschen, einen Tusch, den Fetzen einer Melodie, dann wieder Stille, Dunkelheit, Nacht. Er ging an den Wagen vorbei. Er sah in die Fenster. Welch eine verrückte Welt, dachte er. Träume der Massen im technischen Zeitalter. Alles noch einmal präzis wie zu Hause, aber draußen, winzig. Eine zweite Stadt, auf das Land gerückt. Spielzeug für Millionen, eine skurrile, etwas schäbige Kinderwelt.

Frage: *Aber des Nachts – was geschieht da?*

Manchmal in der Stadt hatte er diese Klagen gehört, Camping, das Leben draußen sei pure Sinnlichkeit, Unordnung, Libertinage und Promiskuität am Wochenende. Jeder Platz eine grüne Wiese für wilde Sitten. Er mußte lachen. Wenn es doch wäre. Wie wenig die Leute draußen von der Welt drinnen wußten. Dies war eine merkwürdig brave, lustlose und rechtwinklige Welt für große, dicke Kinder. Die Leute kamen in Familien, blieben in Familien, gingen als Familien; es war alles festgelegt. Camping war Familiensport: Großmutter, Mutter und Kind; ein kleiner, stabiler Kosmos unter vielem Zwang und hinter Stacheldraht. Dies war keine erotische, es war eine orale Welt: Trieb zur Seßhaftigkeit und zum Essen, Futtertrieb. Die Leute kochten den ganzen Tag, rührten in Töpfen, schleckten Schüsseln aus, wuschen ab, setzten Kaffeewasser auf, tranken sehr ausführlich draußen im Vorzelt Kaffee, hieben dabei in mächtige Tortenberge, rührten in den Tassen, gingen später zu Bier über, zu vielen Bierflaschen; manche hatten kleine, festlich lakkierte Bierfässer installiert, die eine besondere, ausschweifende Art von Wohlstand repräsentieren sollten. Dann begann man das Abendbrot langsam zu richten. Es schien ihm, als röche es immer etwas nach Milch in den Wagen, nach Milch, die übergekocht, die angebrannt war. Jetzt mußte also gescheuert werden: Mutterwelt. Manchmal dachte er: Camping ist wie Fernsehen – es macht impotent.

Frage: *Und wie soll das weitergehen?*

So, sagte er, genau so. Das ist gar nicht aufzuhalten. Die Leute werden immer mehr Freizeit, immer mehr Langeweile und immer mehr Kleingeld in ihren Taschen haben. Die Industrie wird sie versorgen; sie wird immer schönere Zelte, noch größere, noch komfortablere Wohnwagen zu noch günstigeren Preisen anbieten. Die Warenhäuser werden noch ein Stockwerk mehr ausräumen für ihre großen Camping-Abteilungen: noch leuchtender, noch günstiger und freundlicher die Verführung. Die Leute, die ihre Stellung, ihre Mietwohnung, ihr Auto und zwei Kinder haben, werden sich darauf stürzen, weil alles so vorteilhaft ist. Die Plätze werden noch drangvoller und überfüllter werden, aber dann wird es andere Plätze geben, die geräumiger, komfortabler sind, auch etwas teurer natürlich. Das läßt sich einrichten. Die weißen Wagen werden sich auf den Straßen noch mehr stauen, aber dann, später, wird es auch neue Straßen geben, die einen flüssigen Verkehr erlauben, zeitweise. Das läßt sich alles machen. Es ist schon soweit – in Amerika. Und wenn die Sowjetgesellschaft einmal ihren Konsum entwickelt hat, so wird ihre schönste humanistische Errungenschaft im Sozialismus Campingplatz heißen. Darin gleichen sich alle großen und perfekten Industrienationen, die Freizeit produzieren. Dies ist, mit deutlichen nationalen Unterschieden, ein kleiner Vorgeschmack einer kommenden Welt. Mythen von morgen: Camping heißt Freizeit in der mobilen Gesellschaft. Seßhaft auf Rädern.

Letzte Frage: *Und was ist mit Herrn Fischbein?*

Herr Fischbein war glücklich. Er kam jetzt jeden Samstagmittag auf den Platz. Er kam mit seinem Volkswagen, mit seiner Frau, mit zwei Kindern und dem Pudel Ali auf den Campingplatz. Er packte das Essen, das Bier, die Strippen, die neuen Batterien aus; er hatte Holzkohle, Dieselöl und Sonnencreme mitgebracht. Er schraubte und bastelte, schaffte, trank Bier, hörte Radio, sah des Abends fern in seinem neuen Wohnwagen, der glänzte und strahlte. Er sagte zu seiner Frau: Also, wenn das Wetter morgen besser wird, gehen wir schwimmen mit den Kindern. Herr Fischbein dachte beim Einschlafen: Jetzt haben wir es geschafft. Er dachte: Endlich. Er dachte: Endlich das Leben, das sich lohnt.

(1969)

Auf der Suche nach Overlord
Aufzeichnungen aus der Normandie

In das Loch fallen

Ich weiß nicht, wie es kam. Es kam einfach so. Ich bin den ganzen Tag durch Frankreich gefahren – wie verrückt. Es ist eigentlich nicht meine Art, zu rasen. Ich wollte nur bis Paris; von Straßburg nach Paris, das ist eine gute Tour. Aber dann war ich nachmittags um drei schon in Paris; das ist zu früh, um abzubrechen. Ich sah plötzlich den Eiffelturm links, und ein junger Mann rief mir vor einer Rotampel gellend ins Fenster: »Oui, oui, Monsieur: Porte Maillot, tout droit« und war schon weg. Ich verlor die Richtung und fand mich dann später auf dieser großen Umgehungsstraße. Ich las »Autoroute du Sud« und wußte: Das ist falsch. Hier kommt man ja nach Lyon und in die Provence. Du mußt in den Norden.

Ach, Paris. Es ist für den Fremden, den Autofahrer, der durch will, so etwas wie die Hölle, ein riesiger, böser Tintenfisch, der einen mit vielen langen Fangarmen, die Routes Nationales heißen, hereinlockt, ansaugt und dann betäubt, verschlingt und gefangenhält in seinem schwarzen Magen. Sie fahren so unverschämt schnell in Paris. Intelligent, bösartig und schnell ziehen die glänzenden Citroëns und Peugeots und Renaults an einem vorbei, hupen manchmal etwas verächtlich. Im Rückspiegel sieht man gewaltige Lastzüge blinken. Sie scheren aus, wollen auch überholen. Es donnern die kolossalen Elefanten der Landstraße an einem vorbei, lassen Giftwolken ab, werfen Wärme ins Fenster.

Ich drehte, ich kreiste, ich kurvte irgendwo in Paris. Ich kam nicht mehr heraus aus diesem Ungeheuer. Ein Gefühl von Sinnlosigkeit überfiel mich. Ich hatte einfach genug von Paris. Der Kühler ging schon auf hundert, die Kupplung griff manchmal nicht richtig, der Wagen wirkte schlapp und wacklig und zokkelte eigentlich nur noch vor sich hin, und ich mußte an das böse Pamphlet von Butor denken, das ich gestern abend noch im Straßburger Hotel gelesen hatte: ›Ich hasse Paris‹, eine Liebeserklärung besonderer Art. Ich dachte: Natürlich muß man Paris hassen. Es ist die Hölle.

Frankreich: dieser Umschlag immer von Chaos in höchste

Rationalität. Ein wütender Individualismus kippt plötzlich um in schöne Vernunft. Die Autobahn nach Rouen ist reines Vergnügen: Entschädigung draußen, beinah zu spät. Sie ist leer, modern, sechsbahnig, an Steigungen manchmal achtbahnig angelegt. Jetzt kann man wieder fahren, richtig losziehen, und aus dem heißen, klappigen Zockelauto wird hier draußen wieder ein Ding, das läuft. Die Seine begleitet. Es sickert Norden ein. Ein Himmel, der manchmal zartblau, dann grausilbrig wird, manchmal zerreißt in unförmige Wolkenballungen. Es muß stürmisch sein. Manchmal setzt der Fahrtwind den Wagen etwas zur Seite. Wenn man die Hand aus dem Dach hält, schlägt einem eine kalte, wütende Sturmwand entgegen, schwer wie Wasser. Also fahr etwas langsamer. An der Küste ist sicher Sturm.

Ich will nur sagen: Ich war plötzlich in Caen. Es war erst gegen fünf, und ich dachte wieder: Na, ein bißchen kannst du noch weiterfahren. An einer Kreuzung in Caen sah ich ein kleines Schild, auf dem »Arromanches« stand. So ein winziges, nebensächliches Schild, mehr für Einheimische, aber das Wort Arromanches löste in mir etwas aus: Erinnerungen. Das hat es doch einmal gegeben? Ich bog also ab von der Route Nationale 13, die breitbahnig und schnell nach Cherbourg führt, und nahm die winzige D 22, so mehr auf eine Vermutung hin. Arromanches ist ein schönes Wort. Es fiel mir ein, daß ich einmal einen Roman gelesen hatte. Da hieß ein Kapitel: ›Die Rosen von Arromanches‹.

Jetzt also das andere Frankreich; die Normandie, mehr noch: Calvados. Große Entspannung. Man rollt plötzlich ganz langsam und herrlich allein durch eine grüne Teppichlandschaft, die flach ist, sich aber auch manchmal hebt in flachen Hügeln. Überall grüne, mannshohe Hecken, die fette und saftige Wiesen einrahmen: hedges und meadows, eine Landschaft der grünen Quadrate, sehr englisch. Und nirgends Wald. Auf den Wiesen liegen weiß-braune Kühe. Manchmal steht ein Esel dazwischen. Er holt plötzlich zu einem markerschütternden Schrei aus. Es ist wie ein kolossales Luftholen der Kreatur, die seufzt. Nannten wir das nicht früher: aufs Land fahren, Erholung, die Sommerfrische? Es tauchen die strohigen und flachsblonden Haarschöpfe der Jugend auf, Burschen mit runden und rötlichen Gesichtern, manche mit Stupsnasen und Sommersprossen im Gesicht. Das wollen Franzosen sein? Überall Grenzlinien, Hecken, Mauern, eine abgezirkelte, konservative Landschaft: ein klares Mein und Dein. Die Burschen dösen vor Toreinfahrten, hocken auf Mauern, lassen die Beine baumeln. Dahinter der

Umriß von breiten, vornehmen Gehöften, fast Herrenhäusern. Das sollen Bauernhäuser sein? Sie wirken von weitem wie Schlösser. Ja, was ist die Normandie? So eine kräftige Mischung aus Camembert, Calvados und viel Krieg dazwischen. Das sagte ich einmal in Deutschland. Ist sie das?

Ja, und dann war ich plötzlich da. Ich war verblüfft, auch etwas erschreckt. Ich fiel wie ein Stein vom Himmel haargenau in das Loch, das ich suchte, das Loch der Geschichte, der Vergangenheit, das Loch meiner Erinnerung, meiner Jugend, das ich schon immer ausfüllen wollte – endlich. Ich war um neun Uhr in Straßburg losgefahren, mit nichts als einer Vermutung, und als es kurz vor sechs war, sah ich das Meer, von einer letzten Anhöhe kommend, fern und weit und ziemlich grau vor mir liegen. Es ist nicht zu fassen: Tatsächlich, Port Winston, Zeit kehrt zurück; da liegt noch diese gewaltige Flotte der Invasion. Oder täusche ich mich?

Im ersten Augenblick ist es verwirrend: Da liegt auf eine Breite von zwölf Kilometern im Meer eine Flotte von mächtigen, schwarzen Kästen, die einen Halbkreis bilden. Das war der künstliche Hafen, den sie damals mitbrachten. Schiffsleiber, unten offen, mit Zement gefüllt, so lange mit Zement beschwert, bis sie standen, zum ersten Anlegen der Schiffe.

Arromanches, Platz der Befreiung. Jetzt also rein. Fahnen, Fahnen, überall hier am Strand ein Gewoge von Fahnen: amerikanisch, englisch, französisch, belgisch. Der Strand flattert in fröhlichen Farben. Auto abschließen, seine Sachen nehmen, die ersten Schritte, müde und lahm, auf der Straße. Man humpelt noch etwas und ist plötzlich in Lourdes oder Oberammergau, wo Busse stehen, Menschen sich stauen. Eine endlose Woge von Menschen treibt dauernd hin und her. Touristengewimmel, frohes Feriengewimmel, wo Kinder schreien und nach ihren Müttern suchen. Es schiebt sich die bunte Menge an Schaufenstern vorbei. Tatsächlich, hier wird die Invasion verkauft. Hinter den Schaufenstern Bücher, Bilder, Landkarten, das Gesicht eines Generals. Oder ist das nur ein Oberst? Alles wird hier in kleinen blinkenden Souvenirs geboten: Ich sehe zum erstenmal Handgranaten in blitzendem Blech, jetzt als Feuerzeuge zu erwerben. Ich sehe die flachen Stahlhelme der Briten. Sind das jetzt Suppenteller? Panzer und Flugzeuge werden feilgeboten als Briefbeschwerer. Fallschirmjäger und Infanteristen sind käuflich; sie sehen aus wie Gartenzwerge.

Ich lasse mich von der Menge treiben. Ich bin müde und

etwas betäubt und lasse mich also treiben. Es treibt alles einem flachen, quadratischen Bau am Meer zu, manchmal stockt es, aber dann schiebt man weiter, und plötzlich bin ich mit den anderen in einer halbdunklen, festlichen Halle. Wie kam das nur? Jemand verlangt drei Francs von mir. Ich zahle, und schon schlägt ein ohrenbetäubender Lärm über mir zusammen. Aus vielen Lautsprechern dröhnen die Stimmen der großen Erinnerung. Hier finden Führungen statt, in französisch und englisch. Aus einem Kinoraum, der halb offen ist, schlägt mir das Gebell des Krieges entgegen. Flakfeuer kämpft gegen das Gedröhn von Schiffsartillerie. Ein Museumsdiener spielt an Knöpfen: Da hinten fallen tatsächlich winzige Fallschirmjäger vom Himmel. Wie machen sie das nur?

Ich bin todmüde, überreizt und erschöpft nach so langer Fahrt. Ich habe fast siebenhundert Kilometer hinter mir und hatte mir so massiv die Einkehr in die Vergangenheit nun auch wieder nicht vorgestellt. Ich drehe mich um, will gehen, will versuchen, wieder ein einzelner, ein Einzelgänger zu werden, und sehe plötzlich wieder Deutsche vor mir, deutsche Soldaten, deutsche Uniformen, deutsche Menschen – ausgestopft. Es ist fast wie im Wachsfigurenkabinett. Ein älterer Herr erklärt seinem Schülerkreis: Das hier sind die Deutschen, les Allemands, »les Nazis« gewesen. Die Schüler blicken mit großen Augen. Ich sehe vier gut präparierte Deutsche in Uniform. Sie sehen sauber, markant, eigentlich nicht zum Fürchten aus; ihr starrer Blick erinnert an Schaufensterpuppen. Ein Leutnant der Luftwaffe, blau und adrett, ein Gefreiter des Heeres, etwas schäbig, ein Fallschirmjäger, verwegen, und eine Nachrichtenhelferin, breithüftig. Nannten wir das nicht früher Blitzmädel? Ich versuche mich gegen den Strom herauszukämpfen. Ich bin kaum da und bin es schon leid. Ich bin todmüde und schon enttäuscht und denke: Das wird eine böse Reise in die Vergangenheit werden. Warum machst du nur immer solche Geschichten?

Die Stimme aus London

Das Hotel Oasis liegt auswärts. Kreidefelsen, normannische Steilküste beginnt. So eine richtige englische Ritterburg, ein schmales, spitzes Fachwerkhaus, in dem es innen enge, steile Holztreppen gibt, höher, immer höher, noch eine Treppe, die knarrt. In solchen uralten Häusern der Normandie erwartet man immer etwas. Das Ungeheure ist hier zu Hause, das Wohnen läßt Abenteuer vermuten. Einsamkeit umgibt sie. Diesiges Licht umgibt sie. Nebelschwaden ziehen. Das Meer brandet gegen den Felssockel, auf dem das Haus hoch und stolz und einsam steht, wie eine düstere Fackel. Spukhäuser. Hier müßten eigentlich Kriminalgeschichten geschehen: Mord und schöne Verwesung in Kellern, sehr tief. Agatha-Christie-Geschichten. Es ist beinah Mitternacht: also Spukgeschichten.

Die Treppe knarrte mir so verdächtig, als mich der Garçon nach oben brachte. Ich fühlte mich fremd, unwillkommen. Sie hatten mich alle sehr kühl, fast gleichgültig gemustert und ließen mich dann lange stehen. Drei Häuser hatten mich schon abgewiesen. Ich war etwas ratlos und verschüchtert unter all den Franzosen und Engländern gewesen und versuchte, dem Jungen, durch ein kräftiges Trinkgeld schön bestochen, zu erklären, wieso so etwas möglich sei, daß da plötzlich ein Deutscher nach Arromanches kommt und sich mutterseelenallein einmietet an der Küste. Das hat es wohl hier noch nie gegeben. Deutsch-französische Verständigung, das reicht nicht bis an die Küste. Tatsächlich war mir schon auf dem Autoparkplatz aufgefallen, daß kein einziger deutscher Wagen da stand: alles Engländer, Franzosen, ein paar Amerikaner; auch einen Kanadier hatte ich entdeckt. Ich stotterte, daß ich ein Journalist sei, ein journaliste allemand, der hierher gekommen sei, um etwas über die Invasion zu schreiben. Das Wort Invasion schien er nicht zu verstehen; er zuckte etwas schnippisch mit den Schultern. Es war von mir ganz eindeutig eine Art von Entschuldigung, ein Versuch zu sagen: Ich, bitte, bin doch keiner von euren ausgestopften Deutschen drüben im Museum, ich bin doch von heute, aus Germany, auch so ein Demokrat, der gekommen ist, um eure Befreiung zu sehen, zu erfahren, wie das war damals: euer Augenblick der Freiheit. Mein Gott, nun sieh mich doch nicht immer so mißtrauisch und etwas schnippisch an. Ich bin doch kein Nazi gewesen. Hört das hier niemals auf?

Also lassen wir das. So geht das nicht. Ich bin in die Vergangenheit zurückgekommen, um alles noch einmal zu rekapitulieren: die Invasion. Wie war das genau? Man müßte das Ganze noch einmal rekonstruieren. Irgendwie hängst du da drinnen, aber man weiß nicht recht, wie. Komisch, was treibt dich eigentlich auf die Schlachtfelder zurück? Du warst schon in Rußland, du warst in Warschau und Auschwitz und auch im zerstörten

Berlin. Ob es die Niederlagen sind, die dich anziehen? Sicher ist: Auf siegreiche Schlachtfelder würdest du niemals gehen. Das ist sicher. Gibt es so etwas wie einen Triumph des Verlierens?

Es ist jetzt Mitternacht. Geisterstunde. Aber es kommen keine Geister zurück, noch nicht. Ich liege in diesem schweren, breiten Bett, das man bei uns französisch nennt. Man nennt es französisch mit einem Grinsen, nur weil es die Maße vernünftiger und menschenfreundlicher Entspannung kennt. Die Laken sind etwas klamm und werfen scharfe Falten. Der Wind reißt am Giebelhaus, fährt in kurzen, singenden Böen über das Dach. Von draußen hört man das Meer gegen die Felsen schlagen. Es muß wohl jetzt Flut sein. Zum erstenmal fühle ich diesen leichten Salzgeschmack auf den Lippen, auf der Zunge; dieses Salz, das schwer und müde macht am Abend, aber auch lebendig und frisch des Morgens. Ein gutes Gewürz fürs Leben. Man schläft hier tief, und wenn man wach ist tagsüber, ist man sehr wach. Ich habe mein Kofferradio eingestellt und gleite so über die Skala: überall England. Man vergißt immer wieder, wie nah das hier ist, viel näher als Paris. Und dann höre ich, beinah schon einschlafend, etwas. Mein Gott, das kennst du doch? Ich höre diesen leisen, eindringlichen Paukenschlag; er kommt wie aus tiefer Erinnerung: wum wum wum wum – wum wum wum wum, die ersten Takte von Beethovens 5. Symphonie. So klopft das Schicksal an die Tür. Wer kennt das nicht aus dem Krieg? Und dann setzt dieser dunkle, schwere Glockenschlag von Big Ben ein: zwölf lange, feierliche Schläge. Das gibt es hier immer noch? Die Stimme sagt: »Hier ist London mit seinem deutschen Dienst. Wir bringen Nachrichten – für Ostdeutschland.«

Nachhilfestunden

Nein, ich werde das Ganze nicht rekonstruieren können; dessen bin ich inzwischen sicher. Ich habe mich etwas umgesehen im Gelände. Ich werde diese gewaltigste Landeaktion der Geschichte nicht nacherzählen. Ich bin kein Kriegshistoriker und habe auch keinen Sinn für das Gigantische, das Monströse solcher Aktionen. In ihrer präzisen Planung und dreijährigen Vorbereitung, in der Perfektion ihres Ablaufs erinnert die Invasion heute fast an die Mondlandung der Amerikaner. Am 12. Februar 1944 erreichte Eisenhower der Befehl: »Sie werden hiermit zum Obersten Befehlshaber der alliierten Streitkräfte zur Befreiung Europas von der deutschen Herrschaft ernannt. – Sie werden auf dem Kontinent landen und in Gemeinschaft mit den Vereinigten Nationen Operationen unternehmen mit dem Ziel, in das Innere Deutschlands vorzustoßen und die deutsche Kriegsmacht zu vernichten. – Unser Ziel ist die Wiedereinsetzung der rechtmäßigen Regierungen in den befreiten Ländern und die Verwaltung des feindlichen Gebiets. Entsprechende Instruktionen werden Ihnen später erteilt werden.«

Nein, ich werde auch nicht die Fragen erörtern, die alle Invasionsexperten immer so erregt: die Frage, warum eigentlich das Deutsche Oberkommando so uninformiert und ratlos war im Augenblick der Landung, warum zum Beispiel der Generalfeldmarschall von Rundstedt ausgerechnet in dieser Nacht zu einem lächerlichen Planspiel in die Bretagne gefahren war, warum Rommel zur gleichen Zeit für ein paar Urlaubstage nach Hause ins schwäbische Herrlingen gefahren war, und schließlich, warum Hitler am Morgen der Invasion, als sie schon in dröhnendem Gange war, nicht geweckt werden durfte, weil sein Schlaf heilig und unantastbar war für die Nation. Wahrscheinlich wäre alles viel besser verlaufen, wenn Hitler nicht so ein Langschläfer gewesen wäre, meinen heute manche Experten. Krieg hat ja immer so etwas Komisches, hinterher. Kriege müssen immer untadelig und kraftvoll geführt werden von beiden Seiten, sonst waren es einfach keine guten und schönen Kriege. Helden brauchen eben immer Helden als Gegenspieler. Wo bliebe sonst ihr Ruhm? Nein, ich beklage das alles nicht, auch nicht, daß die deutschen Panzerreserven im Raum Paris von Hitler später nicht rechtzeitig freigegeben wurden. Ich sage: Gott sei Dank. Gott sei Dank, daß die Tüchtigkeit Großdeutschlands hier zum erstenmal versagte. Gott sei Dank, daß das Tier besiegt wurde. Gott sei Dank.

Ich will mich lieber an Kleinigkeiten halten: Fetzen, Reste, Erinnerungen und was so herumliegt am Wege, und was so zu sehen ist – in Glasvitrinen. Die Sprache zum Beispiel gibt erste Hinweise. Ich habe inzwischen gelernt, daß es das Wort Invasion im Französischen gar nicht gibt. Das Ereignis heißt Le Débarquement: die Ausschiffung, die Ausladung, die Landung. Das war es genau. Es ist ein feiner, aber zentraler Unterschied der Sprachen, der Entscheidendes signalisiert: Wer von Invasion spricht, spricht von einem aggressiven, eindringenden, einem feindlichen Akt. Es ist ein Wort aus Berlin, das hängenblieb, im

Grunde ein faschistisches Wort, noch heute. Für die Franzosen aber war es einfach die Ausschiffung, die Landung, obwohl sie am Ort und zunächst zur Zerstörung nur Schrecken und Tod brachte: Le Débarquement.

Dann die Fülle der Anglizismen, die hier am Strand liegen blieben wie diese Schiffsreste, Strandgut des Krieges. Wer weiß eigentlich davon in Deutschland? Von der Ornemündung bei Bellavista bis hoch in den Nordwesten, etwa bis Quinéville an der östlichen Cotentin-Küste, zieht sich die Landungsfront, noch heute mit den Codeworten, den Decknamen der Operation von damals bezeichnet. Englisch getauft, die Küste Frankreichs. Die ganze Landeoperation lief unter dem Decknamen »Overlord«. Die Operation Overlord erfolgte vom Meer her in fünf Stoßkeilen, die noch heute den Küstenstreifen die Namen geben. Jede Strandfläche wurde von einer Division besetzt. Der wichtigste Landekopf war der amerikanische links außen: Die Gegend zwischen Quinéville und der Vire-Mündung heißt heute Utah Beach, daran schließt sich etwa bis Port-en-Bessin Omaha Beach an. Auf der Höhe von Arromanches heißt die Küste heute Gold, das Codewort für die britischen Infanterie-Einheiten. Daran schließt sich in östlicher Richtung Juno an, das Deckwort für die kanadischen und englischen Panzereinheiten. Rechts außen schließlich, also ganz östlich, wurden auch die englischen Panzereinheiten gelandet: Das heißt heute Sword. Also merk dir die Namen, sie sind wichtig hier: Sword, Juno, Gold, Omaha, Utah. Angloamerikanisch getauft die Küste Frankreichs: De Gaulle hat es nicht verhindern können.

Merkwürdig, wie sich heute die Strände unterscheiden, ganz national. Die englischen Landeplätze bieten dem Auge nicht viel. Etwas spröde und sehr flach liegen die Orte schon wieder im Schlaf der Provinz. Sie sind langweilig. Nur ein paar Denkmale, einige Fahnen und Hinweisschilder erinnern. Arromanches hat alles eifersüchtig an sich gezogen. Kommt man aber an die amerikanischen Strände, so ist große Erinnerung schön präpariert: Show-Effekte. Auch ist die Landschaft hier oben phantastischer, wilder, zerrissener. Ein Hauch von Bretagne kündigt sich an. Da haben sie doch tatsächlich in Utah Beach direkt an der Stelle, wo sie zum erstenmal das Land betraten, am Meer einen schönen lackierten Feldstein hinterlassen, der deutlich nach Berlin weist. Darauf die Schrift: Route Nationale 13. Liberty Way. Kilometerstand: 00. Wie auf einem Tachometer.

Nachhilfestunden in Sprachrelikten – darf ich auch noch auf

den anmutigen und schönen Umstand hinweisen, daß diese gewaltigste Schlacht Westeuropas durch Poesie angesagt wurde? BBC, das die französische Widerstandsbewegung laufend mit chiffrierten Anweisungen versah, das zum Beispiel nach seinem Nachrichtendienst in französischer Sprache manchmal sagte: Der Trojanische Krieg findet nicht statt. Melasse wird heute Cognac spucken, Pierre hat gerade Ziegenpeter und Gelbsucht gehabt – BBC hatte der französischen Widerstandsbewegung zugesichert, daß das Datum der Invasion, also der D-day, durch das ›Herbstlied‹ von Verlaine signalisiert werde. Es war ausgemacht, und auch der deutsche Abwehrchef Canaris wußte das, daß die erste Zeile des ›Herbstliedes‹ am ersten Tag des Invasionsmonats so nebenher in den Nachrichtendienst eingestreut würde.

Und so geschah es, daß am 1. Juni nach dem 9-Uhr-Nachrichtendienst des Londoner Rundfunks die etwas merkwürdige poetische Durchsage kam: »Das lange Schluchzen herbstlicher Geigen.« Mehr nicht, nur das. Die Information wurde am 2. und 3. Juni abends wiederholt. Das war der Augenblick, wo Rommel nach Deutschland in Urlaub fuhr, und das Büro von Canaris hörte das, verstand und entschlüsselte es. Es war die sogenannte A-Botschaft, die für die Untergrundkämpfer hieß: Jetzt müßt ihr jeden Nachrichtendienst abhören und auf die B-Botschaft warten. Wenn die zweite Verlaine-Zeile kommt, so heißt das: In 48 Stunden beginnt die Invasion. Die B-Botschaft heißt für euch: Jetzt müßt ihr zuschlagen, Strandsperren zerstören, Eisenbahnschienen sprengen, Telefonkabel zerschneiden, alles wie seit langem geplant. Und so geschah es dann auch. Am 3. Juni – ja, am 3. Juni, nicht am 4., denn Eisenhower hatte den Landetermin in letzter Stunde noch einmal wegen schlechten Wetters um einen Tag verschoben, also am 3. Juni, also einen Tag zu früh, 22.15 Uhr, nachdem BBC in seinem Nachrichtendienst so merkwürdige Sätze durchgegeben hatte wie: Es ist heiß in Suez – Die Würfel sind auf dem Tisch – Napoleons Hut ist in dem Ring – John liebt Mary – nach solchen Informationen für einzelne Widerstandsgruppen sagte der Sprecher plötzlich: »Die mein Herz mit langweilender Mattigkeit verwunden.« Das hieß: Wir kommen, übermorgen kommen wir. Schlagt zu – in dieser Nacht.

Ich frage nun also nicht, wenn das die wichtigsten Franzosen in Caen und Bayeux und Cherbourg verstanden, warum das nicht auch in Paris und auf dem Obersalzberg registriert wurde. Ich sage: Gott sei Dank. Es gibt wohl so etwas wie imperiale Verblendung und eine Hybris der Macht, die schwerhörig macht. Gott sei Dank. Ich frage nur: Wo gab es je ein Gedicht in der Literatur, das für Europa wichtiger und frohlockender war? ›Herbstlied‹ von Paul Verlaine: »Das lange Schluchzen herbstlicher Geigen / Die mein Herz mit langweilender Mattigkeit verwunden.« Ich frage mich auch: Ist das eigentlich gut übersetzt? Im Grunde klingt es ziemlich kitschig.

In die Geschichte eingehen

Das hier ist alter historischer Boden, ein Sumpfboden der Geschichte, satt von Vergangenheit. Ein Tanzboden für Könige, Bischöfe, Herzöge und andere Schlächter – abscheulich. Schon 56 vor Christus besiegten hier die Römer die ansässigen Kelten, so könnte man zum Beispiel beginnen, abscheulich. Dann die Christianisierung, so könnte man fortfahren, die Einfälle der Wikinger, dann 1066 das strahlende Datum der Normandie: Wilhelm der Eroberer besiegte England – die Invasion andersherum. Man könnte von Thomas Becket, dem Draufgänger, der Bischof wurde, erzählen, man kennt das von Eliot oder Anouilh. Dann wäre Richard Löwenherz dran und später dann, ab 1346, der Hundertjährige Krieg mit England und fast am Ende dieses Krieges schließlich die Geschichte mit Johanna, dem Mädchen, in Rouen verbrannt. Auch das kennt man aus dem Theater. Alte und ehrwürdige Geschichten, die mich eigentlich kaltlassen. Sie sind abgesackt, weggerutscht, irgendwo unter der Erde verschwunden. Das gab es einmal, aber ist doch nicht mehr. Es ist doch nicht wahr, daß es uns bestimmt. Geschichte ist immer das Alte, Vergangene, das man auswendig lernen mußte. Sonst würde man es wieder vergessen. Es war immer so viel und so langweilig im Geschichtsunterricht. Auch habe ich oft die Könige verwechselt. Aus der Entfernung sind sie alle so ähnlich – wie Kathedralen.

Ich bin heute in Saint-Pierre und Saint-Étienne, den beiden berühmten Kathedralen von Caen, gewesen. Ich muß einmal schon früher dagewesen sein, im Kriege. Merkwürdig, wie Kathedralen immer überstehen. Man hat alles wiederhergestellt. Warum kann man das nicht auch mit den Menschen machen? Ich war auch in Saint-Nicolas, das aus dem 12. bis 15. Jahrhundert ist. Im Grunde läßt uns das kalt. Wenn die Menschen ehrlich wären, würden sie sagen: Es ist kalt und fremd in solchen Stätten. Ja, das Triforium, das ist zuzugeben, diese neue Bogenreihe zwischen den Arkaden und Fensterzonen, die zum erstenmal diese Unterbrechung der gotischen Hochwand brachte, ja, ja, das schon. Das ist hier entstanden, und man sieht sich das eine Weile an, man freut sich an der Stille und Kühle im alten Kirchenschiff und ist dann doch zufrieden, nach ein paar Minuten wieder hinausgehen zu können: hinaus in das Licht, in den schönen lärmenden Straßenverkehr. Das Leben, bunt, ordinär und noch nicht zur klassischen Stilkunde geronnen, das liegt mir mehr.

Ich sah in Bayeux den berühmten Teppich, der eigentlich gar kein Teppich ist, sondern eine einzige Leinwandbahn, nur 50 Zentimeter hoch und etwas über 70 Meter lang, die in 58 Episoden Wilhelms Heldentat, die Eroberung Englands, erzählt. Schön gestickt, wie mir schien, aber auch deutlich parteiisch. Es ist alles aus der Optik des Aggressors wiedergegeben.

Man kann sich einen Kopfhörer, so eine Art Telefonhörer, geben lassen, in englisch, französisch oder deutsch, und bekommt dann, wenn man mit dem Lichtband vorrückt, das über dem Teppichstreifen läuft und das nach ein paar Minuten immer weiterspringt, alles sehr folgerichtig erklärt. Der Ton des Sprechers ist onkelhaft: Nun sieh doch mal hier, wie fein das ist. Die elektronische Führung dauert jedesmal genau zweiundzwanzig Minuten, und es sieht immer etwas komisch aus, wenn die Besuchergruppen wie nationale Trauben plötzlich durch den Lichteffekt fünf Meter vorrücken. Es ist ja ganz still und lautlos im Saal. Dann bleiben sie stehen, betrachten, hören, verstehen, nicken mit dem Kopf. Da vorne, die mit den blauen Telefonhörern, das sind die Engländer. Man sieht es an ihren höflichen, irgendwie verschobenen Gesichtern. Die Brillen der Engländer sind altmodisch. Und hier bei mir, die mit den grauen Hörern, das sind wir, die Deutschen. Auch das sieht man wohl.

So etwas fiel mir zum Beispiel auf in Bayeux: das Rucken der Nationen. Ich sah aber auch, daß diese alten Stickereien manchmal unglaublich zeitgenössisch wirken. Es sind eigentlich die ersten Comics unserer Geschichte. Genauso naiv und graphisch direkt auf die Szene zugehend, auch mit Sprechblasen oben und unten mit Textkommentar. Ein Comicstreifen, der in 58 Bildern den Eroberer feiert. Merkwürdig, daß solche Comics immer Imperialismus-Konstellationen voraussetzen. Und als ich wegging, beschäftigte mich noch eine Weile der frivole Gedanke, was aus Bayeux, diesem stillen, verschlafenen Städtchen, würde, wenn ein paar beherzte Leute heute nacht den Teppich stehlen würden. Die Kommune wäre natürlich in greller Aufregung und Verzweiflung. Sie würde in Armut und Elend stürzen, und sicher ist: Irgendwie müßte ein neuer Teppich her. Der Gedanke machte mich merkwürdig froh.

Mit all dem will ich nur sagen: Geschichte ist schrecklich. Ein Faß ohne Boden, ein Topf ohne Grund, aus dem dauernd Weihrauch aufsteigt, der uns andächtig, müde und glasig bewundern macht. Man muß sich gegen die Geschichte wehren. Wer sich auf sie einläßt, ist schon verloren, verirrt sich in ihren Katakomben – er könnte höchstens noch Professor werden. Professor für mittlere oder neuere Geschichte, auch das ist abscheulich. In die Geschichte eingehen heißt doch in Särge gelegt werden, in Grüften bis zur Unkenntlichkeit ausstaffiert werden. Das eben will ich nicht. Ich bin doch nur deshalb in die Normandie gekommen, hier, jetzt, in diesem Augenblick, um diese Schlacht noch einmal der Geschichte zu entreißen, um dieses gewaltige Spektakel der Völker den blassen Fingern der Historiker zu entwinden, um zu sehen und zu sagen: So, so, so, ihr Leute, so war es wirklich, seht! Ich war doch ein Zeitgenosse. Ich lebte doch unter Adolf Hitler.

Le Débarquement, die Invasion, liegt schon in der Agonie. Sie ist schon beinah hinüber, sie röchelt schon in vielen Büchern und liegt schon aufgebahrt in vielen Museen hier, ist unter Glas geschoben und wirkt schon so steif und feierlich, wie eben Geschichte hinterher immer wirkt. Aber so war es doch nicht. Das ist doch noch alles lebendig in den Köpfen, den Erinnerungen, den Träumen der Menschen hier. Wißt ihr noch, wie das war damals? Der Bürgermeister eines Dorfes hier – war es Tracy-sur-Mer? – soll doch tatsächlich am Morgen des 6. 6., als er die großen Schiffe ankommen sah, seinen Sonntagsanzug angelegt haben, er soll seine Bürgermeisterkette umgelegt haben und ist dann ganz feierlich allein mit dem Rathausschlüssel in der Hand zum Strand hinuntergegangen, um die Alliierten offiziell zu begrüßen. Seid willkommen, Befreier, Tracy-sur-Mer empfängt euch mit Freuden. Hier ist unser Schlüssel. Doch die Befreier kämpften noch mit den mannshohen Wellen, sie ertranken, versackten, wurden von ihrer zentnerschweren Bewaffnung auf den Meeresgrund gezogen. Schwimmende Panzer zogen über sie hinweg, drückten die Ertrinkenden platt, und überall soll das

Meer rote Flecken gehabt haben an diesem Morgen. Niemand wollte den Schlüssel haben.

Oder die Geschichte von der Witwe in Sainte-Mère-Église, der alten Lehrerin, die schon um Mitternacht plötzlich durch ein Geknister in ihrem Apfelbaum aufgeweckt worden war. Sie schlich ängstlich im Nachthemd mit einer Taschenlampe in den Garten und sah in ihrem Apfelbaum einen Fallschirmjäger hängen, der sich verheddert hatte. Und wie sie ihn dann mit ihren Küchenmessern und Schneiderscheren vorsichtig aus dem Baum schnitt, denn im Nachbarhaus saßen die Deutschen. Sie verbarg dann den Soldaten in ihrem Schlafzimmer und erfuhr, daß ein junger Mann aus dem fernen Amerika eben vom Himmel gefallen war, um sie, ausgerechnet sie, als erste Frau in Frankreich zu befreien. Oder die Geschichte von dem kleinen Jungen in Vierville, der die Operation Overlord, Landesabschnitt Omaha Beach, aufwachend im dunklen Zimmer, zuerst auf dem Messingknopf seines Kinderbettes sah. Er sah auf dem golden blinkenden Bettknopf Schiffe ausfahren, Feuer flackern, Flugzeuge kurven und war davon so verzaubert, wie Kinder eben von grausamen Märchen leicht verzaubert werden. Erst später weckte er seinen Vater. Der trat ans Fenster, rieb sich die verschlafenen Augen und sagte: Sie kommen. Sie kommen tatsächlich direkt auf uns zu.

Oder die vielen lächerlich-komischen Geschichten, die sich in der Nacht in den vielen Mannschaftsräumen der fünftausend Schiffe abgespielt haben müssen. Sie waren Jahre hindurch geschult und gedrillt worden auf diesen Augenblick, sie waren so entschlossen, das Tier auf dem Kontinent zu vernichten, aber während der Überfahrt, damit hatte man nicht gerechnet, war hoher Sturm, rauhe See. Es schwankte alles mörderisch, es kam ihnen alles hoch, und die meisten Befreier wurden seekrank. Sie erbrachen sich, lagen bleich und zitternd am Boden, und viele machten sich in die Hosen. Oder, später dann, die Geschichte mit den Huren von Caen, die sich noch während der Schlacht um die Stadt für die Freiheit unstreitig verdient machten, indem sie es den alliierten Soldaten diesmal umsonst machten. Ich will nicht sagen, mit Liebe, aber vielleicht doch mit einem Anflug von Zärtlichkeit. Das ist ungewöhnlich. Solche absurden Geschichten sind wichtig. Sie signalisieren das, was in der Geschichte doch immer verschwiegen wird. Ich fürchte, sie werden bald verlorengehen.

In die Geschichte eingehen, in die Gruft gelegt werden – soll ich jetzt etwa die Friedhöfe aufzählen, die überall in der Normandie zu besichtigen sind? Wen interessiert das: Soldatenfriedhöfe? Die Angehörigen vielleicht, einige. Für die anderen ist das langweilig: Kriegsgräberfürsorge – ein Wort, das mürrisch und gähnen macht. Es heißt, die Toten mahnen. Ist das denn so?

Es war ein kühler, blauer Septembermorgen, als ich direkt über Omaha Beach den Saint Laurent Cemetery betrat. Fast 10000 Amerikaner liegen hier auf einem Friedhof, der endlos ist. Man meint, immer auf der Stelle zu stehen, obwohl man schon eine halbe Stunde vorbeiging an Gräbern. Es war alles in ein weißes, blendendes Licht getaucht. Solche windstillen Sonnentage, silberhell, mit einem flirrenden Glitzern über dem Meer, sind hier ganz selten. Am Strand sind ein paar Wohnwagen ans Wasser gerückt. Bunte Punkte in den Wellen: Ein paar Leute baden. Ich war betroffen von so viel Schönheit, so viel Schweigen, so viel schönem Tod. Es wächst jetzt Gras darüber, ein zartes, endloses Teppichgrün, das jeden Golfspieler entzükken muß. Der Rasen wirkte wie frisch rasiert, so sauber, so zart. Ein vornehmer, grüner Samt ist nun über alles gezogen – kilometerlang. Aber lag es nun wieder an mir, daß sich, wie in den Kathedralen, große und erhabene Gedanken bei mir nicht einstellen wollten?

Ich dachte: Noch im Tode sind die Amerikaner so unverkennbar. Saint Laurent Cemetery – so etwas kann man sich wohl nur in Washington ausgedacht haben. Es wirkt alles so aseptisch, so kolossal geleckt und sauber wie eine Tiefkühltruhe. Heldentod? Das gibt sich hier auch in der starren, ein wenig maskenhaften Schönheit amerikanischer Kosmetik. Man spürt das natürlich nur in der uralten Umarmung Frankreichs. O schöne Verrottetheit draußen.

Und dann hatte ich noch einen ungehörigen Gedanken. Man kann weit durch die niederen, weißen Kreuzreihen sehen. Ein endloses Meer von kleinen, dicken Steinkreuzen, das streng militärisch geordnet ist und mit einem wandert und das manchmal, wenn man den richtigen Diagonalwinkel hat, in einer Reihe zu einem einzigen Kreuz zusammentritt. Nennt man das nicht Auf-Vordermann-Bringen? Diese Einheit der Christen wird manchmal durchbrochen. Nicht oft, aber doch gelegentlich, vielleicht nach jedem hundertsten Kreuz, wird plötzlich diese Kreuzeinheit gestört durch einen Davidstern. Irgendwie paßt das nicht. Und wenn man dann hingeht, kann man lesen: Salomon Rosenbaum, geboren am 11. 2. 23, gestorben am

6. 6. 44. Darüber der Davidstern. Und in dieser Einheit der Kreuze begriff ich zum erstenmal bildhaft, also ganz real, was das ist: Diaspora, die Zerstreuung. Zerstreut unter allen Christen, unter allen Gleichen ein anderer sein. Und es war natürlich unmöglich, daß ich beim Einsteigen ins Auto auch noch dachte: Natürlich. Natürlich ist das möglich, daß solche Kreuze in kranker Erde wachsen, größer werden, Flügelchen, kleine Haken bekommen. Die Amerikaner waren nie Feinde der Juden, aber sicher ist, daß der Antisemitismus eine christliche Sache ist. Diese Bosheit begann unter dem Kreuz.

Auch die Deutschen sind hier in die Geschichte eingegangen, etwa 30 Kilometer entfernt. Das ist nur natürlich: Schließlich und endlich herrscht Frieden, und im Tod sind sie alle vereint – welch eine mörderische und monströse Logik des Nationalismus. Zum Schluß, wenn alle tot sind, kommt immer die Humanität – auf Krücken. Es gibt in der Normandie heute vier deutsche Soldatenfriedhöfe, und sehr viele von den 235 000 Deutschen, die in der Schlacht um Frankreich fielen, liegen hier. Die Friedhöfe, obwohl sie bescheidener, schmuckloser, eigentlich menschlicher wirken, sind heute in untadeligem Zustand. Sie sind sehr gepflegt, Adenauer hat das bewirkt. Das zum Beispiel. Sie haben keine weißen Steinkreuze, sondern graue, und Davidsterne, auch das ist deutlich zu sehen, stören nicht. Ich war am Nachmittag dieses strahlenden Sonnentages in La Cambe, einem Friedhof von vieren. Es war der 1. September 1969. Heute vor dreißig Jahren – komisch, daß ich immer auf so runde Daten stoße. Als ich nach Moskau fuhr, war es genau zwanzig Jahre her, daß die deutschen Truppen vor Moskau standen, und die Russen zeigten uns diese Stelle. Als ich nach Polen fuhr, waren es genau fünfundzwanzig Jahre, daß die deutschen Truppen in Polen einfielen. Heute vor dreißig Jahren hat alles begonnen, aber jetzt hier in La Cambe herrscht Frieden. Wenn einmal alle tot sind, ist nur noch Pietät.

Zwei junge Franzosen gehen durch die Grabreihen. Es sind offenbar Friedhofsgärtner – mit Sonderauftrag. Der eine hat ein Papier bei sich, auf dem lange Listen stehen, der andere trägt in einer großen Tüte viele kleine Blechvasen, unten mit dünnen Stangen, um sie in die Erde zu stecken. Es liegen immer zwei deutsche Soldaten in einem Grab: Kameradengrab, heißt das. Und der mit dem Papier in der Hand guckt immer auf seine Liste, buchstabiert, vergleicht dann den Namen auf den Steinen und sagt zu dem anderen mit der Tüte: Non, Philippe, à gauche, oui, à droite, und blickt dann wieder in seine Papiere. Mal rechts, mal links, so jeder dreißigste, jeder vierzigste ungefähr bekommt heute seinen Blumenstrauß. Im Tod sind sie alle vereint.

Der Augenblick der Freiheit

Eigentlich sollte das heute ein friedlicher, ein schöner Tag werden, ganz gegenwärtig. Etwas Freude, schöne Gegenwart täte gut. Man hat es sich verdient, und schließlich hat die Normandie doch ganz andere Seiten. Sie ist sehr reich und dick, lebensfroh, und an der Küste wird sie einigemal unerhört luxuriös. An so etwas hatte ich heute gedacht. Ich wollte die Schönheit, die Eleganz der großen Seebäder sehen, wo keine Invasion war, Deauville zum Beispiel. Treffpunkt der reichen Leute. Richtige Gesellschaft mit Pferderennen, Damen mit Pelzen und großen Hüten und Herren mit Zylinder soll es dort geben – immer noch. Ich wollte auch nach Honfleur, dem Schwarm aller Normandie-Freunde, die hölzerne Stadt am Meer, so etwas wie Rothenburg ob der Tauber, nur normannisch, wikingerhaft. Vor allem aber wollte ich Cabourg sehen, weil ich wußte, daß Cabourg in Wirklichkeit Balbec ist und von Proust stammt: im Schatten junger Mädchenblüte. Ich wollte endlich einmal das Grand-Hotel besichtigen, wo der Dichter sieben Sommer verbracht hatte, aufmerksam beschäftigt mit den Gebärden des Adels. Sein Zimmer müßte doch zu besichtigen sein. Aber dann bin ich wieder hängengeblieben – im Kriege. Auch eine verlorene Zeit: meine. Man muß nämlich, um von Bayeux nach Cabourg zu kommen, zwei Wasserwege überschreiten: die Orne und gleich daneben den Kanal von Caen.

Beide Stellen sind nicht irgendwelche Übergänge. Man merkt sofort, wenn man auf die leichte Höhe der Brücken zufährt, daß dies beherrschende, wichtige Punkte sind: Man sieht weit ins Land, und wer diese beiden Brücken beherrscht, beherrscht das Gebiet. Er hat eigentlich alle Ost-West-Straßen des vorderen Calvados in der Hand.

Hier hat das Ganze begonnen. Es ist kaum zu fassen – das Ganze, aber hier, wo es anfing und eingefädelt wurde, ist es zu überschauen. An dieser schmalen Ziehbrücke, die vielleicht sieben Meter breit und hundert Meter lang ist, hat diese Schlacht begonnen, die ich umkreise, die ich nicht fasse und die ich nicht beschreiben werde und die dann nach Paris und in die Eifel, nach Aachen und schließlich bis an die Elbe führte. Und wenn wir heute so etwas wie eine zweite deutsche Republik haben, eine Demokratie, nicht gut, aber doch auch nicht so schlecht, daß man sie nicht noch verbessern könnte, und wenn ich noch lebe und relativ frei bin und eben dies hier schreibe: Hier hat das alles begonnen. Bénouville und Ranville, zwei lächerliche Ortsnamen, dazwischen begann es. Man müßte hier eigentlich einen Kranz niederlegen. Das hier, wieder so ein Anglizismus, heißt heute Pegasus Bridge.

Fünf Stunden bevor die Armada vor der Küste vor Anker ging, landeten hier um Mitternacht die ersten englischen Luftlandetruppen, um die Brücken zu nehmen, um den Verkehr abzuschneiden, um die Straßen zu besetzen, um Lichtsignale zu geben, um Landeplätze zu markieren für den großen, schwarzen Schwarm der Lastensegler, der dann im Morgengrauen kommen würde, um Mannschaften, Geschütze, Lastwagen, Panzer einzufliegen. Die Normandie war doch damals kaputt, es gab nichts mehr. So haben sie alles mitgebracht. Sie haben von dem grünen Floß England auf dem Wasser und in der Luft alles mitgebracht, eine Armada der Völker, die geschwommen und geflogen kam und ganze Städte, zwei komplette Häfen und viele Elefanten mitbrachte. Nun sage es doch ruhig einmal, obwohl so etwas Monströses dir gar nicht liegt, es auch nicht vorstellbar ist, hinterher. Es kamen in diesen Tagen dreieinhalb Millionen Soldaten auf viertausend Transportschiffen, von 1213 Geleitschiffen begleitet, und der Luftraum wurde von 13 000 Flugzeugen gesichert. Da war einfach nichts zu machen, möchte man heute als Deutscher sagen. Und ich füge hinzu: Gott sei Dank. Und als dann diese ersten Engländer in die Festung Europa vom Himmel gefallen waren wie Pegasus, besetzten sie im Dunkel der Nacht die Brücken, entwaffneten die verdutzten Deutschen und funkten dann hinüber zum grünen Floß England: »Ham and jam – ham and jam.« Ham, das heißt: Kanalbrücke genommen. Jam: Die Ornebrücke ist auch in unserer Hand.

Heute sieht Pegasus Bridge wieder friedlich aus. Oder? Die Ziehbrücke ist steil hochgezogen. Der eine lange Arm steht schräg und schwarz im Himmel. Touristenautos haben sich auf beiden Seiten der Straße gestaut. Die Autofahrer sehen gelangweilt zu, wie ein grauer Frachter die Orne hochgetuckert kommt, ganz langsam. Vorne am Schiffsleib lese ich: »Elise

Schulte/Emden«. Ich müßte wohl jetzt eigentlich winken. Hallo, wir sind wieder da! Links und rechts von der Brücke zwei Cafés. Die schmalen hohen Häuser sind neu aufgebaut. Sie strahlen und sehen in ihrer frischen Hochglanzlackiertheit unwirklich aus wie Kinderspielzeuge. Es sind Puppenhäuser für Schlachtenbummler. Das rechte Haus heißt Café Pegasus Bridge. »English spoken« steht vor der Tür und daneben ein Schild: »First House of France, liberated in the last hours of June 5. 1944.« Dann folgen Namen und Truppenangaben.

Ja, das erste Haus in Frankreich, das befreit wurde, das erste Dorf, die erste Stadt, alle Orte in der Normandie haben heute auf den Landkarten hier mit ihrem Namen den Tag ihrer Befreiung aufgedruckt. Ich sah allein fünf erste Dörfer, Ranville zum Beispiel, nur fünf Kilometer weiter, ist solch ein Ort. Ich gehe durch Ranville. Ein kleines langweiliges Nest, das jetzt durch seine untadelige Neuheit, eine Sauberkeit und Frische, die unnatürlich wirkt, auffällt. Eigentlich sind solche Besuche enttäuschend. Man geht durch die Straßen, blickt in Häuser, in Höfe, in Stallungen hinein, meint, an den Gesichtern der Bauern etwas ablesen zu können. Es müßte sich irgendwo niedergeschlagen haben: der erste Augenblick. Aber so etwas bleibt nur auf Denkmälern beständig. Der Augenblick ist nicht zurückzuholen.

Es ist so: Die Schlacht liegt im Sterben. Sie liegt unter Glas und ist schon in Marmor gefaßt. Sie ist schon dabei, zu allen anderen Schlachten der Weltgeschichte zu rücken: entsetzlich, die vielen Schlachten, die wir immer auswendig lernen mußten. Das hier, das kommt nun hinzu. Die Schlacht bei Cumae, auf den Katalaunischen Feldern und die am Teutoburger Wald, die von Gravelotte und Sedan, so etwas ist immer langweilig, hinterher. Es war immer so langweilig, wenn mein Vater zu Hause von Verdun und Langemarck anfing; jetzt geht das wieder los: diese Väter, diese alten Männer, die immer von ihren Kriegen erzählen, als seien das leuchtende, herrliche Zeiten gewesen. Spießermoral hinterher am Ofen. Für die nächste Generation ist das immer zum Gähnen. Es ist ein Brechmittel für die Jungen. Weißt du noch damals? Da steht man besser auf und geht.

Aber es ist auch so: Für manche ist das eben noch nicht vorbei, für viele ist das noch da und lebendig. Der Engländer, mit dem ich gestern lange im Café au Débarquement sprach, der Amerikaner, den ich im Kriegsmuseum von Carentan so ganz naiv fragte, was das eigentlich hieße: Omaha und Utah – sinngemäß, und der mich höflich, aber auch mit etwas ironischem Lächeln beschied, das erste sei eine Stadt, das zweite ein Staat in Nordamerika. Für sie zum Beispiel war diese Schlacht noch nicht vom Staub der Geschichte bedeckt. Für sie war Amerika noch immer ein Posten der Freiheit. Die Normandie ist heute ein Treffpunkt für viele skurrile Einzelgänger. Touristen, sagt man. Sie kommen aus Sydney oder Toronto, aus irgendeinem Nest bei Chicago oder auch nur von England drüben. Sie kommen mit ihren Frauen, mieten sich hier ein und laufen dann wochenlang herum. Touristen anderer Art. Sie fahren durch das Gelände, sehen, suchen, schnuppern wie Hunde, jeder für sich ganz privat. Sie stehen auf Bunkerresten, klettern Anhöhen hoch, streifen durch Wiesen, bleiben unter Apfelbäumen stehen und sagen immer zu ihrer Frau: Hier, hier, hier genau muß es gewesen sein, oder nicht? Was meinst du, Mary? Es sind lauter verrückte, beschädigte Einzelgänger, die den Augenblick von damals suchen, die verlorene Zeit. Hier bin ich doch damals gelandet mit meinem Fallschirm, hier luden wir aus. Oder war es doch woanders? Hinterher sieht immer alles so ähnlich aus: Hysterien der Vergangenheit. Das ist nicht mehr einzuholen. Sie sind auf der Suche nach Overlord.

Nein, das führt eigentlich zu nichts. Es ist besser, sich an das Zuverlässige und amtlich Beglaubigte zu halten. Die strenge Dame in ihrem blauen Schneiderkostüm neulich, die in Utah Beach im »Museum of the American Landing« – es heißt tatsächlich so – sechsmal am Tag die ganze Operation vorführt, auf sie zum Beispiel ist Verlaß. Das Museum wirkt zunächst klein, ärmlich, eigentlich enttäuschend. Nur so die üblichen Stücke: Waffen, Uniformen, Landkarten, viele Fotos. Draußen ein paar Panzer auf Sockeln. Kinder klettern da rum. Aber dann, immer zur vollen Stunde, wird die Bühne geöffnet. Zunächst wird auf einer kleinen Leinwand ein Film gezeigt, der eigentlich auch enttäuschend ist, da er die große, die von mir immer erwartete Vision der ganzen Armada nicht zeigt. Damals waren die Filmreporter noch nicht so weit. Eine Männerstimme spricht in dem lyrisch angehobenen, etwas pathetischen Ton, mit dem man auch im französischen Rundfunk Baudelaire oder Claudel zitiert. Es klingt immer so feierlich. Wenn der Film dem Ende zugeht, merkt man es sehr frühzeitig nicht nur am Flimmern. Es setzt Musik ein, erst leise untermalend, dann langsam anschwellend und schließlich zu einem triumphalen Finale sich steigernd: Ein rauschhafter, tosender Schlußakkord steht jetzt im Raum wie bei einer Tschaikowsky-Symphonie. Gloire, gloire – ach, war das so?

Dann wird eine rosa Falttür geöffnet. Die Besucher treten in einen großen sechseckigen Raum ein, wo man wie durch sechs Bunkerschlitze die ganze Landefront übersehen kann. Es glitzert Sonne über dem Meer. Die strenge Dame tritt in die Mitte des Raumes. Da ist unter Glas das Departement Calvados in einer bunten Reliefkarte nachgebildet. Sie hat einen dicken Schlüsselbund bei sich und beginnt nun zu schließen, drückt einen Schlüssel da rein, dann woanders. Sie handhabt ihre Schlüssel wie ein Klavierspieler, rasend schnell, schiebt und drückt und zieht wieder heraus, und dabei beginnt ganz Calvados zu leben. Man sieht kleine Soldatentrupps aus dem Wasser kriechen, woanders ziehen sie schon aufrecht über die Straßen, winzige Panzer quälen sich Berge hoch, und dort drüben, wo so ein stubsiger kleiner Bauer mit seiner Frau steht, beginnt eine flackernde Schlacht. Man sieht es blitzen und brennen, dann ziehen sich die Hakenkreuze zurück. Offen gesagt: Mir gefallen die Leute nicht, die ich hier immer wieder in diesen Mausoleen des Krieges traf. Es sind so runde, einfältige Gesichter, engstirnig, die Nase am Glas plattgedrückt. Bauerngesichter, Nationalistengesichter. Ich sehe hier nie einen Intellektuellen, nie einen jungen, netten, intelligenten Franzosen, wie man sie aus Paris kennt. Natürlich: Vergangenheit. Das ist nun wieder die Geschichte mit den Jungen, die gähnen und lieber weggehen.

Jetzt werden die Schießscharten verdunkelt, Jalousien fallen schnatternd herunter. Die Sonne, die eben noch in weißen Spritzern über dem Meer lag, ist weg. Es ist halbdunkel im großen Raum. Jetzt sieht man, daß neben den Schießscharten je zwei Kästen aufgestellt sind, die wie Fernseh-Apparate aussehen. Die strenge Dame nestelt wieder an ihrem Schlüsselbund. Sie ist vor ein kleines Schaltpult getreten und regelt daran – fast wie ein Tonmeister. Sie zieht Hebel herunter, drückt auf Knöpfe, und plötzlich beginnen diese zwölf Fernseh-Apparate zu leuchten, zu tanzen und laut zu knattern. Es sind keine Fernseh-Apparate, sondern kleine, wütende Diorama-Kästen. So etwas sah ich noch nie. Sie leuchten, sie strahlen, sie funkeln und flackern, sie tanzen das große Ballett Vergangenheit, die doch noch Gegenwart ist – in mir. In zwölf lebenden Bildern wird sechsmal am Tag für drei Francs Eintritt die Geschichte wiederhergestellt, die ich suche, die ich nicht fasse und nicht beschreiben kann: täuschend ähnlich. Da werden Schiffe ausgeladen, da werden lange, schwarze Eisentrossen ins Meer geworfen; man sieht, wie dann später Panzer darüber rollen, und in einem anderen Kasten fallen Fallschirmjäger vom Himmel. Das muß wohl Pegasus Bridge sein. Oder ist das nicht Sainte-Mère-Église? Woanders gehen jetzt Lastensegler nieder, und viele kleine Männchen hüpfen eilig heraus. Das hast du doch immer gesucht hier am Strand: den Augenblick der Freiheit. Sei ehrlich: Soldatenspiele, das ist jetzt im kleinen Kasperle-Theater von Utah Beach sechsmal am Tag zu besichtigen. Es ist vollautomatisch, beinah getanzt.

Cherbourg ist auch nicht mehr

Ob es die Meerestiere waren? Gestern abend, als der Kellner im Speisesaal des »Oasis« diese Schüssel mit Muscheln vor mich hinstellte, schwarze Muscheln, naßglänzend, in einer dünnen Zwiebelsoße und viel Petersilie darüber, sehr köstlich, kam mir der Gedanke: Natürlich, die Muscheln von Cherbourg. Da mußt du doch auch noch hin. Das gab es doch einmal. Letztes Kapitel: Gefangenschaft.

Ich bin also heute nach Cherbourg gefahren. Man täuscht sich immer als Sammler des Krieges. Man meint, da war doch keine Landung, kein Overlord, und also muß das langweilig sein. Es ist nicht wichtig; die Perspektive der Spezialisten. Auch neigte ich zu dem Glauben, daß die Halbinsel ganz oben reizlos sei. Ein fades Gemisch, das sich schon langsam abwendet von der Normandie und etwas zur Bretagne überneigt. Tatsächlich war es ein Abenteuer, sehr überraschend. Die Landschaft wird, je mehr man sich Cherbourg nähert, immer lebendiger, zerrissener, aufgeregter. Die Stadt liegt auf einem Berg. Man muß sich in vielen Kurven und Schleifen umständlich hochwinden, und dann, oben, liegt die Stadt plötzlich wie ein kleines Genua weit und breit ausschwingend da, zum Meer hin in vielen Terrassen sanft abfallend. So eine richtige Hafengebärde, halboffener Mund, große Umarmung und weite Einladung ans Meer: Kommt alle her zu mir aus der Welt.

Cherbourg ist eine schöne Stadt. Ich bin den ganzen Tag durch die Straßen gelaufen und war überrascht und entzückt von so viel Vergangenheit, dem Geschmack der Geschichte, dem salzigen Fischgeruch aus dem Hafen. Man meint, an allen

Straßenecken stünden Heringsfässer, Tonnen von Krabben und Muscheln herum. Frische Langusten und Hummern sind in vielen Schaufenstern zu sehen. Auch hier ist gekämpft und zerstört worden, aber weniger erbittert. Cherbourg fiel den Alliierten als erster natürlicher Hafen, nachdem sie sich in der Normandie weit ausgebreitet hatten, nicht kampflos, aber doch auch nicht total zertrümmert in die Hand. Einiges blieb. Gott sei Dank, sage ich. Man merkt erst in diesen grauen, verwinkelten Hafengassen Cherbourgs, wieviel in den Städten der Normandie verlorenging. Saint-Lô, Lisieux, Evreux, sie sind alle komplett und modern wiederaufgebaut. Der Krieg ist weggewischt aus ihren Gesichtern, aber etwas fehlt: die blätternde, bröckelnde Haut der Vergangenheit, der Faltenwurf der Zeit, das schöne Gebrechen, zuletzt. Man muß das feststellen, aber soll es nun auch nicht zu sehr beklagen, denn das eben ist ja der Lauf der Welt: hinfallen und wieder aufstehen und wieder zerbrochen werden und dann wieder aufgebaut werden. Das eben ist doch der Lauf der Welt, daß man wieder neu anfangen muß. Auch kommt das Alter, das schöne Gebrechen, immer von selbst. Zeit rinnt von selbst. Auch das neue, saubere, ein wenig zu glatte Gesicht von Caen wird einmal wieder mürbe werden. In der Rue Saint-Pierre fängt das jetzt schon an.

Ja, ich bin den ganzen Tag durch Cherbourg gelaufen. Es ist da, es ist wirklich da, und manches noch aus sehr alter Zeit, aber das, was ich suchte, war ja nicht sein Salzgeschmack, die schöne Fassade der Fäulnis, die Kirche de la Trinité, 15. Jahrhundert. Ich war auf der Suche nach meinem Cherbourg, nach der Stadt und mir: Gefangenschaft. Ich lag zum Schluß als Kriegsgefangener hier in der Stadt. Zum Schluß wurden nämlich alle deutschen Soldaten gefangen, und ich kam ausgerechnet hierher.

Es sind nur noch Reste, Fetzen, Nebelschwaden, die kommen und gehen, aufreißen: Stellenweise kann man jetzt durchgukken. Es muß irgendwo hier oben in den Bergen gewesen sein. Wo war es denn nur? Ich weiß, daß alles sehr hell war – zum Schluß. Der Berg war weiß, kalt und weißstaubig. Ich erinnere mich an gelben Lehm. Es war ein riesiges Lager der Amerikaner, noch größer, aber nicht so geleckt wie Saint Laurent Cemetery. Es war eine endlose weiße Stacheldrahtwelt, flach und kalt und spröde wie eine Mondlandschaft, vielleicht wie das Meer der Ruhe. Es gab viele Zäune zwischen der Leere: Cages, die Käfige, die nun langsam gefüllt wurden. Da wurden tatsächlich die Nazis von den Mitläufern getrennt. Es ist kaum zu fassen;

damals unterschied man noch: Die mit der Blutgruppe unter dem Arm, die SS-Leute, kamen alle in besondere Käfige. Die saßen so kauernd und verbissen da, auch daran erinnere ich mich.

Auf den breiten Kieswegen – oder war es doch Lehm? –, auf diesen Lagerstraßen zwischen den Käfigen, die auf jeden Fall hell waren, zogen Hitlers Soldaten ein, Tag und Nacht, wochenlang: staubbedeckt. Auch ich war darunter gewesen, am Anfang. Das werde ich nie vergessen: gefangen und frei, hinter Stacheldraht und doch glücklich. Das Tier war besiegt, und ich lebte noch. Man nannte das damals: die Freiheit der Gefangenen.

Und das ist mein Bild vom Ende der Invasion. Le Débarquement liegt noch nicht ganz im Sterben. Letzter Akt der Schlacht – das ist noch lebendig in mir. Über die hellen Lagerstraßen ziehen die endlosen, grauen Heere, Armeen, die nun nur noch geschlagen sind, sie ziehen wie betäubt, schwer und erschöpft, in breiten Kolonnen, in träger Sechserreihe. Es ist, wie wenn eine endlose, graue Herde sich buckelnd über die Straße wälzt: wilde Tiere, die nun aber nur müde, unendlich erschöpft sind. Junge Farbige aus den Staaten stehen am Rand, treiben sie manchmal mit »Let's go« und »Go on« an, aber die Herde wird dadurch nicht schneller. Manche Farbigen haben kleine Stöckchen in der Hand und wippen damit: Go on und let's go. Manchmal klatscht es auf einen Rücken. Büffelherden, sie werden nicht schneller.

So ist das also am Ende. Eine Art Völkerwanderung der Herrenrasse, nun alles gemischt: die blauen Uniformen der Luftwaffe, die alten, abgerissenen Grünröcke des Heeres; es waren auch blaue Marineuniformen darunter. Es kommen Stabsoffiziere mit roten Streifen an den Hosen und Generäle, noch immer mit goldenen Schulterstücken. Alles rein in die Käfige und dann abschließen und viel Stacheldraht darum. Go on. Jetzt kommt Führung, deutsche Elite. So etwas sah ich nur in der Wochenschau, ich sah sie nie als Gefreiter. Wieder Generäle und alle mit roten Hosenstreifen. Die Herren von Kleist und von Prittwitz, gute Rasse, altes Preußentum. Junker aus Pommern, vielleicht auch aus Mecklenburg. Die blauen Augen der Herren sind erloschen. Das scharf geschnittene Profil, die wülstigen Augenbrauen: alles versteinert, eingefroren. Denkmale, die immer noch gehen, sehr träge. So ungefähr habt ihr doch einmal die Völker im Osten über die Straßen getrieben. Untermenschen und Übermenschen, wie sich zum Schluß alles ähnlich wird. Die Slawen und Germanen – das ist nun fast gleich. Ich hockte in meinem Käfig, ich hatte Hunger, ich war gierig nach Nikotin. Ich dachte: Sieh dir das an. Vergiß es nie, halte das fest. Das gibt es nur einmal in deinem Leben, du Zeitgenosse Adolf Hitlers. Triumph des Verlierens: Gerechtigkeit in der Geschichte. Cherbourg – das wird es nie wieder geben später.

Nein, ich habe diese kahle, lehmige Bergkuppe nicht mehr gefunden. Vielleicht sind da jetzt Häuser, eine Neubau-Siedlung, wo Autos stehen, Radfahrer kurven, Kinder spielen. Ich sage nur: Cherbourg ist schön. Cherbourg ist alt. Cherbourg ist auch nicht mehr.

(1971)

Im Staat der Juden
Reisetagebuch aus Israel

Rückblickend blieben vor allem Bilder, nichts als Bilder. Der Reisende erinnerte sich an den ersten Abend in Tel Aviv. Er war etwas enttäuscht von den flachen, niedrigen Häusern der Stadt, den schmalen, altmodischen Läden, den wenigen Menschen auf der Ben Yehuda Street. Der Reisende erinnerte sich an Beersheba, die Wüstenstadt. Den Nachmittag war er in der Innenstadt durch den Beduinenmarkt gelaufen, ein exotisches, uraltes Stück wie aus Tausendundeiner Nacht: Zelte, Kameltreiber, Wüstensöhne. Draußen am Stadtrand, gleich neben seinem modernen Hotel, war er in eine Nebenstraße geraten. Plötzlich war alles wie zu Hause, wie in Deutschland, fast wie in Berlin-Eichkamp.

Er ging durch zierliche, schmale Bürgerstraßen: Zweifamilienhäuser. Väter, die im Vorgarten Rasen sprengten, Mütter, die nach ihren Kindern riefen: David und Rachel, die spielten Hopse draußen. Der schwarze Himmel der Negevwüste darüber. Feierabend: Dann schreien immer Kinder in Israel. Er sah in die Fenster. Ein rothaariger Junge saß an einem Eßtisch über Papier gebeugt und schrieb. Bücher, überall in den Wohnungen hier hohe, moderne Bücherregale an den Wänden. Er erinnerte sich an die Sonnenuntergänge in Eilat. Die Sonne geht über der Wüste Sinai im Winter etwa um 16.30 Uhr unter. Er saß immer am Hotelfenster und spürte, daß dies der große und feierliche Augenblick der Wüste war. Ist die Sonne hinter den Bergen versunken, dann beginnt der Himmel noch einmal zu flammen, von unten rot aufzuleuchten. Zunächst orange, dann blutrot, dann violett, und dann verfärbt er sich rasch in ein fades Grau, und ganz plötzlich ist pechschwarze Nacht eingefallen.

Er erinnerte sich an die Frau in Tiberias. Er hatte bei ihr einen Kaffee bestellt, dabei kam man ins Reden. Die junge Frau, schwarz, graziös, noch Ende Dreißig mädchenhaft zierlich geblieben, war beim Reden plötzlich wieder ein Kind geworden, war beim Abstellen der Kaffeetasse wieder das Mädchen von damals, blieb störrisch und einsam vor ihm stehen und sagte immer wieder mit traurigem Trotz: »Ach, niemand hat mir damals geholfen, alle haben doch zugesehen, alle.« Sie sagte das so, als wenn sie hinzufügen wollte: Sie doch auch, mein Herr.

Der Reisende dachte, sie muß damals zehn oder elf Jahre gewesen sein, und ging. Er erinnerte sich an die vielen Liebespaare im Land: in Jaffa, Netanya, in Jerusalem. Sie waren unglaublich verspielt und zärtlich und fast etwas schamlos in Israel. Das gefiel ihm, ein Volk, das die Liebe liebt, ein Volk ohne Christentum – das schien ihm gut. Er erinnerte sich an die vielen Friseurläden in Haifa, wo ältere Damen in langen Reihen unter Blechhauben saßen, der Dauerwellen wegen. Lauter Jüdinnen, hier war das ganz normal und natürlich. Alle waren in Israel jüdisch. Das mußte man auch erst lernen.

Jerusalem: Er hatte noch das Geratter so vieler Bulldozer im Kopf. Irgendwo wurden hier immer Mauern eingerissen, Felsblöcke zerschlagen, Steine weggeräumt. Traktoren und Mischmaschinen dazwischen. Die Araber standen daneben, reglos. Nur die große, grüne Perlenkette glitt lautlos durch ihre Hände. Auf den Straßen donnerten die schweren, alten Omnibusse. Man spürte die unglaubliche Energie und Kraft, zu ändern, anzufangen, Ordnung in ein Stück des Orients zu bringen. Das Benzin der Autos ist ungereinigt wie das Sowjetbenzin. Die Abgase riechen süßlich wie im Sozialismus. Aufbau – das riecht überall gleich in der Welt. Er dachte auch an die Busfahrt nach Sde Boker, dem Kibbuz Ben Gurions. Der Busfahrer nahm die steile Wüstenstraße in einem verwegenen und mörderischen Tempo. Der Wagen tanzte und flog dem alten Staatsgründer entgegen. Es war wie ein donnernder Staubritt über Wüstenpisten, und jede volle Stunde stellte der Busfahrer pünktlich zum Gongschlag das Radio ein. Hier wollten die Leute noch Nachrichten hören, jede Stunde. Kol Israel sprach in den dunklen gurgelnden Lauten des Hebräischen von der ›Frankfurter Allgemeinen Zeitung‹ und von de Gaulle. Kol Israel, so ließ er sich später übersetzen, zitierte um zwölf Uhr mittags einen Leitartikel aus Frankfurt, in dem die mächtige deutsche Zeitung heute morgen den General antisemitischer Äußerungen wegen getadelt hatte. Hinterher kam ein Schlager, den jeder kennt, ein Schlager von Klasse, hätte Benn gesagt. Er klang im Bus viel ernster als sonst in der Musikbox. Sentimentalität ist ja oft ganz nahe an der Wirklichkeit. »Bei mir biste scheen, please let me explain . . . « Auch das war ihm in Erinnerung geblieben: Israels Busgedonner, ein Wüstenstaub, die ›Frankfurter Allgemeine Zeitung‹ und dieser Schlager dazu. Was heißt denn hier schön? dachte er. Please let me explain.

Das alles, und manches mehr, hatte er von dieser Reise mitgebracht. Leuchtende, sonnige, strahlende Bilder, und trotzdem: Er zögerte. Die Reise hatte ihn verwirrt und ratlos gemacht – er wußte nicht, wie. Irgendwo war er wie ein Schüler in seiner Rechenaufgabe hängengeblieben. Es gab in dieser Aufgabe mehrere Unbekannte, die lösten sich nicht. Er bewunderte die Bundesdeutschen, all die Journalisten, Reporter und Fernsehleute, die mit glänzenden Augen und klickenden Kameras durch das Land zogen, knipsten und drehten; für das Erste, das Zweite, das Dritte. Er erinnerte sich an den Radioreporter aus Berlin, der, sechzigjährig, weißhaarig, im Presseamt in Tel Aviv immer so atemlos beschwörend ins Telefon gerufen hatte: »Nein, glauben Sie mir doch, da hängen sich doch alle dran! Das ist doch nicht nur für uns! Hören Sie doch: Da ziehen alle deutschen Sender mit – natürlich.«

Der Mann wollte Ben Gurion für den Schulfunk interviewen und rief, als er den Reisenden sah, mit der etwas senilen Frische der Sechzigjährigen: »Hallo, mein Lieber, daß wir uns hier treffen, wir sind morgen beim Alten bestellt.« Und war dann blitzschnell verschwunden.

Alle Deutschen schienen ihm in Israel immer so atemlos – atemlos, alles schön zu finden. Ihm lag das nicht. Alle Deutschen schienen hier so sicher und vertraut zu sein, kannten sich aus, gingen überall ein und aus wie gute alte Bekannte. Auch das lag ihm nicht – als Deutschem. Er war auf eine schwierige und verzwickte Gesellschaft gestoßen. Das meiste begriff er nicht. Es lag wohl doch zu weit weg: viertausend Jahre weit. Er hatte es gesehen, staunend wahrgenommen, einiges begriff er, aber das meiste nicht. Ein Gefühl von Fremdheit war auf der Reise geblieben. Schon in Tel Aviv hatte er mit Notizen begonnen. Er hatte in sein Tagebuch geschrieben:

Wer eine Stadt kennenlernen will, muß sie sich immer noch erlaufen. Autos taugen für Neugierige nicht. Ich bin also den ganzen Tag durch Tel Aviv gelaufen. Ein gelbliches, bräunliches Meer von flachen Landhäusern mit ein paar enormen Hochhäusern dazwischen: das neue Schalom-Warenhaus, der Turm von EL AL, das Hilton-Hotel; in ihrer hochmütigen Gebärde drükken sie die Stadt noch flacher zusammen – wie einen Pappkarton. Israels Frankfurt am Main, hatte man mir gesagt. Das stimmt, was die Wirtschaft betrifft: Die Banken, Versicherungen, Reisebüros und Fluggesellschaften sind hier zu Hause, nur muß man sich alles viel kleiner, viel bescheidener vorstellen. Israel ist ein armes Land, so scheint es wenigstens. Ein Land, das am Anfang, im Aufbau, noch ganz in der Entwicklung steht. Eine Volksdemokratie ohne Sozialismus, könnte man sagen. Alle Entwicklungsländer haben gewisse Gemeinsamkeiten: strahlende Neubauten, aber daneben gleich zerfallene Hütten, Reste von Elendsquartieren. Auf Tel Avivs Mittelmeerstraße fiel mir dieses Stadium aller jungen Staaten besonders auf. Gleich hinter dem strahlenden DAN-Hotel stößt man am Strand auf verkommene Wohnhäuser, wahrscheinlich die Reste arabischer Siedlungen.

Das Verzwickte an Tel Aviv scheint mir zu sein, daß es sich ganz modern, ganz europäisch gibt, aber doch den Geschmack des Orients nicht ganz wegwischen kann. Die Macht der Erde. Zwischen all den Autotypen aus Frankreich, zwischen den unzähligen Verkehrsampeln aus Deutschland riecht man Moschus, Ambra, Knoblauch. Ich sah ein Möbelgeschäft; von der Straßenfront modern, elegant wie in Düsseldorf oder Frankfurt: skandinavische Wohnkultur in den Fenstern. Ich trat durch die Autoausfahrt in das Hofinnere. Da öffnete sich plötzlich ein orientalischer Garten – Palmen, Kakteen, Mittelmeer-Vegetation, Grillen zirpten, die Luft ist weich und mild und riecht süßlich: Arabien.

Es gibt hier eine City, die in den Abendstunden durchaus großstädtische Züge zeigt. Die Dizengoff Street, die Frishmann Street; viele kleine Cafés, Espressobars, Parfümerieläden, Buchhandlungen. Wenn man eintritt, spricht einen ein älterer Herr in freundlichem Deutsch an, ob man die neuen Kafka-Briefe, die letzte Benjamin-Ausgabe oder den ›Spiegel‹ haben wolle. Die deutsche Kultur ist hier stark vertreten. Aber das Stück spielt im Vorderen Orient, in Palästina, in Israel. Wüstensand rinnt dazwischen. Steht man draußen mit seinem Kafka, so fegt plötzlich der Sandsturm der Negevwüste durch die Blätter. Israel? Ein heißes, helles, hartes Land, irgendwo zwischen Asien und Afrika. Man muß sich erst daran gewöhnen, daß hier die Juden zu Hause sein sollen. Wieso eigentlich? Das ist eine lange Geschichte, die ich nicht klären werde. Mein erster Eindruck jedenfalls war: Schade, so weit weg – und im Orient.

Zu Hause, hinterher, später hatte der Reisende diesem Gefühl der Fremdheit nachgeforscht. Es bestürzte ihn, seine deutschen Kollegen so vergnüglich und vertraut durchs Land reisen zu sehen. Ihm gelang das nicht. Was war das? Bei dem Schriftsteller Elias Canetti hatte er einen ersten Hinweis gefunden. Er las: »Kein Volk ist schwieriger zu begreifen als die Juden. Sie sind über die ganze bewohnte Erde verbreitet, ihr Stammland war ihnen verloren. Ihre Fähigkeit zur Anpassung ist berühmt und berüchtigt, doch der Grad ihrer Anpassung ist ungeheuer variabel. Es gibt unter ihnen Inder, Spanier und Chinesen. Sie tragen Sprachen und Kulturen von einem Land ins andere mit sich und hüten sie zäher als Besitz. Narren mögen von ihrer Gleichheit überall fabeln; wer sie kennt, wird eher zur Meinung neigen, daß es unter ihnen viel mehr verschiedene Typen gibt als unter jedem anderen Volk. Die Variationsbreite der Juden in Wesen und Erscheinung gehört zum Erstaunlichsten, das einem unterkommen kann. Die populäre Sage, daß es unter ihnen die besten wie die schlechtesten Menschen gibt, drückt die Tatsache auf naive Weise aus. Sie sind anders als die andern. Aber in Wirklichkeit sind sie, wenn man so sagen könnte, untereinander am meisten anders.«

Als Tourist muß man sich an verschiedenes hier erst gewöhnen. Schabbat zum Beispiel, das hatte ich mir so streng nicht vorgestellt. Also: Präzis bei Sonnenuntergang an jedem Freitag erstirbt hier im Hotel Deborah jeder Service. Heute in Tel Aviv um 16.40 Uhr, wie die Zeitungen melden. Sie legen ein rituelles Deckchen an der Rezeption aus. Das heißt: Feierabend. Es wird keine Kasse, kein Telefon, kein Journal, kein Ankömmling mehr bedient. Schabbat: Ruhe, wirkliche Ruhe ist das. Relax yourself, die große Entspannung; niemand faßt mehr etwas an. Sie haben den üblichen Lift, der zwölf Stockwerke bedient, abgeschlossen und einen Schabbatlift in Gang gesetzt. Er funktioniert vollautomatisch wie ein Paternoster. Die Knöpfe zum Drücken sind im Inneren mit einer Plastikfolie sorgfältig abgedeckt. Sie lassen das Licht hier die ganze Nacht brennen oder rufen Ungläubige zu Hilfe, den Schalter abzudrehen. Die Männer im Deborah tragen jetzt alle schwarze Käppchen auf dem Hinterkopf, manche haben sich über den dunklen Anzug einen kurzen weißen Überhang gelegt, der mich an etwas ärmliche Meßgewänder erinnert. Gebetbücher in den Händen. Manche Frauen tragen Perücken. Die Kinder in feinem Sonntagsstaat lärmen wie immer. Aus der Synagoge im zweiten Stock ist Gemurmel und vereinzelt Gesang zu hören.

Die Tel Aviver, die ihn in diesem orthodoxen Hotel besuchten, blickten erstaunt und verblüfft auf diese fromme Gemeinde, die hier geduldig auf ihren Schabbatlift wartete. Der klingelte langsam durch zwölf Stockwerke. Und alle trugen schwarze Hüte. »Ach«, sagten sie unwirsch, »fallen Sie doch nicht darauf herein! Das sind doch nicht wir – ich bitte Sie! Das sind doch unsere amerikanischen Brüder, die uns in Frömmigkeit immer übertreffen wollen, weil sie nicht nach Israel ziehen. Da wollen sie uns als Besucher immer zeigen, was jüdische Sitte ist.«

»King David«. Ich habe heute in Jerusalems vornehmstem Hotel zu Mittag gegessen. Hier regierten früher die Engländer, manchmal ging hier auch eine Bombe hoch. Heute kann man hier Mosche Dajan und andere Minister ein- und ausgehen sehen. Für mich als Neuling war es noch etwas kompliziert, mich zurechtzufinden. Ich wurde im Empfang zunächst gefragt, ob ich den vegetarischen oder den koscheren Speisesaal besuchen wolle. Mich verwirrte das. Etwas ratlos entschied ich mich für den koscheren. Bei der Bestellung gab mir der Kellner streng zu verstehen, daß ich meine Zigarre ausmachen solle. Tatsächlich stand da ein Schild an der Wand: »It's not allowed to smoke at Saturday.« Der Kellner legte mir nahe, ob ich nicht beim Essen einen Hut aufsetzen wolle – man schätze das hier. Das koschere Essen ist vortrefflich; scharf, würzig, gar nicht fettarm. Koscher ist nicht nur das Verbot von Blut und Schweinefleisch, wie ich dachte. Es betrifft vor allem die radikale Trennung von Milchprodukten und Fleischprodukten, eine schwierige und subtile Sache vor allem schon für die Köche beim Zubereiten. Bereits die Auswahl der Töpfe und Pfannen ist streng rituell zu handhaben. Entsteht hier eine Verwechslung zwischen Milchigem und Fleischigem, so ist der Topf unrein, und alles muß noch einmal von vorne beginnen. Ich muß das erst langsam lernen. Ich machte zum Beispiel den Fehler, mir beim abschließenden Kaffee ein Tröpfchen Milch zu erbitten. Der Kellner weigerte sich. Einen Augenblick sah er mich mit merkwürdig angstvollem Ausdruck an: Ob ich denn vergessen hätte, daß ich zuvor Hammelfleisch gegessen hätte? Ich müßte jetzt mindestens sechs Stunden warten – mit Milch.

Den Reisenden erstaunt es nicht, daß es das gab. Überall, wo man hinkommt, gibt es andere Sitten, und nichts ist ehrwürdiger als ein frommer Brauch. Es erstaunte ihn, diese Sitte hier als Staatsgesetz vorzufinden – verbindlich für Gläubige und Ungläubige, sogar für Touristen aus Deutschland. Er war in eine moderne und aufgeklärte Gesellschaft geraten, er war jetzt in einer sehr offenen und liberalen Demokratie – das hatte er sofort gespürt –, über der aber dennoch Teile einer uralten Theokratie herrschten. Eine ungewöhnliche Freiheit der Bürger gab es hier, aber zugleich auch Zwänge, Tabureste, die streng beachtet wurden. Dem Jerusalemer Oberrabbinat oblag zum Beispiel die Kontrolle der Fleischerläden und der Küchen in Hotels und Restaurants. Oder die Liebespaare, die lebten hier wirklich frei, aber wenn sie dann heiraten wollten, war das nur rituell vor dem Rabbiner möglich, was ganz neuartige Probleme schuf, wenn junge Einwanderer aus sozialistischen Ländern heiraten wollten. Auch war die Ehe zwischen Juden und Nichtjuden streng verboten. Das erinnerte den Reisenden an die Nürnberger Gesetze, beinah. Die Verwickeltheit dieser neuen Gesellschaft war damit nicht erschöpft. Es galt zu verstehen, daß es neben diesen Orthodoxen, die trotz ihrer Minderheit einen beträchtlichen Druck auf die liberale Gesellschaft ausübten, zugleich Ultra-Orthodoxe gab, die nun wieder diese Orthodoxen, ja den ganzen Staat Israel verneinten.

Ich bin heute in Mea Schearim gewesen. Eine märchenhafte, phantastische Welt, wie eine Theateraufführung. Ich bin immer wieder stehengeblieben, erstaunt, verblüfft, fragte mich: Träumst du auch nicht? Daß es so etwas noch gibt – im 20. Jahrhundert. Hier lebt im Nordosten Jerusalems die Sekte der Neture Karta, der »Schützer der Stadt«. Sie kommen aus Osteuropa, wo sie sich im 16. und 17. Jahrhundert ansiedelten. Denn eigentlich kamen sie aus Deutschland, aus Nürnberg und Umgebung. Diese Zeit, diesen Stil haben sie streng gewahrt. Die Männer tragen alle die Kleidung des Hans Sachs und sprechen ein Jiddisch, das in seiner Mischung aus Mittelhochdeutsch mit etwas Hebräisch, etwas Slawisch noch immer gut verständlich bleibt. Die Männer haben einen langen, schwarzen Rock an, darüber einen glänzenden, feinseidenen Kaftan mit Gürtel, seidenweiße Strümpfe mit Lackschühchen, auf dem Kopf tragen sie einen breiten, kostbaren Pelzhut. Und wenn sie sprechen, klingt es eben fast wie die Meistersinger von Nürnberg. Am Schabbat stehen sie hier in kleinen schwarzen Gruppen zusammen, reden, diskutieren, lesen in Gebetbüchern, kommen aus Synagogen, gehen in Synagogen. Der flache, braune Pelzhut sieht wie ein riesiges Wagenrad aus, das jeder kunstvoll und stolz auf dem Kopf balanciert. Ihre Gesichter: Ich habe so etwas Zartes, Fremdartiges und vollkommen Vergeistigtes bei Männern noch nie gesehen. Die Haut ist schneeweiß und von mädchenhafter Weichheit, vollkommen transparent, trotzdem spürt man einen rätselhaften männlichen Willen und Intellekt am Werk. Man könnte sagen: Asketenhaut, Theologenhaut, papierweiß geworden vom immerwährenden Studium der

Bibeltexte, aber das Faszinierende ist, daß sie auch bei den älteren Männern nicht verdorrt, vertrocknet, eingefallen ist oder vom Fett des Zölibats aufgeschwemmt ist wie bei christlichen Theologen. Die Gesichter sind erfüllt von dem kalten und bleichen Glanz vollkommen introvertierter Rechtgläubigkeit. Sie lesen. Sie gehen keiner Arbeit nach, zahlen dem Staat keine Steuern, verweigern ihm jede Mitarbeit. Ein ganzes Leben lang lesen sie in der Thora, dem Talmud, in ihren Gebetbüchern; schon seit Jahrhunderten lesen sie der Wiederkunft des Messias entgegen. Sie bekämpfen den Staat, der dieser Wiederkunft ungläubig vorgegriffen hat. Es sind die Anarchisten des Alten Bundes. Manchmal werfen sie mit Steinen, wenn ein israelischer Wagen am Schabbat durch ihre Straßen fährt, manchmal spannen sie ein Seil über die Straße, um die Missetäter, die Jahwes Gebote schänden, an Ort und Stelle zu strafen. Ernährt werden sie von ihren Glaubensbrüdern in Amerika. Auch ihr Oberrabbiner sitzt in New York. Er würde den Staat Israel nie betreten.

Das alles erstaunte und verwirrte den Reisenden. Dies war ein rätselhaftes und schwieriges Land, »untereinander, wenn man so sagen könnte, am meisten anders«. Natürlich gab es zugleich auch andere Jugend. Er war ihr auf der Herzelstraße in Haifa, in den Cafés und Kinos von Tel Aviv und Jerusalem immer wieder begegnet. Er hatte sie manchmal im Auto auf der Landstraße mitgenommen: die Sabras, wie man hier sagte, die junge Generation, die schon im Land geboren war. Sabras, Kakteenfrüchte: außen stachlig, innen süß. Die waren wieder anders: naturhaft, derb, braungebrannt und ein wenig ungebildet, wie ihm schien. Sie sagten »Schalom« und legten ihr Schießgewehr auf die Knie: im Auto, im Café, im Kino – zu weiteren Aussprachen waren sie nicht geneigt. Bei den bleichen Mystikern von Mea Schearim war ihm die unendlich verfeinerte und hochritualisierte Höflichkeit aufgefallen, sie begrüßten sich untereinander wie Könige. Die hier glichen eher jungen Wilden, salopp, drahtig, wortkarg und herzlich unreflektiert. Sie hatten die Last ihrer Eltern abgeworfen, wollten weder von Auschwitz noch von den Vereinten Nationen etwas wissen. Einmal war er mit ihnen ins Gespräch gekommen. Sie sagten nur: »Ach, hören Sie doch auf mit der Weltpolitik. Was interessiert uns das? Hier sind wir, hier bleiben wir – tot oder lebendig. Hier schlagen wir uns durch – lebendig oder tot. Aus, Schluß, Ende.« In Eilat am Roten Meer war der Reisende aber wieder auf eine andere Jugend gestoßen.

Eilat allein ist eine Reise wert: das Florida, das Miami Beach von Israel – nur winzig. Ein Dorado der Jugend, die das Abenteuer sucht. Es regnete in Galiläa; es war kalt und neblig in Syrien. »Fliegen Sie nach Eilat«, sagten alle, die mich frieren sahen. »Da haben Sie garantiert Sommer: dreihundertfünfundsechzig Tage im Jahr.« Sie haben nicht übertrieben. Als die Maschine über dem Roten Meer drehte und nach Eilat einschwebte, spürte ich, wie wir plötzlich in den Sommer eintauchten. Es wurde ganz hell, ganz weiß – und richtig heiß in der kleinen Sportmaschine. Die Leute sprangen auf wie von der Sonne gestochen. Beim Aussteigen schlug einem die Hitze der Negevwüste entgegen. Dicke Mäntel, dicke Pullover und Regenschirme am See Genezareth. Alles wird abgeworfen. Hier stehen die Leute in kurzer, weißer Hose, in Polohemden und Tennisschuhen, Strandatmosphäre: Sonnenschirme, Sonnenbrillen, Liegestühle, der Geruch von Nivea – das ist offenbar auf der ganzen Welt gleich.

Ich bin eine Woche in Eilat gewesen. Die Stadt ist pure Jugend; erst 1952 wurde sie auf dem Nichts der Wüste begründet. Eine Mischung aus Kriegshafen, Badekurort und Pionierstadt: Meerwasserentsalzung wird hier geübt. In Glasbooten kann man die tropische Fauna des Meeresgrundes besichtigen. Hochzeitspaare verbringen hier ihre Flitterwochen. Europas und Amerikas Beatniks hausen am Strand. Ein winziger Zipfel, wo Jordanien, Saudi-Arabien und Ägypten direkt an Israel grenzen. Überall in den Straßen ein Hinweisschild, das mich interessierte: »The end of the world-Club«. Es tröstet, am Ende der Welt noch einen Klub zu finden.

Die Stadt selbst ist ein Muster israelischer Kolonisation: intelligent, praktisch, futurologisch angelegt. Aus dem Gelbbraun der kahlen Negevberge erheben sich große, weiße, moderne Wohnblocks. Breite Straßen mit Zebrastreifen und vielen Verkehrsampeln, die einstweilen noch einen Verkehr regeln, der nicht da ist. Rathaus, Krankenhaus, Kino, Kasernen, überall die Hinweistafel: »The end of the world-Club«. Wer hierher zieht, erhält Steuernachlaß. Ich lernte einen jungen Ingenieur kennen, hellblond und mit blauen Augen, Sohn eines Journalisten aus Kassel. Der junge Mann trug eine Milchkanne und ein dunkelhäutiges, putziges Kind mit sich, vielleicht zwei oder drei Jahre alt. Er lud mich ein mitzukommen. Zu Hause lagen auf einem Reißbrett technische Zeichnungen. Wahrscheinlich hatten sie etwas mit dem Projekt der Meerwasserentsalzung zu tun. Im

Bücherregal unsere gute alte deutsche Bildung, wahrscheinlich vom Vater vererbt: Goethe, Schiller, Stifter, Theodor Storm am Fuß des Sinai. Dann trat seine Frau ein. Ich war verblüfft: eine komplette Inderin, jung und schön, wie man Inderinnen aus den Werbeprospekten der Reisebüros kennt; sogar das schwarze Tupferchen auf der Stirn trug sie noch. Eine Inderin? Das Mädchen kam aus einer jüdischen Gemeinde in Kalkutta. Seit fünfhundert Jahren hatte diese Gemeinde unter anderen Religionen und Sekten gelebt. Seit fünf Jahren leben sie hier in Eilat. Die jungen Leute sprachen englisch miteinander und lernten eben Hebräisch. Junge Intelligenz im Siedlerland. Nein, sagten sie, sie seien nicht orthodox, überhaupt nicht gläubig, eher sozialistisch. Kinder zweier Kulturen aus Kassel und Kalkutta. Was verband sie – außer der Liebe? Eine uralte Erinnerung an dieses Land? Ein neuer Entschluß, Israelis zu werden? Was ist das: Jude sein, wenn man die Religion abgestreift hat? Was denn? Ich habe es nicht herausbekommen.

Am schwierigsten war es ihm mit der älteren Generation, den früheren Deutschen aus Berlin, aus München, aus Frankfurt ergangen. Wie merkwürdig. Gerade weil er so offen, so freundschaftlich, so mühelos bei ihnen Eingang fand, stieß er hier schneller auf jene Grenze, auf die er in Israel oft gestoßen war. Man kam immer bis zu einem gewissen Punkt, dann nicht weiter. Sie saßen zu Hause um den Kaffeetisch: der Kinderarzt aus Würzburg, der jetzt in Jaffa praktizierte, der Kaufmann aus Berlin, der jetzt in Haifa bei der Hafengesellschaft arbeitete, die Dame aus München, die in ihrem eleganten Seidenkleid noch immer einen Rest Münchener Schönheit ausstrahlte; sie sprach noch immer ein gutes Bayerisch. Menschen, die übriggeblieben waren mit einer furchtbaren Vergangenheit, Flüchtlinge, Heimatlose, Reste, die Hitler und uns Deutschen entkommen sind: Irgend etwas hatte sich nun in ihnen verschlossen, war hart und versteinert geworden – natürlich. Sie waren jetzt sehr national, sehr hart und eigentlich viel militanter als ihre Regierung, so schien es ihm. »Mein Gott«, sagte die Dame aus München und rührte dabei in ihrer Kaffeetasse, »wir stehen jetzt fünfundvierzig Kilometer vor Amman, fünfzig Kilometer von Damaskus entfernt, und nach Kairo sind es auch nur noch hundert. Warum gehen wir denn nicht hin und räumen auf? Wie soll denn Frieden werden, wenn wir nicht die Hauptstädte besetzen?« Sie waren alle sehr liebenswürdig und kultiviert und ziemlich nationalistisch geworden. Der Reisende verstand solche Verhärtung; sie erschreckte ihn. Sie hatten so ein verblüffend einfaches und klares Weltbild. »Ach, die Araber«, sagten sie manchmal, »mit denen würden wir schon fertig, wenn nur die Russen nicht wären. Der Kommunismus verdirbt uns die ganze Welt.«

Gestern sind wir in der Wüste Judäa gewesen. Ein Wunder unserer Erde, ich zögere nicht, das zu sagen. Die Abfahrt von Jerusalem nach Jericho ist ein Wunder. Ich werde es nie vergessen. König Hussein hat hier wirklich ein Paradies verloren – vorläufig wenigstens. In Jerusalem war es hell, sonnig und sehr kalt. Immerhin liegt es 850 Meter hoch und hat mehr Regenniederschlag als London. Das vergißt man leicht. Es war also ein strahlender, kalter, blauer Himmel. Über die Nablus Road verläßt man den arabischen Teil der Stadt, eine Zollkontrolle unterwegs, dann versinkt man langsam in einer Märchenwelt, man verliert sich in einer Urlandschaft, einer Kinderwelt – so etwas hat man schon oft geträumt. Es war mir, als erinnerte ich mich an alles. Woran? Urerinnern, Urformen, Vergessen und Wiederfinden – das alles liegt wohl in ganz frühen archaischen Schichten in uns. Zauberlandschaft: Hier liegt sie draußen. Über eine weich geschlungene Straße sinkt man immer mehr in die Erde, in ihren Schoß, in ihre Träume, in eine rätselhafte Bergwüste, in tiefe Täler. Lauter kahle, harte Kegelberge, die wie braune Zuckerhüte zu umfahren sind. Man rutscht immer tiefer ins Labyrinth, es gibt keine Spur von Vegetation, von Leben mehr. Man dreht sich und dreht sich. Die Straße ist zwanzig Kilometer lang, eine einzige Kurve, die fällt, die müde, die taumeln und träumerisch macht. Narkosen der Tiefe – was überwältigt uns hier? Was zieht herunter? Jedes Gefühl für Raum und Zeit geht verloren. Nur spitze, braune Zuckerhüte, süßer Grund. Wohin führt das? Ein Straßenschild kündigt an, daß wir soeben den Meeresspiegel erreicht haben. Es geht weiter ins Unterirdische, in die Talsohle der Welt, den tiefsten Punkt der Erde. Rechts wird der Blick auf das Tote Meer frei, eine hellblaue Lauge, schwer, von weißen Salzgebirgen umgeben. Auch so etwas kann man eigentlich nur träumen. Das gibt es nicht wirklich. Man fährt bis zum tiefsten Punkt unserer Welt: Das ist Jericho, 400 Meter unter dem Meeresspiegel. Und plötzlich hält man – vor einer Oase. Plötzlich schlägt das tote, braune Gestein, die Verlorenheit in der Wüste, das Fallen im Nichts in die Geborgenheit einer kleinen, grünen Zauberinsel um. Jericho: eine Märchenstadt, die Mauern von Jericho und die Trompeten der Juden, daran erinnert man sich dunkel aus Kindheitstagen, aus Stunden im Religionsunterricht, damals, es hing eine Landkarte an der Tafel; es war immer so langweilig. Man steigt aus. Hitze schlägt einem entgegen mitten im Winter, eine Helligkeit, die sticht und schmerzt. Man sucht nach der Sonnenbrille, nach der Mütze, springt in den Schatten einer Mauer und steht plötzlich da an der weißen Wand, blickt empor: hohe, sattgrüne Palmen im blauen Himmel, Bananenstauden wachsen hier, Orangenbäume, Feigen und Datteln, es riecht wie in einem Parfümerieladen, und irgendwo hinter Büschen das große Oasenglück; da hört man das Wasser rauschen. Ist das also das Paradies? Und bitte: Warum liegen Paradiese immer im Süden?

Das heutige Jericho ist eine kleine jordanische Wüstenstadt, ein arabischer Marktflecken mit einem israelischen Militär-Kommandanten. Es sind nur acht Kilometer zur Waffenstillstandslinie, zur berühmten Allenby Bridge über den Jordan. Jericho besitzt riesige Flüchtlingslager, die heute fast leer stehen. Die palästinensischen Flüchtlinge, die hier lebten, sind vor den einrückenden Israelis wieder geflohen. Angst vor den Juden – so etwas gibt es jetzt. Man sieht ihre neuen Zeltlager hinter dem Jordan mit bloßen Augen. Alte Heimsuchung, neue Heimsuchung – warum sind Paradiese immer der Hölle so nahe? Jericho ist auch eine Stadt des Leidens, sie wuchs in viertausend Jahren aus Schmerz, Unterwerfung, Unterdrückung, eine uralte, versteinerte Stadt, die in der Wüste kochte und dabei auch einige Weltreligionen ausbrütete: natürlich Erlösungsreligionen. Man versteht hier bald, warum das Paradies mild und grün, die Hölle heiß und warum Gott nur einer sein kann. Dieser kahle, unbarmherzige Himmel brennt alle anderen Götter weg – eifersüchtig. In den Nebeln Nordeuropas mögen Riesen und Gnomen herrschen, im griechischen Schattenreich Nymphen und Dämonen. Jericho liegt nackt, vollkommen hilflos leidend zwischen Wüste und Himmel, und ob das nun Jahwe, Jesus oder Mohammed heißt: Hier kann nur ein Gott sein – ewig, allmächtig, manchmal auch gnädig.

Warum war es dem Reisenden nicht gelungen, sich mit Jerusalem anzufreunden? Er verstand die Stadt nicht; sie war das Fremdeste in der Fremde. Chiffren, Hieroglyphen, eine verschlüsselte Welt uralter Zeichen. Überall Kirchen, Klöster, Kapellen, Tempel, Moscheen, und alles heilig. Heilige Berge, der Berg Zion, der Ölberg, der Berg der Ärgernisse, heilige Gärten und Täler: Gethsemane, Golgatha und das Kidrontal. Heilige Grotten und Gräber: das Grab Absaloms, das Grab des Jakobus, des Zacharias, dann war aber auch an das Grab Josaphats zu denken. Die Protestanten, eigenbrötlerisch und naturliebend, wie sie sind, besaßen hier sogar ein Privatgrab Christi: das Gartengrab, das nicht zu verwechseln war mit dem richtigen, dem römischen, armenischen, koptischen und griechischen Grab Christi. Überall heilige Brunnen, Steine und Bäume und viele schwarze Löcher, in die man hineinkriechen mußte. Unten war nichts, überhaupt nichts als schlechte Luft und flackerndes Kerzenlicht über Geröll, aber es wurde versichert, hier sei einmal, der Tradition nach, wahrscheinlich: Was? Wer? Jesus? Jakobus? Mohammed oder Abraham? Oder war es König Salomon gewesen, der doch die Königin von Saba ... ? Daran erinnerte er sich dunkel. Und wie war das mit der Königin Helena gewesen? Nein, nicht die Helena, die andere Helena Adiabene, die Königinmutter, die doch zum Judentum übergetreten war, Sie erinnern sich doch. Er hatte das Haus des Annas, die Königsgräber, die Grotte Jeremias, das Grab der Heiligen Jungfrau, die Kapelle der Kleiderverteilung, das Tor des heiligen Stefan, die Grotte zum Todeskampf, die Kirche der heiligen Anna – mit vollem Ablaß – besichtigt. Aber dann mußte auch das Haus der Eltern Mariens noch wahrgenommen werden, so versicherte man ihm. Er war etwas erschöpft und kreislauflabil durch die Via Dolorosa gewankt. Da war überhaupt nichts zu sehen, nur schmale, bunte Basare, das quirlende Leben arabischer Altstädte, aber sein Führer hatte ihm bedeutet, daß hier der Ecce-Homo-Bogen, dort aber die Kirche der Schwestern Zions zu beachten sei. Dann war der Turm der Erlöserkirche zu besteigen, Wilhelm II. hatte sie 1898 eingeweiht. Das roch man noch heute hier: Es roch ganz preußisch und protestantisch mitten in Jerusalem – also nach Bohnerwachs.

Ach, er war in ein Treibhaus der Religionen geraten, in einen Dschungel der Heiligtümer, und wo beides ist, ist auch immer Blut und Mord und Krieg zu Hause gewesen. Was hatten die Menschen hier aufeinander eingeschlagen, wieviel Haß und Blut und Bestialität waren hier versammelt und aufbewahrt in dreitausendjährigen Folianten. Jerusalem war keine Polis, es war ein Schatzhaus der Götter und Krieger, ein Tresor aus Gold und Menschenblut, der öffnete sich ihm nicht. Er hatte alles nur wie durch dicke Schaufensterscheiben gesehen, war oft verwirrt und müde und manchmal auch entsetzt gewesen. Nur zwei Eindrücke hatte er hier notiert:

Sie haben mich an das Grab Christi gezerrt. Das ist in der Altstadt nicht zu vermeiden. Hunderte von Arabern leben seit vielen hundert Jahren davon, stehen in den Straßen herum, suchen, lassen in der Hand die große Perlenkette gleiten, schnuppern nach Christen, nach Touristen, schnuppern nach Dollars. Wer nicht Jude, nicht Araber ist, ist hier immer Christ. Das Spiel ist seit Ewigkeit eingespielt, sie geben sich Zeichen, Signale, erkennen einen wie der Staatssicherheitsdienst unbarmherzig, und dann wird man weitergereicht nach eisernen Regeln. Also: das Grab Christi – selbst ›Polyglott‹, mein Reiseführer, spricht von »einer gewissen Enttäuschung«. Dem kann man schwer widersprechen. Die Grabeskirche besteht aus einem dunklen und häßlichen Konglomerat von vielen Kapellen, Altären und Sonderkirchen in vielen Stockwerken, und wie an allen Verkehrszentren der Welt wird auch hier immer gebaut, erweitert, erneuert, noch schöner, noch älter gemacht. Bauschutt überall, Holzverschalungen, Stahlstreben, Mörtel und viele Backsteine, über die man im heiligen Dunkel leicht stolpern kann.

Woran liegt es eigentlich, daß es im Heiligen Land so gut wie keine Kunst gibt? Was an den Wänden hängt, ist alles trivial, unglaublich geschmacklos. Warum muß man erst den Abstand von Rom, von Madrid, von Chartres haben, um christliche Kunst zu finden? Auch sind die subtilen Besitzverhältnisse der Konfessionen streng zu beachten. Sonst gibt es rasch Schlägereien unter den Brüdern. Es gelang mir, an der Adamskapelle, am Salbungsstein, am Stabat-Mater-Altar, sogar an der Rotunde unbehelligt vorbeizukommen. Ich sah auch das Christusgrab von innen, »ein überladener und stilloser Bau«, wie ›Polyglott‹ meint; auch dem kann man schwer widersprechen. Ich wußte aber nicht, daß die koptische Kirche noch eine Schmalseite des Grabes von außen für sich allein besitzt. Ein koptischer Priester winkte mir zu, nahm mich an die Hand, führte mich in die Kapelle, wo Dunkelheit herrschte. Der heilige Mann zerrte mich plötzlich herunter, hieß mich im Dunkeln knien, nahm ganz vertraulich meine Hand und sagte mit dunkler, würdiger Stimme: »Please, Sir: touch the stone, please!« Er legte meine Hand auf den Fels des Grabes, entzündete in der Dunkelheit eine Kerze, führte die Kerze an den Felsen, wo meine Hand lag, und ich sah plötzlich das Grab im milden Licht: Da lagen Tausende von grünen Dollarnoten drin, und der heilige Mann fragte mich ernst: »Please, Sir, how many?« Soll ich nun auch noch hinzufügen, daß es zum Letzten kam? Ich hatte nämlich nur Reiseschecks bei mir. Der heilige Mann erwies sich als guter Wechsler im Tempel.

Am anderen Tag hatte der Reisende in Jerusalem notiert: Ich bin den Abend an der Klagemauer gewesen, fast vier Stunden lang. Es ist wieder Schabbat. Die Klagemauer: Man hat so viel darüber gehört; man hat es oft im Fernsehen, in der Zeitung gesehen. Meistens enttäuscht dann die Wirklichkeit. Sie hält der Phantasie nicht mehr stand. Hier ist es umgekehrt. Es war für mich wie in Mea Schearim: reines Erstaunen, grenzenloses Verwundern – ein großes, rätselhaftes Schauspiel der Nation. So also spricht der Herr mit seinem Volk, das Volk mit seinem Herrn? Angst und Zittern, große Unterwerfung, große Beschwörung, Verbeugung – also spricht der Herr? Die Israelis haben die historische Tempelmauer noch etwas tiefer ausgegraben und den Platz davor, auf dem arabische Häuser standen, planiert; ein gewaltiger Betplatz der Juden ist so entstanden, und jeden Freitagnachmittag versammeln sie sich hier: die Ultra-Orthodoxen, die »Schützer der Stadt«, die Chassidim, die Rabbiner – die orthodoxen und die liberalen –, israelische Bürger, Gläubige und Ungläubige. Es ist eine einzige, große, schwarze, wogende Versammlung von weit über tausend Männern, die dicht gedrängt vor einer etwa fünfzig Meter hohen Steinwand stehen, der Tempelmauer, und beten, jeder für sich. Sie stehen ohne jeden Abstand, direkt auf Zentimeternähe an der Wand.

Was ich nicht wußte, was ich erst jetzt sah, ist, daß die Männer einen eigenen, strengen Bewegungsritus beim Beten haben. Sie stehen ganz eng gedrängt und zucken etwa alle drei Sekunden mit ihrem Oberkörper heftig nach vorne. Wahrscheinlich soll das eine Verbeugung sein, aber sie wird so hart, so abrupt und blitzschnell vollzogen, daß die Bewegung etwas Anfallartiges, Insektenhaftes bekommt. Aus welchen Tiefen kommt das? Ich sah in Harlems Kirchen die Neger schreien, tanzen, zucken, sich auf dem Boden wälzen – das alles war beinah verständlich und einfühlbar. Das war etwas, was aus dem Bauch, wahrscheinlich aus dem Sonnengeflecht kommt, und in den Ekstasen des Schmerzes oder der Sexualität sind wir ja auch so. Jüdische Frömmigkeit, wie sie sich hier vollzieht, kommt aus viel tieferen, früheren, entfernteren Schichten. Da muß sich ein großes

Drama der Macht abspielen, da geht es um Herrschaft, Unterwerfung, der Schrei Jeremias und der Schrei des Schakals in der Wüste ist darin, und wie er dann aufgehoben, aufgenommen wird, der Mensch, und erhört, sich plötzlich im Kreise zu drehen anfängt und singt. Welch ein Volk. Alle Erinnerungen der Völker sind in ihm versammelt, alle Religionen kehren in seiner Frömmigkeit noch einmal wieder. Da hinten stehen orientalische Juden, Jemeniten, die singen wieder anders, und dazwischen stehen Gelbe, Braune und Schwarze: Jeder betet und zuckt und singt auf seine Weise. Jeder ist ganz allein mit seinem Herrn. Manchmal bilden sich Ansätze zu einer Gruppe. Da dreht sich einer um, stimmt plötzlich laut einen Psalm an, die anderen stimmen ein, kurze Zeit bildet sich eine Gruppe, die laut psalmodiert. Aber daneben hat sich jetzt ein anderer Vorbeter noch stärker durchgesetzt und zieht die Gesichter der Männer zu sich: Die Gruppe fließt über zu ihm, kann sich aber auch nicht halten, zerfällt plötzlich. Sie drehen sich wieder zur Mauer, jeder für sich, verneigen sich. Dann beginnt das Spiel, das Angst und Herrschaft und Erbarmen heißt, von neuem. Was ist das? Lauter Söhne, die gegen den Vater kämpfen? Ein Drama der Autorität, das ist sicher. Aber wo kommt diese Gewalt der Unterwerfung, dieser Starrsinn der Formen über viertausend Jahre her? Was ist das für ein Bund, von dem wir anderen ausgeschlossen sind?

Natürlich gab es auch ganz andere Bürger im Land. Der Reisende erinnerte sich an den jungen Journalisten in Tel Aviv, einen witzigen, aufgeklärten, politischen Kopf, der ihm immer abwehrend gesagt hatte: »Ach, fallen Sie doch nur nicht darauf herein: Heilige Steine und Stätten bei uns, das ist doch nur eine Ideologie unserer Konservativen. Die schrecken vor nichts zurück. Die gehen bis in die frühe Bronzezeit zurück, um mit der Bibel nachzuweisen, was wir alles noch erobern sollen. Auch Israel hat seine Bernt von Heiselers und Armin Mohlers. Wir leben doch jetzt in den Gründerjahren. Da gibt es Richard-Wagner-Töne bei uns.«

Er erinnerte sich an den Buchhändler in Tel Aviv, mit dem er oft bei einer vortrefflichen Gulaschsuppe zusammengesessen hatte und der ihm erwidert hatte: »Die Juden? Was fragen Sie immer nach den Juden? Was wollen Sie da ergründen? Die wird es in wenigen Generationen nicht mehr geben bei uns. Es wird nur noch Israelis geben, so, wie es eben auch Ägypter, Spanier, Franzosen gibt. Israel ist das Ende der Judenfrage – Gott sei Dank. Wir wollen einfach sein wie alle: eine Nation.«

Dann gab es wieder andere im Land, die diese Sehnsucht nach Staatlichkeit mächtig moralisch aufluden; strenge und eifernde Zionisten, die in Israel so etwas wie das Reich Gottes auf Erden sahen. Nulla salus extra Israel, hätte man sagen können. Für Juden ist kein Heil in der Welt – außer in Israel. Sie gebrauchen große Worte, sprachen von totaler Alija, sprachen von »jüdischer Seinsfülle« in Israel und von »jüdischer Seinslüge« draußen in der Welt. Anstrengende und angestrengte Begriffe, die den Reisenden an Paul de Lagarde und Martin Heidegger erinnerten. Erde, Heimat und Volk wurden hier plötzlich zu habgierigen und eifersüchtigen Begriffen, die dem einzelnen das Recht absprachen, außerhalb seines Volkes wertvoll zu sein. Es wehrt sich etwas in dem Reisenden dagegen, in dem Landarbeiter im Kibbuz die »jüdische Seinsfülle« zu sehen, in dem Philosophen Ernst Bloch aber, wie ihm ein Schriftsteller erklärt hatte, »die jüdische Seinslüge«.

Dieses winzige Land: In seinen alten Grenzen ist es kaum größer als Hessen. Es müßte vor allem Geologen, Botaniker interessieren. Welche Unterschiede des Klimas, der Flora, welch ein Gefälle der Natur, wenn man nur zwei oder drei Stunden Autofahrt hinter sich hat. Seit einigen Tagen bin ich wieder in Obergaliläa. Es ist die Landschaft um Nazareth. Der Tiberiassee, Kapernaum, der Taborberg, der Berg der Seligpreisungen, die Landschaft der Bergpredigt. Ihre Lobpreisung der Sanftmütigen ist wohl an eine so milde und sanfte Natur gebunden. Man müßte eine Soziologie der Bergpredigt erarbeiten: wahrscheinlich die Ideologie eines Hirtenstammes. Undenkbar dasselbe 300 Kilometer weiter in der Wüste. Der Regen hat sich verzogen. Es ist grün, frisch, lieblich hier oben. Wenn ich morgens das Fenster öffne, fällt ein strahlender, blanker Maitag ins Zimmer, ein klein wenig tropisch angeheizt. Feigen, Ölbäume, Eukalyptus im Garten, aber auch Eichen und Pflaumenbäume. Mimosen und viele rote Blüten auf dem Rasen. Ein blühender, paradiesischer Garten, könnte man sagen, wenn man nicht wüßte, daß all das die Leute vom Kibbuz seit fünfzig Jahren mit ihren Händen erarbeitet haben. Am Anfang war hier ja nichts, nichts als Felsen, Steine, Trokkenheit und Lebensgefahr. Sie haben die Steine weggetragen, das Land urbar gemacht, bewässert, bebaut, gesät, sich zur Wehr gesetzt, geschossen und wieder neu gesät – erst nach vielen Jahren begann die Ernte der Zitrusfrüchte. Die gewaltige Kulturleistung der Kibbuzim ist bekannt. Man sieht sie im ganzen Lande. Wo immer Israelis gesiedelt haben, dort ist es grün, sauber, menschenfreundlich.

Abends Vortrag eines alten Mitgliedes über das Leben im Kibbuz. Zufällig sind hessische Vertreter der Gewerkschaft IG Bau, Steine, Erden hier zu Besuch. Die hessischen Gewerkschaftsfunktionäre wirken etwas klobiger, etwas schwerfälliger als die Arbeiter hier. Zugleich spürt man, daß sie aus einer modernen Industriegesellschaft kommen; sie mißtrauen etwas dem Glück der Erdarbeit. Wieviel Maschinen man habe, und warum man nicht noch mehr rationalisiere? Kein Privatbesitz? fragt einer. Ob das nicht die Arbeitsleistung mindere? Und die Familie, sei die hier nicht in ihrer Würde in Frage gestellt? Der Vortragende ist ein älterer, schlanker Herr, vielleicht sechzigjährig, er ist noch ein Idealist der ersten Stunde, er hat sich mit dem Namen Joseph Rosenbaum vorgestellt, ein Herr aus Göttingen, der mit den menschenfreundlichen Gebärden ergrauter Jugendbewegter den Männern aus Hessen zu erklären versucht, wie alles gekommen sei. Ja, auch er habe einmal an die Kultur, an den Geist wie alle Juden geglaubt. Er habe in Göttingen als junger Mann Philosophie studiert, nichts als Hegel, Kant, Aristoteles, aber dann, als Hitler kam, sei bei ihm die Erkenntnis, die große Wandlung gekommen. Schluß mit dem Geist, Schluß mit der Kultur. Die Antwort auf Hitler habe einfach gelautet: Bauer werden, sich eine Heimat suchen, auf dem Lande arbeiten; Bau, Steine, Erde. Er habe seine Bücher geschlossen und sei nach Palästina ausgewandert, das damals noch unter englischer Verwaltung stand. Er sei hier ins Kibbuz Ayelet Hashahar gekommen, habe dreißig Jahre lang nichts als Steine getragen, Furchen gezogen, Wasserleitungen gelegt, gesät, geschossen und geerntet. Jetzt hier, das sei ja ein Paradies. Aber damals? Ein erfülltes Leben, sagte er. Er sagte nicht »Seinsfülle«, aber wenn er heute zurückblicke, wenn er einmal sterben werde, so wisse er, ein erfülltes Leben geführt zu haben. Und später erzählte er von der Jugend, die er hier im Kibbuz zu betreuen habe. Er sage den jungen Leuten, die fort wollten, immer: Bitte, wenn ihr wollt, geht nur. Ihr könnt ruhig austreten, wenn ihr wollt. Geht nur nach Tel Aviv, und das Wort Tel Aviv klang in seinem Mund jetzt fast wie Baal Babylon. Treibt euch nur herum in der großen, fernen Stadt. Eines Tages werdet ihr doch zurückkommen. Das Glück, der Sinn, der Friede ist hier. Es wartet auf euch die Erde.

Dieser Gefühlshaltung war der Reisende im Lande oft begegnet. Jüdische Sehnsucht nach Geborgenheit, nach Heimat, nach Erde – er verstand sie, mit etwas Skepsis. Er verstand, daß die Entrechteten, die Unterdrückten und Flüchtlinge so vieler Völker eine rührende Dankbarkeit für das Land zeigten, in dem es normal war, ein Jude zu sein. Normal auch, als Jude Bauer, Busfahrer oder Soldat zu sein. Es war etwas Romantisches und Jugendbewegtes dabei, natürlich. Die Art, wie die Männer hier im Lande sich kleideten: bewußt salopp, betont einfach und etwas hinterwäldlerisch, wie sie mit Stolz keine Jackettanzüge, keine Krawatten mehr trugen, sondern einfach das kurzärmelige, offene Hemd, den Schillerkragen Ben Gurions – darin lag ein ganzes Programm, das hieß: Zurück zur Natur, die Erde heilt. Sehr wahr, sehr richtig, dachte er oft; nur: Auf dem Asphalt waren sie doch auch sehr gut; von Karl Marx bis Trotzkij, von Heine bis Kafka. Da blieb etwas für die Menschheit übrig – für uns alle. Für die junge Nation hier war es natürlich sehr wichtig, gute Landarbeiter, gute Busfahrer und erstklassige Soldaten zu haben. Nationen sind unglaublich egoistisch und müssen's wohl sein. Aber für die Menschheit wäre es doch schade, wenn sie hier rückwirkend alle: von Freud bis Einstein, von Bloch bis Peter Weiss, heimführen würden, der Seinsfülle wegen. So wird eine Nation – unter Verlusten. Etwas wird aufgebaut, und etwas geht dabei auch verloren.

Heute nachmittag im Gazastreifen gewesen. Wir fanden in der Stadt Gaza einen unbeschreiblichen Wirrwarr vor. Schabbat: Tausende von Israelis strömen mit ihren Autos herein, man erkennt sie an ihren großen, gelbbraunen Nummernschildern. Man kann hier arabischen Kleinkram billig kaufen. Die Straßen waren überfüllt, verstopft, blockiert, ein irres Gedränge, Geschiebe, Geschrei. Handkarren, Radfahrer, Maulesel, Moslems, viele Mercedes dazwischen. Alle Armen in Gaza, hörte ich, fahren Mercedes im Gazastreifen. Untertürkheim muß da einmal mit Kairo einen seltsamen Vertrag geschlossen haben. Die Stadt mit ihren gewaltigen Flüchtlingslagern gleicht einem kranken, wilden Bienenschwarm der Armseligkeiten. Alles jagt, schreit, rennt durcheinander. Die unklare Zukunft dieses Gebiets ist von jeder Straßenecke abzulesen. Warum schreibt eigentlich meine deutschsprachige israelische Zeitung, die ich hier täglich lese, ›Jedioth Chadashoth‹, wenn sie aus den besetzten Gebieten berichtet, immer von »befreitem Territorium«? Was wurde hier in Gaza befreit? Die Erde, die Flüchtlinge, die Araber?

Frau Dr. A., die uns fuhr, bat mich, die Autofenster zu schließen. »Ansteckungsgefahr«, sagte sie. Sie ist Ärztin in Tel Aviv. Wir sind also in Gaza nicht ausgestiegen, sondern immer nur im Kreis gefahren, wenn man dieses Gestocke in den überfüllten Straßen überhaupt fahren nennen soll. Alles sei krank, schmutzig, unterentwickelt und nicht ungefährlich hier, meinte unsere Führerin. Ein bißchen war mir das doch – darf ich das sagen? –, als wenn ich mit einem ostelbischen Baron 1942 in ein polnisches Getto eingefahren wäre: zu den Juden. Es ist wirklich unheimlich schmutzig in Gaza und auch nicht ganz ungefährlich – nur: War das im Warschauer Getto 1942 nicht auch so? So etwas ist nicht »Natur«, nicht »Volk«. Es ist gesellschaftlich produziert und vermittelt. Zum großen Teil ist es Schuld der Ägypter; man weiß das. Nur, wie schnell manche Israelis heute solche Opfer-Existenzen vergessen. Ich schwieg auf der Rückfahrt. Ich war betroffen und dachte: Ein bißchen zu hart, ein klein wenig zu selbstsicher gegenüber dem Elend der Armen sind manche hier schon geworden. So wird eine Nation – unter humanen Verlusten.

Der Reisende hatte diese Erfahrung öfters gemacht, in Nazareth, in Haifa, in Hebron. Vor allem unter den alten Europäern, die hier lebten, gab es einen Hochmut der Eisschränke, der Air-condition, der Zivilisation, der sich in dem Satz spiegelte, den er häufig gehört hatte: »Die Araber, sagt man, wohnen in der Wüste? Ach, wo die Araber wohnen, ist immer Wüste.« Trotzdem war diese Haltung bestimmter Einwanderergruppen nicht typisch für die Politik und Praxis dieses Staates. Diesen jungen Staat Israel kennzeichnet eine seltene und im Grunde rätselhafte Mischung aus Härte und Humanität. Sie schlugen blitzschnell zu, unglaublich hart – trotzdem waren sie vollkommen frei von Brutalität, dem Haß, den vielen kleinen Gemeinheiten aller Siegernationen. Sie waren zugleich menschlich, hilfsbereit und vernünftig. Nicht einmal der letzte Sieg hatte ihnen wirklich süß geschmeckt. Sie gedachten nach dem Sieg auch sofort der Opfer ihrer Feinde. Sie veranstalteten keine Siegesparade; es gab kein nationales Fest nach dem Junikrieg. Sie gingen sofort wieder an ihre Arbeit, in ihre Fabriken, Büros, Kibbuzim oder Hotels. Sie wollten dieses Gebiet für die Juden. Das war ein Nationalismus gegen den anderen, der zionistische stand unglaublich hart gegen den arabischen. Die Zionisten siegten. Triumphiert haben sie deswegen nicht.

Ich bin jetzt viel durch die eroberten Gebiete gefahren. Schon zwei Wochen nach dem Krieg fuhren Touristenbusse nach Sinai ein – Schlafsack und Kochgeschirr sind mitzubringen. Israel ist trotz aller Bedrohungen im Inneren eine offene, freizügige Gesellschaft. Jeder kann tun, was er will. Es fehlt die Grundkategorie aller deutschen Politiker: die Angst. Keine Spionagehysterie wie im Osten, keine militärische Wichtigtuerei wie bei deutschen Militärs. Man sieht fast keine Soldaten. Wo stecken die eigentlich? Das Wichtigste, so hörte ich, soll alles unterirdisch liegen: Flugplätze, Munitionsdepots, Nachschublager, Befehlszentralen. Wie die Ägypter sollen sie auch schon eine kleine Atombombe haben. Im Orient pendelt sich immer alles aus. In solchen Wüsten bleibt auch Karl Marx stecken.

Ich war in Jordanien auf der Westbank. König Hussein braucht sich dieses Gebietes nicht zu schämen. Es ist landwirtschaftlich gut entwickelt. Ich war in der Wüste Sinai. Schlimm – da liegen Ägyptens Reste herum. Am schlimmsten war es in Syrien, hinter dem Tiberiassee, die Golan Heights: entsetzlich. Die Israelis waren in einer schlechten Lage hier. Die Syrer saßen oben in den Bergen, hatten die Golan Heights zu einer gewaltigen Bergfestung ausgebaut, fast wie die Maginotlinie, und schossen von oben, wenn sie gerade Lust hatten, in die israelischen Kibbuzim, die im Tal liegen.

Sie haben viele Landarbeiter verloren. Sie haben das hingenommen, verbissen – natürlich warteten sie auf den Tag der Revanche. Am Ende des Junikrieges war er gekommen. Da sind sie mit dem Waffenstillstandstermin sozusagen um die Wette gelaufen – bergauf. Sie haben mit den Golan Heights aufgeräumt: entsetzlich. Wir sind einen Tag kreuz und quer gefahren, ein mörderisches Schlachtfeld noch immer. Tot, tot, tot, alles tot hier. Von dieser Befestigung ist nichts mehr geblieben. Alles gesprengt, in die Luft gejagt, zerbombt, zerrissen. Die Stadt Kuneitra gleicht einem Geisterhaus. Wir irrten einen Vormittag durch die Ruinen der syrischen Stadt. Einmal kam uns ein UN-Jeep entgegen; auch er wirkte geisterhaft. Die sind hier machtlos. Auch die Vereinten Nationen bleiben hier stecken, wie Karl Marx. Einmal trafen wir auf zwei Soldaten. In einer zerfetzten Bar der Syrer, »Moulin Rouge«, war noch zu lesen, hatten zwei junge Israelis Wache bezogen. Sie saßen in Klubsesseln, die sie nach draußen in die Sonne gerückt hatten. Sie rauchten. Alle israelischen Soldaten, die ich auf Wache traf, sitzen immer in Sesseln, in Liegestühlen, rauchen, trinken Obstsaft, malen Männchen auf Zigarettenschachteln, sind entspannt und blitzschnell auf dem Posten. Sie sagten »Schalom« und hielten ihr Schießgewehr auf den Knien.

Hinterher wußte der Reisende, daß dieser Junisieg die Nation nicht nur gesichert, sondern auch in eine tiefe Krise ihres Selbstbewußtseins gerissen hatte. Israel, das immer ein mehr historischer als geographischer Begriff war, war plötzlich beides. Anstelle von 20000 Quadratkilometern vor dem Kriege kontrollierte es plötzlich 90000 Quadratkilometer. Und das war nicht nur ein quantitatives Problem. Der Sieg hatte die Juden zum erstenmal mit den wirklichen Stätten ihrer Vergangenheit konfrontiert. Nicht Tel Aviv und nicht Haifa, diese jungen und modernen Zentren, waren ihnen von ihrem Gott verheißen worden, wohl aber das, was sie jetzt besaßen: die Tempelreste in Ostjerusalem, Hebron mit den Gräbern der Patriarchen, in Bethlehem das Grab der Rachel; es gab den Berg Sinai, wo einmal der Bund geschlossen wurde, und Samaria und den Jordan, und das alles gab plötzlich den konservativen und religiösen Kreisen im Land einen ungeahnten Aufschwung. Wie es in der Bundesrepublik das »Kuratorium Unteilbares Deutschland« gab, so gab es hier plötzlich die »Bewegung für das ganze Israel«. Lauter religiöse Nationalisten, die immer »Heilig, heilig, heilig« riefen. Jeder Stein aus Feindesland sei dem Volk verheißen, nichts dürfe preisgegeben werden. Gott selber habe ...

Traum von heute nacht. Wir sind also mit diesem Bus, der donnerte, der flog, der so herzzerreißend schön sang: »Bei mir biste scheen, please let me explain« in das Kibbuz Sde Boker zu Ben Gurion gefahren. Mir träumte: David Ben Gurion saß auf freiem Feld zwischen Felsbrocken auf einer Apfelsinenkiste. Ein alter, kleiner, stämmiger Mann mit einem intelligenten, verschmitzten Bauernschädel. Er trug einen hochgeschlossenen schwarzen Anzug im Mao-Look. Ich glaube, er sortierte gerade Bohnen. Es können aber auch Erbsen gewesen sein. Er sah überhaupt nicht auf, beachtete mich nicht, sagte dann aber so vor sich hin: »Na und? Wie war's?« Ich trat etwas auf der Stelle und wußte nicht, was und wie – die jungen Nationen sind doch alle so empfindlich. Sie sind wie junge Frauen. Im Grunde wollen sie immer nur Schmeichelndes hören. »Tja«, sagte ich also, »wunderschön, Herr Ben Gurion, wunderschön.« – »Wir haben manches geschafft«, murmelte der Alte, »aber noch mehr liegt vor uns. Wir haben die verstreuten Gemeinden aus der Welt heimgeholt. Wir haben das Land bevölkert, besiedelt und kultiviert, wir hatten die Kluft zwischen den Gebildeten aus Europa und den Primitiven aus Afrika zu schließen, wir mußten eine uralte Sprache neu beleben und unsere Grenzen sichern und müssen jetzt in der Zukunft einen Weg zu unseren Nachbarn suchen. Wissen Sie, das erwählte Volk wollte immer ein Licht für die anderen Völker sein. Das versuchen wir hier auch, ein Modell für alle jungen Nationen zu bilden.«

»Ja, Herr Ben Gurion«, sagte ich, »ich sah es, so ist es, aber ich kann nicht aus meiner Haut; ich empfinde auch die Verluste. Vom Judentum, das der Welt ein Licht war, geht auch manches kaputt hier. Vieles wird dunkel hier. Ich sehe ja ein: Der Staat der Juden mußte sein, nach allem, was die Völker, nach allem, was besonders mein Volk, was wir Deutsche den Juden antaten. Ich weiß das. Aber wissen Sie auch, was Sie der Menschheit antun, indem Sie aus lauter intelligenten, bösartigen, witzigen Einzelgängern draußen hier ein Volk von Bananenpflückern und glücklichen Bauern machen? Völkische Einheit? Ach, ich war nie ein Völkischer. Das macht es mir jetzt schwer in Israel. Also noch ein Staat mehr auf der Welt, und die Juden zum Schluß eine so intakte und normale Nation wie die Libanesen – schade um diese lange und große Leidensgeschichte.« Dann erwachte ich etwas verzweifelt. Ich erwachte voller Angst. Ich hatte dem Vater widersprochen.

Dem Reisenden war nicht wohl nach diesem Traum. Er flog nachdenklich nach Hause, nach Deutschland. Er wäre sich gern auf die Schliche gekommen, woher dieser Widerspruch, dieser Protest eigentlich kam. Jede Reise, das wußte er, war im Grunde eine Reise zu einem selbst. Er hatte gesehen, wie die Juden hier entschlossen waren, eine Nation zu werden. Nicht alle, im Grunde nur ein sehr kleiner Teil vom Ganzen, ein Sechstel nur aller Juden, aber dieses Sechstel wog. Es trieb die Geschichte voran. Sie wollten einfach eine Nation werden mit richtigen Arbeitern, Bauern, Handwerkern und vielen vortrefflichen Soldaten. Sogar eine ganz ordentliche Kriminalität hatten sie schon im Lande und ein vorzügliches modernes Gefängniswesen. Auf beides war man stolz in Israel. Er hatte den enormen Ernüchterungsprozeß beobachtet, der immer eintrat, wenn viele einzelne zusammenkamen, um einen Staat zu bilden. Ein Riesenanspruch des Leidens wurde da aufgegeben. Genie war nicht gefragt. Kafka war nicht mehr wichtig. Es ist natürlich unglaublich banal, Straßen zu bauen, Wasserleitungen zu legen, Apfelsinen zu pflücken. Zuletzt zu Hause, später, hinterher, hatte er seinem Reisetagebuch noch diesen Nachtrag zugefügt:

Ich weiß nicht, wahrscheinlich, vielleicht: Wenn ich mich nach Freud richtig analysiere, so ist es doch ein Stück gekränkter Narzißmus in mir. Ach, »gekränkter Narzißmus«, eine jüdische Diaspora-Wahrheit, wie ich jetzt weiß: zersetzend und schön. So etwas wird Israel lange nicht mehr hervorbringen. Zu so etwas gehört nicht nur das Alte Testament, dazu gehört auch Wien, etwas Verfall. Also: Du hast die Juden immer geliebt und bewundert, aber wahrscheinlich doch nur, weil sie litten und einsam waren – von Heine bis Kafka. Die haben der Welt ein Zeichen gesetzt. Das bleibt. Es ist kränkend für dich, nun zu sehen, wie sie hier den Mantel des Schmerzes abwerfen, normal sein wollen – wie alle. Es ist interessant, faszinierend, etwas befremdend und auch etwas kränkend. Es zerstört deine Projektionen, deine Selbstliebe. Das machte dich fremd in Israel. Das wird man den Juden ja erst zuletzt verzeihen: daß sie nicht mehr leiden wollen – das nicht. Wo steht aber geschrieben, daß man leiden muß? Nicht in ihrer Bibel. Das sagte erst Christus.

(1971)

Diese brave Welt
Moskauer Impressionen

Warum fährt ein Bürger der Bundesrepublik nach Moskau? Warum fährt ein westdeutscher Intellektueller an einem warmen, strahlenden Septembertag in die Hauptstadt der Sowjetunion? Es gibt lockendere Ziele, schönere Hauptstädte, billigere Reiseländer, Landschaften in südlichem Licht, Orte in herrlicher Ungebundenheit. Warum sagt der Bundesdeutsche trotzdem: »Moskau«? Das Wort klingt kühl, nicht so freundlich wie Rom oder Paris. Nach Moskau geht man nicht zum Spaß. Man geht sehr ernst. Man will etwas erfahren, bekunden, bewirken: am besten Entspannung und Frieden natürlich. Aber wie macht man das?

Es kam eine Einladung, es kam ein Brief, man könne in Sachen des Friedens zwei Wochen nach Moskau und Leningrad fliegen. Ich sagte mir, das kennst du nicht, das kennt hier niemand in deinem Freundeskreis. Was weißt du denn über Moskau, ehrlich? Moskau ist eine leere Stelle auf dem Atlas deiner Erfahrung. Täglich hört man von Moskau im Radio und Fernsehen, täglich liest man Meldungen: »Moskau sucht Absprache mit USA« – »Bonn weist Moskaus Forderung zurück« – »Moskau läßt sich durch Peking nicht provozieren«. Wie sieht das aus? Wie lebt man dort? Man müßte es einmal sehen. Moskau ist für mich ein Begriff ohne Anschauung. Begriffe ohne Anschauung sind leer. Auf diese Leere kann man vieles projizieren. Projektionen sind schlecht, Erfahrungen gut. Deshalb fuhr ich nach Moskau.

Als wir im Omnibus vom Flughafen Scheremetjewo in die Stadt Moskau fahren, merke ich, daß so viel naive Erwartung nicht ganz stimmt. Wir alle bringen unser eigenes Schicksal, unsere eigene Vergangenheit, unsere dunkle deutsche Geschichte mit. Erste Häuserblocks tauchen auf, quer in die Landschaft gestellt, hohe kahle Wohnblocks, vereinzelte Fabriken, Brükken, Vorstadtlandschaft, Birkenwäldchen, Peripherie einer Weltstadt, weit und kalt, steinernes Vorspiel, viel Leere dazwischen. Es ist dämmrig draußen, es ist dämmrig im Bus, wir sind müde, erschöpft und neugierig. Jemand sagt: »Bis hierhin sind die Deutschen gekommen, genau bis zu diesem Punkt vor Moskau.« Die Deutschen? Wer ist das? Sind wir das hier in diesem

Omnibus? Wer von uns ist bis hierher gekommen? Jeder denkt, es werden wohl die anderen gewesen sein, die anderen Deutschen zu Hause. Wir sind achtunddreißig freundliche Bundesrepublikaner, die nach Moskau reisen. Hitlers Krieg ist längst vergessen.

Wir kommen aus Frankfurt und Hamburg, aus Düsseldorf und Köln, den Zentren des neuen Goldes. Die Menschen in Frankfurt haben Hitler vergessen, sie haben den Krieg vergessen. Die Deutschen hungern nach Wohlstand, ein jeder sucht seinen Erfolg. Man nennt das die freie Wirtschaft, eine christliche Ordnung, wie man hört, und wenn man in Frankfurt auf den Sachsenhäuserberg, auf den Lerchesberg fährt, sieht man die Früchte. Da wohnt die neudeutsche Prominenz in kostbaren Villen mit Butler und Gartengrill, mit rokokohaften Zäunen, abgetrennt von den anderen, die es nicht schafften. Die große Gleichheit von 1948 ist wieder aufgehoben. Millionäre gibt es viele in unserem Land. Sie haben ihr Kopfgeld wundersam vermehrt. Es gibt wieder Arme und Reiche in unserem Land; das ist nur natürlich, sagt man. Ich mißtraue dieser Natur. Sie riecht mir ein wenig nach Dschungel und Raubtiermoral. Es ist nur natürlich, daß der Löwe das Lamm frißt. Ist es deswegen gerecht?

Also auch das – natürlich: der uralte Traum der Linken, Traum der Gerechtigkeit. Er wird jetzt in dem rumpelnden Bus während dieser dämmrigen Stunde wieder wach. Ich bin müde und doch voll Erwartung. Wir kommen aus einem kapitalistischen Land. Etwas wie Hoffnung ist in mir; seltsamer, traumhafter Augenblick. Sie haben hier das verwegenste Experiment der Geschichte gewagt. Wir fahren in eine Weltstadt ohne Kapital. Wir fahren in eine mächtige Metropole in der es keine Klassen und keine Unternehmer, keine Münemanns und keine Neckermanns gibt; das Geld regiert hier nicht. Und ich sage zu meinem Nachbarn: Es ist doch ein Abenteuer, eine Stadt von sechs Millionen ganz ohne Privatkapital. Wie mag das funktionieren?

Das Hotel Metropol liegt am Revolutionsplatz im Zentrum der Stadt, gleich neben dem Roten Platz, und sieht von außen aus wie alle Moskauer Häuser der City: schwerfällig, altmodisch, triumphaler Jugendstil. Auf dem Dach des Hauses zuckt eine Lichtreklame grün und weiß und empfiehlt den Moskauern, sich bei Flugreisen um die Welt der staatlichen Fluggesellschaft Aeroflot zu bedienen. Eine altmodische Drehtür, die heimtückisch ist. In der Hotelhalle drängen sich viele Menschen an vielen Schaltern, Farbige stehen in Gruppen herum, Berge von Koffern warten. Viele Ausländer in Delegationen, Zimmernummern werden aufgerufen. Jemand drückt mir ein Stück weiße Kreide in die Hand, jeder hat seinen Koffer mit seiner Zimmernummer zu beschriften.

Offenbar sind Fahrstühle in Moskau noch immer Engpässe. Die Moskauer Häuser sind hoch und wollen wie die Wolkenkratzer Amerikas immer höher hinaus, aber ihre Fahrstühle erinnern eher an Altberliner Wohnhäuser in der Meineckestraße. Sie sind aus dunklem Holz, schwerfällig und mit Spiegeln ausgeschlagen, sie nehmen höchstens sechs Fahrgäste mit. Der Fahrstuhlführer, ein winziger, glatzköpfiger Greis, zeigte die mürrische Interesselosigkeit eines Kriegsveteranen, der noch mit Siebzig im Staatsdienst steht. Der Fahrstuhl hat für viele Platz, aber der Alte weist die Eindringlinge, die die sechs übersteigen, mit hoheitsvoller Gebärde zurück. Verstaatlichte Fahrstühle dulden keine Ausnahme.

Die Sowjetunion ist ein mächtiges Land. Sie beweist diese Macht ihren Gästen zunächst mit ihren Fremdenhotels, die alle etwas Mammuthaftes haben. Es erwarten einen überall weite, lange Flure, Flure wie Rollschuhbahnen, Zimmerfluchten, die sich irgendwo im Unendlichen zu verlieren scheinen.

Ausgeblichene alte Farben, unpersönliche Atmosphäre, Staatshotel, Wartesaal 2. Klasse; im Hintergrund noch etwas von der Pracht des alten Rußlands spürbar, heruntergekommen, aber sauber, peinliche Sauberkeit überall. Mein Zimmer ist kein Zimmer, sondern fast eine Suite, ein überdimensionales Appartement mit Vorraum, einem großen, viereckigen Badezimmer, einem Salon, der an eine Ibsen-Wohnung erinnert: Ein mächtiger Kronleuchter mit gleißendem Licht, ovaler Pilztisch, ein mächtiges Samtvertiko, Samtsessel, Kommoden und Anrichten, Wasserkaraffen stehen herum – hier könnte eine Familie wohnen, und so ähnlich wohnten ja auch bei uns die Großbürger um 1880. Es wird gebeten, den Balkon nicht zu betreten, er sei baufällig. Erst dahinter links das Schlafzimmer, das prachtvoll und kalt wirkt. Durch das Fenster blickt man links auf den Roten Platz. Vor dem Balkonfenster liegt das Bolschoitheater, ein weißer, korinthischer Tempel von mächtigen Ausmaßen. Breite Straßen, die jetzt in den Abendstunden von einem beträchtlichen Verkehr erfüllt sind. Omnibusse, Lastwagen, Taxis surren. Und ich stehe am Balkon, rieche zum erstenmal den starken, süßlichen Benzingeruch aller sozialistischen Länder: Minol, das ungereinigte Sowjetbenzin, das heute Ost-Berlin mit Peking in einer Duftwolke verbindet, unverwechselbarer, fortschrittlicher Straßengeruch, und denke, du bist also da, du bist in Moskau, du wohnst im Zentrum der roten Metropole. Hier schlägt das Herz des Sozialismus. Von hier aus wird die neue Welt regiert. Warum sieht sie so schwer und klassizistisch aus?

Man sage nicht, der erste Eindruck sei zu flüchtig. Der erste Blick kann ungemein enthüllend sein, erkenntnisreicher als der zweite. Der Fremde sieht mit neuen, unverbrauchten, weitgeöffneten Augen. Nur wer als Fremder in ein Zimmer tritt, kann den Geruch dort riechen. Der Speisesaal im »Metropol« riecht nicht. Er flammt im milden Licht pompöser Kronleuchter, er summt die Sprachen aller Welt, er plätschert grünes Wasser vor sich hin, das ein elektrischer Springbrunnen in der Mitte des Saales den Gästen aus aller Welt zur Erquickung bietet. Der Speisesaal des »Metropol« ist ein Salon der alten Welt, der jetzt der neuen Gastlichkeit der Sowjets dient. Er faßt wohl tausend Gäste, die hier in Gruppen sitzen, Afrikaner und Kubaner, Farbige und Leute aus der Inneren Mongolei. Drüben sitzt eine DDR-Delegation. Sie lachen, sprechen sächsisch, sehen uns und übersehen uns deutlich.

Ein sowjetisches Abendessen ist reichlich und nahrhaft, gesund und einfach. Es gefällt mir, meinem verwöhnten Reisegenossen mißfällt es. Es erinnert an eine unvergleichliche Mischung aus Londoner Küche und Berlin Aschinger; kleine Hors d'œuvres, eine Kohlsuppe, der rote Borschtsch, ein Hauptgang: schlechtes Schnitzel oder Huhn, meistens aber Frikadellen mit etwas grüner Gurke, danach Kuchen und Tee. Viele Flaschen stehen auf allen Tischen: Mineralwasser, das mit seinem hohen Jodgehalt stark nach Zahnarzt schmeckt, Desinfektionswasser; Pflaumensprudel, bräunlich und fade. Beides kaum genießbar. Man greift zur Wasserkaraffe. Sie fehlt nie. Sie wird ein Symbol werden auf dieser Reise. Wo immer du hinkommst in Rußland, wo immer ein Tisch steht, wo immer Kultur herrscht – und wo herrscht sie hier nicht? –, dort wartet auch diese hohe, jugendstilige Karaffe mit lauem Wasser. Man kann in der Sowjetunion nicht mehr verdursten.

Die Revolution hat deutliche Vereinfachungen gebracht. Man braucht als Eingeladener keine komplizierten Speisekartenprobleme zu lösen. Es gibt sie nicht. In der Sowjetunion kommt alles von selbst. Du mußt Geduld haben, du mußt warten; viele Kellner stehen untätig herum, auch sie warten. Der Staat ist ein mächtiger und weiser Mann und hat alles schon vorher gewußt; er hat dieses Essen schon von langer Hand in seinem Siebenjahresplan vorausgeplant. Es kann nichts danebengehen. Nur Geduld mußt du haben. Irgendwann wird es kommen, irgendwann werden die Genossen aus der Küche die Genossen Kellner rufen, und ungeheuer viele Kellner werden mit ungeheuer großen Tabletts alles bringen: alles gleich, alles gerecht, ein Teller wie der andere, sie werden es über tausend Leute im »Metropol« verteilen, und tausend Leute werden die grünen Gurken dankbar essen. Das Huhn ist schon ziemlich kalt, die Frikadellen auch, und das Wasser lauwarm. Immerhin: Wir essen zum erstenmal sozialistisch, schmackhaft, einfach und langweilig. Wir essen es mit jenem Gefühl der Dankbarkeit, das uns nun nicht mehr verlassen wird.

So gegen halb acht treffen überall in den Speisesälen der Sozialistischen Republiken Kapellen ein und rüsten sich zum Spiel. Es gibt legitime und historische Vorbilder dafür: den Zarenhof und die festlichen Säle der Fürsten. Wer speiste da ohne Musik? Es ist auch heute kulturvoll, mit Musik zu speisen. Also schlürft man hier seinen Borschtsch bei Balalaikaklängen, bei Walzerklängen, im Rhythmus eines langsamen Foxtrotts. Später kommt eine Sängerin, starkhüftig und vollbusig, ergreift mit resoluter Gebärde das Mikrophon und beginnt Arien zu singen; sie singt Millöcker und Johann Strauß, sie singt Paul Lincke und Puccini – mit schriller Stimme gibt sie Einlagen zu, ein Querschnitt durch das Kleinbürgerrepertoire von 1920. Man klatscht, man lächelt nachsichtig, man ist begeistert. Einige, die noch auf Essen warten, legen rasch einen Tanz ein und ziehen mit langen schleppenden Schritten einen Tango durch den Saal. Das ist eine freie Gesellschaft. Hier kann man tanzend essen. Die Delegationen sind glücklich. Die Musik ist jetzt so laut, daß ich meine eigene Stimme nicht mehr höre. Frohsinn erfüllt den Saal. Und ich denke: Immerhin – vor hundert Jahren waren sie leibeigen. Und hungerten und waren entrechtet, nun singen sie schon – immerhin. Aber in Zürich wäre alles kleiner, delikater und leiser. Es gibt eine Kultur der Ausbeutung, die ungemein menschlich ist. Es gibt eine Kultur der Gleichheit, die ungemein gerecht ist. Aber warum ist sie so laut und langweilig?

Der Rote Platz mit dem Kreml ist der Mittelpunkt von Moskau, das Zentrum des Imperiums. Hier schlägt rubinrot, tonnenschwer und des Nachts erleuchtet das Herz der Sowjetmacht. Aber wer glaubt, hier begännen auch die Führungen der Fremden durch die Stadt, verkennt den Ernst der Lage. Der Rote Platz ist ein Mekka des Sozialismus, ein Petersdom der neuen Welt, ein Heiligtum, dem sich der Fremde erst nach Tagen der Erkenntnis nähern soll. Man muß dafür reif und würdig werden, man muß die Errungenschaften des Sozialismus gesehen haben, muß wenigstens die Grundlagen der neuen Lehre begreifen, muß aus dem Stadium gesellschaftlicher Unterentwickeltheit erlöst werden, das jeder Besucher aus Westeuropa mitbringt. Jede Reise in die Sowjetunion gleicht dem Besuch einer Volkshochschule: Kursus in Sozialismus. Man wird auf das freundlichste belehrt, man wird ausgiebig unterwiesen. Die Damen von Intourist sind liebenswürdig und hilfreich, aber im Grunde sind sie alle Nachhilfelehrerinnen. Sie heißen Tamara, Marella und Natascha. Der Besucher weiß sehr bald, daß er gar nichts weiß; er fügt sich sehr schnell in die Rolle des Schülers. Die Sowjetunion ist ein einziges, riesiges Internat, in dem es immer etwas zu lernen, zu verstehen, nachzuholen gibt. Der Besucher aus dem Westen ist so etwas wie ein Analphabet des Fortschritts, er begreift sehr bald, wie tief unten er gesellschaftswissenschaftlich steht und daß er noch einmal ganz von vorn anfangen muß. Westlicher Hochmut wandelt sich bald in östliche Demut. Ein Gefühl von Dankbarkeit entsteht. Das ist das erste Stadium der Erkenntnis.

Es ist neun Uhr morgens, ich gehe über den Revolutionsplatz zum Gorki-Prospekt. Es ist ein strahlender, warmer Herbsttag, Septembersonne liegt über Moskau. Es riecht überall nach Minol, es riecht nach Fortschritt. Die Straßen sind hier so breit wie bei uns lang; die Plätze sind riesig und wirken sehr leer; die Häuser gleichen alle monumentalen Klötzen, sie sind zehn, fünfzehn oder zwanzig Stockwerke hoch, erheben sich streng und kalt und gewaltig über den Spaziergänger. Es sind schwere, wuchtige Quader, meist bräunlich oder gelb, an denen man eigentlich nur in Delegationen vorbeigehen kann. Sie erdrücken den einzelnen. Schon die Moskauer Mauern belehren einen über die Macht des Kollektivs, über die Hilflosigkeit des Individuums. Eine Weile stehe ich vor dem Leninmuseum, das in pseudorussischem Stil in rotem Backstein gewaltig daliegt. Ein Relief zeigt einen vorwärtsstürmenden Revolutionär in der anstrengenden Gebärde immerwährenden Sieges.

Menschen umdrängen einen Bücherkarren. Da liegen altmodisch und haltbar gebunden die Klassiker des französischen Realismus. Ich lese Zola und Balzac, Victor Hugo und Stendhal. Keine Groschenhefte, keine Kriminalromane, keine Comic strips, gute Literatur für das Volk. Der Realismus des 19., des bürgerlichen Jahrhunderts feiert hier seine jüngsten Triumphe. Die Leute kaufen den ›Bauch von Paris‹ und kaufen die ›Affäre Dreyfus‹; die Bücher sind billig und belehren über die sozialen Verhältnisse in Paris vor hundert Jahren. Vor hundert Jahren? Gewiß, aber die Zeit scheint hier zusammengeschrumpft. Was sind hundert Jahre? Die Vorhalle der Metrostation Revolutionsplatz ruft das Gefühl von 1880 hervor. Mächtige Marmorblöcke, die mit Skulpturen geschmückt sind und im Stil der Großväter die Taten der Revolution erzählen. Was ist die Zeit? Moskau ist architektonisch eine zurückgestellte Uhr. Was sind hundert Jahre? Zola wirkt hier gegenwärtig.

Der Gorki-Prospekt, auch Twerskaja genannt, ist die Hauptverkehrsader der Innenstadt, des größten Stadtviertels von Moskau: Krasnaja Presnja. Das Haus des Ministerrats liegt hier, das Haus des Moskauer Sowjet, das Hotel National, die Hauptpost, das Intouristbüro, das Revolutionsmuseum; der Puschkinplatz. Der Gorki-Prospekt ist zwölfbahnig, er war früher eine enge und altmodische Straße und wurde von Stalin zur Hauptverkehrsader umgebaut. Moskau ist heute eine Stadt von sechs Millionen Einwohnern, aber seine Straßen und Plätze, seine Bürgersteige und Unterführungen sind schon jetzt für eine Stadt von zwölf Millionen projektiert. Moskau ist eine Stadt der Zukunft. Alles wirkt noch etwas zu weit, zu groß, zu leer, zu hoch. Man sagt, der Gorki-Prospekt sei der belebteste Boulevard der Stadt, aber dieser Boulevard wirkt merkwürdig kalt und leer. Eine monumentale, saubere Prachtstraße, ohne Gesicht, ohne Seele, ohne die intimen Schwingungen, die in London, in Paris, in Rom eine klassische Flanierstraße hat. Das Individuum ist hier noch nicht eingekehrt. Die Moskauer sind sauber gekleidet, sie tragen keine Wattejacken und keine Stoffstiefel mehr. Sie wohnen in Steinhäusern. Sie tragen Jackettanzüge und Lederhalbschuhe, sehen aus, wie bei uns einfache Leute in der Vorstadt aussehen. Nichts elegant, nichts schön, niemand, nach dem man sich umsehen würde, aber auch niemand, der durch Armut und Elend auffiele. Dies ist eine brave, farblose, fleißige Arbeitsgesellschaft.

Die großen Boulevards unserer westlichen Welt sind erotische Wanderausstellungen, Zirkusse der Hoffnung: Teenager werben mit koketten Pullovern und hochgesteckten Frisuren, Twens kokettieren mit Brechtfrisuren und Jazzkellerbart, und aus jedem Schaufenster, aus jeder Kinoreklame zwischen Mailand und West-Berlin sieht dich eine Versuchung, ein schönes Laster an. Das sei weit von Moskau. Die Moskauer sind nicht lasterhaft, locken nicht mit Versuchungen, sie stellen sich nicht zur Schau. Der Kapitalismus ist Exhibitionismus, der Sozialismus ist Keuschheit der Seele. Der Gorki-Prospekt ist voll eilender, fleißiger Menschen: gedrungene, stämmige Körper, östliche Rundschädel, blond oder ein farbloses Hellbraun, die meisten haben etwas zerknitterte Warenhausgesichter und tragen etwas verblaßte Warenhauskleider. Manche Männer haben Aktentaschen bei sich, aber die sehen aus, als hätten sie darin nur Butterbrote in Blechdosen. Die Moskauer sind ernsthafte Straßenbenutzer, korrekt und anständig, fast wie aus einer Polizeiverordnung. Staatsbürger, frisch aus der Verfassung geschnitten, jeder Bürger eine juristische Person, einwandfrei, wachsam, eifrig. Jeder Untersuchungsrichter wäre gegen sie machtlos. Da gibt es nichts, was zu beanstanden ist. Ein Geruch von Bravheit und Wohlanständigkeit liegt in der Luft.

Tagelang bin ich so durch die Moskauer Straßen geschlendert: Puschkinstraße, Karl-Marx-Prospekt, Kremlkai, Petrowkastraße, Straße des 25. Oktober, Kalininstraße, Kirowstraße, immer in der Hoffnung, etwas Ungewöhnliches, etwas Abweichendes zu finden, immer auf der Suche nach den feinen Nuancen der Stadtviertel, den Gerüchen, den unendlichen Differenzen der Quartiere, wie man sie aus Paris kennt. Aber solche atmosphärischen Temperaturstürze, solche Aufschwünge im soziologischen Planquadrat einer Weltstadt gibt es hier nicht. Nur gelegentlich die Reste des alten, zaristischen Moskau. Plötzlich zwischen den kalten, wuchtigen Klötzen der Partei- und Wohnhäuser eine kleine russische Kirche, die mit ihren goldenen oder grünen Zwiebeltürmchen verzaubert und orientalisch anmutet. Schläft hier Byzanz? Plötzlich eine grüne rokokohafte Fassade, Palais des alten Adels, in dem jetzt der Schriftstellerverband oder ein Komitee für irgendeine fortschrittliche Sache wohnt. Neben dem wilhelminisch-barocken Kaufhaus GUM läuft direkt eine stille, wenig beachtete Straße auf den Roten Platz zu. Herrliche alte Großbürgerhäuser, nur vier bis fünf Stockwerke hoch, stilvolles Biedermeier, hinter deren kronleuchtererhellten Fenstern man in große, festliche Salons blickt; Gobelins an den Wänden, Skulpturen im Flur, wertvolle Gemälde. Wohnte hier einst der Adel? Waren hier die Gesandten Frankreichs und Englands zu Hause?

Moskaus beklemmende Häßlichkeit ist kein ästhetisches Problem, sondern ein historisch-gesellschaftliches. Erst allmählich wird das dem Fremden klar. Jede Stadt ist eine steinerne Gesellschaftsordnung. Warum kann man durch Paris und London, durch Mailand und Rom stundenlang mit entzückten Augen wandern? Die bürgerliche Gesellschaft ist eine Gesellschaft von vielen einzelnen, der Kapitalismus war ein Sieg der Persönlichkeit, unzählige Individuen wandeln dauernd das Bild unserer Städte. Der Kapitalismus ist eine exhibitionistische Gesellschaftsordnung. Er stellt aus, stellt dar; ganz Paris hat etwas von einer einzigen Ausstellung, einer Galerie, von einer Selbstdarstellung des bürgerlichen Warenkosmos: Produkt und Fetisch zugleich. Wer ausstellt, reißt Mauern ein, legt Steinwände nieder, bekennt sich zum Glas. Viel Licht, viel Farbe und Dekoration. Der Kapitalismus zeigt vor – wie ein Exhibitionist. Hier in Moskau haben sie nie einen entwickelten Kapitalismus erlebt. Niemand hat die dicken Steinquader niedergerissen, hat die feudale Strenge zerbrochen, hat die Stadt zu einer gläsernen Ausstellung umgebaut. Die Ware wurde nie ein gleißender Fetisch. Die Moskauer sind von einem finsteren, zaristischen Mittelalter direkt in die große sozialistische Hoffnung gesprungen. Sozialismus heißt Verteilen, und etwas davon haben hier alle Geschäfte. Es sind Magazine, in denen abgegeben, weitergereicht wird. Es sind bessere Verpflegungsdepots und Kleiderkammern, in denen man seinen egalitären Konsumanspruch befriedigen kann. Alle sind ja Genossen, keiner beutet den Menschen mehr aus. Das bedeutet: Die Verkäuferinnen sind gleichgültig, uninteressiert – wie Knipser der Bundesbahn.

Ich stehe vor einem Tabakkiosk in der Karl-Marx-Straße, ganz nahe bei der Lubjanka. Es ist neun Uhr morgens. Um neun Uhr beginnen alle Moskauer zu arbeiten, von montags bis freitags sieben und am Sonnabend sechs Stunden. Es ist zehn nach neun, als eine ältere Frau kommt, die hier offenbar Vorrechte besitzt. Man weicht ehrerbietig zurück. Zwanzig oder fünfundzwanzig Leute stehen vor dem Kiosk Schlange. Die Frau läßt sich langsam in ihrem Holzkasten nieder, kramt in ihrer Handtasche, kämmt sich, beginnt dann die Tabakwaren im Regal umzustapeln, ordnet die Häufchen einmal nach links, einmal nach rechts, die Moskauer stehen geduldig im Glied, niemand findet ihre kommerzielle Interesselosigkeit unhöflich. Du mußt

Geduld haben, Genosse, der Staat hat ernstere Probleme im Kopf als Zigaretten. Er hat Sorgen mit den Chinesen, und schließlich ist auch die Abgabe von Tabak eine ernste Handlung. Sie will vorbereitet sein.

Die Frau hat sich jetzt einen Holzkasten vorgenommen, in dem sie Kopeken sortiert, und plötzlich schiebt sie das Glasfensterchen ruckartig hoch und beginnt zu verteilen. Sie sieht niemand an, wechselt mit niemand ein Wort, sondern verteilt. Ihre Arme machen immer die gleichen, mechanischen Wege. Es ist wie ein Fließband: Sie faßt, sie greift und legt heraus und nimmt ein und faßt wieder und greift. Sie wird das bis fünf Uhr tun, das ist Moskauer Rhythmus. Sicher werden dann immer noch ein paar Leute Schlange stehen, aber Punkt fünf Uhr wird sie das Glasfensterchen ruckartig herunterschieben. Es ist aus, Schluß für heute, Feierabend, Genosse, du mußt morgen wiederkommen, spare dein Geld, rauchen ist ungesund. Wenn du klug bist, Genosse, so gehe nach Hause und lerne etwas. Es gibt immer etwas zu lernen: Elektrotechnik oder Maisanbau, Tiefbaustatik oder Englisch oder die Geschichte der KPdSU (B), letzte Fassung. Wer weiß, wie lange sie noch gilt?

Aber vielleicht geht der junge Mann nicht nach Hause, vielleicht geht er wie ich des Abends zum Manegeplatz, um sich zu amüsieren? Sechs Millionen Moskauer wollen nicht nur arbeiten und lernen, sie wollen glücklich sein. Die Freude ist das Öl des Sozialismus. Natürlich gibt es kein Nachtleben in Moskau, natürlich gibt es keine Bars und kein Strip-tease, denn der fortschrittliche Mann spielt nicht mit der Frau, er sieht in ihr immer den Freund und Partner. Er raucht nicht, er trinkt nicht, er ist treu. Es gibt einige Cafés und Bierstuben, verschiedene nationale Speiselokale und achtunddreißig Bühnen in Moskau, die meistens ausverkauft sind, denn die Moskauer sind begeisterte und leidenschaftliche Theaterfreunde. Man muß sich in Moskau des Abends nicht langweilen, es gibt genügend Grünanlagen, Kulturparks, wo man sich zwischen Limonadenständen und Riesenrad ergehen kann. Lenin, wohl zwanzig Meter groß, wacht riesig und gipsweiß darüber. Er trägt einen Jackettanzug aus Gips, eine weiße Weste aus Gips, einen vorwärtsstürmenden Kinnbart aus Gips. Seine weiße Krawatte aus Gips scheint zwei bis drei Meter lang zu sein.

Also Manegeplatz: Marstall, ein altmodischer, monumentaler Saal, in dem früher die Aristokraten ritten, außen hellgelb und weiß wie preußische Schlösser. Heute eine permanente Kunstausstellung, zugleich auch Tanzpalast der Moskauer Jugend: Treffpunkt der Teenager und Twens. Ich betrete das Zentrum der tanzenden Moskauer Jugend, und ich glaube meinen Augen nicht zu trauen: ein unübersehbarer, endloser Saal, kahl und nüchtern. Ich schätze, es werden zwei- bis dreitausend Jugendliche sein, eine Massenversammlung, die mit großer Entschlossenheit tanzt. Die Decke ist freitragend und ohne Säulen, ein Saal zum Marschieren. Und in diesem Saal ist nichts, gar nichts, nichts außer diesen tanzenden Tausenden, eine große, drängende, erfüllte Leere, kein Stuhl, kein Tisch, keine Schanktheke, kein Kellner, keine Nische. An der Mauer ein paar Bänke, wo Mädchen wie in der Tanzstunde sitzen: Mauerblümchen, auch hier.

Vorn sitzt eine Kapelle, die bunt und glitzernd aussieht wie eine westliche Tanzkapelle, ihre Musik ist nicht so altmodisch wie im »Metropol«, sie spielen Weisen der vierziger Jahre, und zwischendurch treten Schlagersänger und Akrobaten auf und ernten rauschenden Applaus. Die Mädchen sind ordentlich und freundlich gekleidet. Die jungen Männer haben fast alle dunkelblaue Anzüge an und weiße Hemden, und viele tragen eine Krawatte. Es ist ein unübersehbares Gewoge im Saal, niemand darf rauchen, niemand etwas trinken, niemand kann sich setzen oder heimlich flirten. Hier sind dreitausend Jugendliche fest zum Tanz entschlossen. Um elf Uhr verlöschen einige Lichter, die glitzernde Kapelle rückt plötzlich ab, aber am anderen Ende des Saales hat sich eine neue kleine Kapelle aufgebaut. Dreitausend Pioniere strömen geschlossen hinüber, und siehe da: Diese kleine Kapelle des nächtlichen Ausklangs spielt etwas, das ganz offenkundig Moskauer Jazz sein soll. Vielleicht ist es eine Studentenband? Der Saxophonist bläst amüsante und beinah frivole Kadenzen. Zwei Mädchen, die miteinander tanzen, versuchen ganz einsam auf dem leeren Parkett vor der ersten Kapelle so etwas wie einen Twist miteinander, es sieht hilflos und komisch aus und hat etwas Rührendes in seiner bemühten Verworfenheit. Sie wirken wie Clowns auf dem leeren Parkett. Das alles dauert eine gute Viertelstunde, dann gehen auch hier die Lichter aus, die Kapelle packt ein, und dreitausend Jugendliche strömen hinaus auf den Manegeplatz, verlaufen sich im Dunkel der breiten, leeren Moskauer Straßen.

Um Mitternacht, auch am Samstagabend, ist Moskau so still und tot wie Zürich und London. Die Pioniere gehen schlafen. Und über dem Roten Platz glüht der mächtige Rubin des Sowjetsternes, warm und verheißend. Die Basiliuskathedrale ist mit ihren vielen goldenen Türmen wie ein russisches Wintermärchen, vom mächtigen Kremlturm schlägt es zwölf, und hinter diesem ungeheuren Marmorgebirge ist irgendwo Lenin aufgebahrt. Er schläft den aufmerksamen, hellwachen Schlaf der Revolution. Ja, Lenin hat an den Schlaf der Welt gerührt. Man spürt es hier. Was haben wir eigentlich gegen den Kommunismus? Dies ist eine neue, brave Welt.

Das Kloster Sagorsk liegt etwa siebzig Kilometer außerhalb von Moskau. Wir sind Gäste des Patriarchen von Moskau. Sein Stellvertreter Nikodim wird uns empfangen. Es geht das Gerücht, die Kirche werde in der Sowjetunion verfolgt, das Christentum leide. Es ist die immerwährende Aufgabe der russischen Kirche, solchen Gerüchten entgegenzuwirken. Dazu empfängt sie westliche Delegationen. Denn Sagorsk ist ein altes, ehrwürdiges Zentrum mit vielen Museen, Kirchen und Klöstern, mit einer geistlichen Residenz des Patriarchen und einem Priesterseminar, an dem noch immer hundert Studenten im Jahr Theologie studieren. Sagorsk ist ein herrliches Museum der Vorgeschichte des Sowjetvolkes. Die Sowjets sind vorbildliche Konservatoren, die Tradition ist seit Stalin eine mächtige Säule der sozialistischen Ideologie, und so gehört auch Sagorsk, wie die großen Zaren, zur historischen Selbstdarstellung der neuen Welt. Die Kirche war böse, aber sie war auch in böser Zeit ein starker Pfeiler der russischen Geschichte. In Sagorsk ist sie heute zu besichtigen: konserviert, restauriert und ausgestopft.

Kleinstadtluft, ländliches Fluidum, Frauen mit Kopftüchern und weiten Bauernröcken und Krückstock, wie man sie aus alten Büchern kennt. Sie bekreuzigen sich in der großen Doppelgebärde der Byzantiner, sie werfen sich nieder, liegen auf dem Steinboden, den sie mit der Stirn berühren. Sie beten laut und leiernd Litaneien, denen ein Priester merkwürdig kalt und herrisch respondiert. Die Liturgie der Orthodoxen ist orientalisch-feierlich und menschenunfreundlich. Die mächtigen Baßstimmen der Popen kommen wie aus dem Kellergeschoß der Geschichte, Botschaft aus der Tiefe, viel Dunkel, viel Weihrauch und flackernder Kerzenglanz: unsagbare Hoheit am Altar, unsagbare Unterwerfung im Volk. Sehr wenig Kontakt zwischen beiden. Menschenunfreundlicher Ritus. Wenn man diese Liturgie begriffen hat, hat man viel von dem neuen Sowjetstil begriffen. Auch Marx und Lenin stehen auf solchen Altären.

Sehr hoch und feierlich. Endloses Gemurmel der Priester, die ihre Bücher auslegen; Suslow-Gemurmel, Parteiideologie, große Unterwerfung im Volk: Der Kreml ist gut.

Und doch wirken die Priester in dieser nüchternen und monotonen Arbeitslandschaft der neuen Sowjetgesellschaft fast exotisch. Mit ihren großen, schwarzen Talaren, mit dem schweren goldenen Doppelkreuz auf der Brust, mit ihren Bärten und langen Haaren scheinen sie wie ehrwürdige Petrefakte. Das Kreuz, es ist nicht zu leugnen, es ist noch da, sie tragen es auf der Brust. Tragen sie die Botschaft ihres Gottes durch diese Epoche? Ist diese Gebärde von braven Restauratoren eine Taktik, zu überleben? Sie loben den Staat, die Fortschritte der Gesellschaft. Die Kirche, so sagen sie, sei in der Vergangenheit böse und selbstsüchtig gewesen. Erst der Sowjetstaat habe die Kirche wieder auf ihre geistliche Mitte, ihre Botschaft der Liebe zurückverwiesen.

Wer heute zu uns kommt, sagen sie, kann sich keine Vorteile mehr versprechen, er kommt aus dem Geist Christi. Das ist wohl wahr. Aber ist es die ganze Wahrheit? Das Kreuz auf der Brust bleibt hier ein Widerspruch: Das Kreuz sagt nicht Erde, sondern Himmel, es sagt nicht Gerechtigkeit, sondern Liebe, es unterläuft den Humanismus der Revolution mit der Erbsünde, es müßte ein Ärgernis sein, aber das ist es nicht. Die Priester wirken hier alle wie geistliche Archäologen, sie verwalten ein großes Museum, sie sind Konservatoren und kundige Ikonographen. Mit mächtigen Schlüsseln öffnen sie Säle der Vergangenheit und führen durch Kunstgalerien sakraler Geschichte. Ikonen überall, strahlende Kreuze unter Glasvitrinen, der goldgestickte Ornat, überall Perlen und Edelsteine, Insignien der Macht – dem Volke geraubt. Sie erklären das, wie es bei uns Kunsthistoriker tun: stilgeschichtlich, wissenschaftlich. Die Kirche ist eine herrliche Phase der Kunstgeschichte. »Ja, Sie haben recht, ukrainischer Stil des siebzehnten Jahrhunderts.« Sie blicken starr auf diese ästhetischen Kategorien und blicken betreten weg von dem, was diese Schönheit sagen wollte: So schön, ihr Russen, schöner noch ist euer Gott.

Mit der russisch-orthodoxen Kirche ist eine Aussprache vorgesehen. Das gehört zum Ritual. Wieder wie überall im Lande der lange grüne Tisch, auf dem Wasserkaraffen stehen. Sie sitzen uns gegenüber in ihrem Talar mit weißen und schwarzen Kopfbedeckungen, mit schwarzen Bärten und Augen, die bei einigen müde, bei anderen milde und bei einem glühend sind.

Die Situation ist nicht ohne Peinlichkeit. Der Metropolit und der Seminardirektor, der Professor für Kirchengeschichte und der Kunstwissenschaftler, sie werden von Touristen aus der Bundesrepublik auf Freiheitlichkeit examiniert. Inquisition der Demokraten! Wieviel Christen gibt es noch in Ihrem Lande? Wieviel Taufen jährlich? Haben Sie genügend Priesternachwuchs? Wie ist Ihre finanzielle Situation, und wie stehen Sie zur atheistischen Propaganda des Staates? Gehobene Touristenfragen, die peinlich sind. Aber die Situation ist für sie nicht neu. Es ist die politische Aufgabe der Kirche, ihre eigene Freiheit gerecht und klug, mäßig und bedachtsam zu demonstrieren. Die Zeit, da man Christen kreuzigte, ist längst vorbei. Das war Vorgeschichte. Heute biegt man sie sich zurecht. Sie lassen sich mühelos biegen. Nein, es gehe der Kirche gut, man sehe es ja, es gebe viel Nachwuchs, aber man könne der Fülle wegen nur eine beschränkte Anzahl aufnehmen, es gebe viele Taufen, viele Kirchen, aber Statistiken gebe es nicht darüber. Der Atheismus? Er sei Staatssache. Ob man nicht wisse, daß in der Sowjetunion Kirche und Staat getrennt sind?

Sie wechseln sich ab. Sie reagieren überlegt und geschickt. Sie winden sich durch alle Fragen mit der unangreifbaren Dialektik marxistischer Jesuiten. Die meisten wirken harmlos und in ihrer freundlichen Introvertiertheit etwas kastriert. Nur Nikodim, Metropolit von Leningrad, der sie anführt, er ist kaum Ende Dreißig, wirkt kraftvoll, gespannt und ganz gegenwärtig. Sein Gesicht ist undurchsichtig, verschlagene Klugheit, kapaunhaft, ein Zug von Leiden, wohlgenährt und noch etwas dahinter, das man nicht definieren kann. Sein Gesicht ist ruhig und undurchdringlich, aber seine Hände sind nervös, sie liegen auf dem Tisch und spielen mit der großen schwarzen Quaste seines Talars. Die Aussprache dauert mehr als eine Stunde, und während dieser Stunde bewegen seine Hände in dauernder Unruhe die Quaste hin und her. Er hat die Quaste zu einem länglichen Stoffstab zusammengedreht und schiebt sie pausenlos durch die geöffnete Faust. Mit der rechten Hand schiebt er den Stab jetzt durch die halbgeöffnete Linke und dann wieder umgekehrt. Die Bewegung wirkt zwanghaft und zugleich obszön. Diese Hände sind ohne Kontrolle, so merkt man, und sie bewegen sich, während das Gesicht unbeweglich bleibt, in einer Art, die an Selbstbefriedigung erinnern könnte. Aber vielleicht will er mit dieser Faust nur unbewußt den schmalen Raum abstecken, durch den sich die Kirche hier zwängt?

Und dann, nachdem die Aussprache beendet und von den Touristen alles Kirchliche für gut befunden wurde, gibt es auf Einladung der Kirche ein Essen, das ohnegleichen ist. Ein altrussisches Festmahl in dem großen bunten Speisesaal des Konvents, das Rußlands Ehre auch bei dem verstocktesten Antikommunisten wiederherstellen könnte. Die Tische bersten von Kostbarkeiten, von Kaviar und Krimsekt, von Wodka, georgischen Weinen und herrlichen Likören. Kunstvolle Speisen sind angerichtet, leckere Früchte, ein kaltes Büfett, das jedem Staatsbankett im Kreml Ehre machen würde. Nikodim singt, seine Stimme klingt tief und feierlich durch den Saal, sie klingt wie die Stimme Schaljapins, und die anderen Würdenträger respondieren mit ihren Bässen. Man segnet das Mahl ein, man betet und beginnt wieder zu singen. Alles wirkt wie in einer russischen Oper: Fürst Igor ist auferstanden, gleich werden die Kosaken hereinsprengen und die Herrschaft des Zaren ausrufen. Aber es sind nur Novizen und junge Theologen, die kommen und mit anmutiger Gebärde aufwarten. Was sind das für Menschen? Wer studiert heute in der Sowjetunion Theologie? Sie sehen aus wie Seminaristen der ganzen Welt, schüchtern und bleich, vereinzelt und sehr demütig. Ich weiß nicht, ob es einen politischen Widerstand in diesem Lande gibt, es ihn überhaupt geben kann, ob es einen Sinn hat, ihn zu suchen, denn dieses Land war immer unfrei, wurde immer geknechtet, die Revolution war für das Volk gewiß ein Fortschritt. Aber wenn es hier Widerstand gibt, Widerstand nicht als politische Revolte, sondern als geistiges Nein zur Gesellschaft, dann von diesen Seminaristen, diesen jungen Theologen. Indem sie ihr Leben der Kirche weihen, machten sie die Revolution innerlich rückgängig, machen sie ihre eigene Jugend und Erziehung rückgängig: Zwanzig Jahre lang als junge Pioniere erzogen, immer fleißig für den Sowjetstaat gestrebt, und dann plötzlich Priester Jesu Christi – das ist eine Art des Versagens, die an Widerstand grenzt. Sie entziehen sich der neuen Gesellschaft. Wer sich der totalen Gesellschaft entzieht – ist der für sie?

Man hat gegessen, man hat getrunken. Man ist satt, ist etwas angeheitert, ist beglückt über so viel Freundschaft und meint schon, es ginge dem Ende entgegen. Da tun sich plötzlich die Türen neu auf, und andere Novizen und andere Theologen bringen unübersehbare Mengen von Suppen und danach Braten herein. Ein neuer Akt der Oper beginnt. Was wir für das köstliche Mahl hielten, war nur die Vorspeise, und wer sich voreilig am kalten Büfett satt aß, hat nun das Nachsehen. Nun erst beginnt es wirklich: Huhn und Hammel, neue georgische Weine, viele Gemüse und hinterher herrliche Süßspeisen, natürlich auch Kuchen und Tee. Es ist eine Orgie des Essens. Viele sind nun schon angetrunken, fröhliche Gespräche im Saal, schüchterne Trinksprüche, ja: Die Deutschen sind gut, Rußland ist gut, die Kirche ist gut, und der Sowjetstaat ist mächtig, und wir alle sind glücklich und dankbar und taumeln ein wenig. Und wieder die Frage: Was habt ihr eigentlich gegen den Kommunismus? Dies ist eine brave und fortschrittliche Kirche. Sie ist nicht so anmaßend und herrisch wie in Spanien, nicht so reich wie in Deutschland, nicht so puritanisch wie in England. Ist sie nicht die Kirche Christi?

Nikodim ist aufgestanden und singt wieder, wir stehen auch, auf schwachen Füßen, man hat uns betrunken gemacht, gewiß. Aber war es nicht der süße Wein des Glaubens? Nikodim singt laut wie ein Opernsänger. Er sagt Gott Dank, ehrwürdig und theatralisch. Er singt halb wie ein Pope und halb wie ein verdienter Schauspieler des Volkes – vielleicht ist das beides hier nicht so weit voneinander entfernt. Aber wer bezahlt eigentlich die Zeche? Die Kirche oder die Partei? Die Meinungen darüber gehen auseinander. Sagorsk ist ein undurchsichtiger Ort.

Im Laufe einer Moskau-Reise durchläuft jeder Eingeladene ungefähr die gleichen Stationen und Wege. Lies es bei Truman Capote, bei Wolfgang Koeppen, bei Rudolf Hagelstange nach – es sind immer die gleichen Personen und Häuser, dieselben Besuche und Empfänge. Es warten viele Museen und Schulen auf einen, es warten achtzig Akademien, viele Gewerkschaftshäuser, Pionierpaläste, Ausstellungen und Kulturparks, es warten unzählige Lenindenkmäler und dreiundzwanzig Lenin-Wohnungen in der Sowjetunion – man sollte sie eigentlich alle besichtigen. Es gibt viele Komitees, die warten und eine Aussprache suchen – in der Sowjetunion spricht man sich immer aus. Sie sitzen in den gut renovierten Häusern des Adels: der Journalistenverband, der Schriftstellerverband, das Friedenskomitee. Das Haus der Freundschaft. Stets ein Leninbild an der Wand, die Komitees sitzen wie immer an langen grünen Tischen, haben Wasserkaraffen vor sich, Lysolwasser und Pflaumensprudel. Es sind Herren in gesetztem Alter, die gar nicht wie Revolutionäre oder Bolschewiken aussehen, sondern genauso bürgerlich verbraucht wie bei uns ergraute Akademiesekretäre und Vorsitzende des badischen Schriftstellerverbandes.

Sie wirken zunächst bürokratischer, aber gewinnen sehr bald durch eine temperamentvolle, ja überströmende Herzlichkeit.

Im Haus der Freundschaft stehen kleine Schilder auf den grünen Tischen. Darauf steht: Gewerkschaftsfragen, Fragen der Kunst, Außenpolitik, Fragen der Religion, Probleme der Literatur. Entsprechende Spezialisten sitzen vor den entsprechenden Schildern, und nach einem Eröffnungsritual, das überall gleich herzlich ist, beginnt man sich zu gruppieren und diskutiert los. Die Wahrheit ist rasch zu finden. Ich sitze genau zwischen den Fragen der Literatur und denen der Religion. Links diskutiert man über Böll und rechts über Jesus. Der rechte Herr fragt: Kennt man in der Bundesrepublik nicht die Ergebnisse der historischen Leben-Jesu-Forscher? Wir bejahen das. Natürlich. Gewiß. David Friedrich Strauß gewiß, das gab es einmal um die Jahrhundertwende bei uns. Na und? fragt der Herr erstaunt. Wenn das bekannt ist, so weiß doch jeder, daß Jesus nie gelebt hat. Wie können Sie noch an ihn glauben? Bei uns ist die Religion überholt. Links spricht ein Dozent über Böll. Ich sage: Aber der ist doch katholisch. Wie paßt das eigentlich zu Ihrem Atheismus? Es paßt, höre ich, das Katholische sei nicht wichtig bei Böll, wichtig sei nur die soziale Information. Ich sage, das sei nun wieder bei uns überholt, daß man soziale Information aus Kunst beziehe. Das könne das Fernsehen doch besser. So geht das Gespräch hin und her, und ich höre plötzlich jemanden über Malerei sprechen. Er erklärt den Gästen aus Deutschland, warum die abstrakte Malerei überholt sei. In der Sowjetunion stehe immer der Mensch im Mittelpunkt. Das klingt wie bei einer Sonntagspredigt der CSU in Augsburg. Der Sozialismus sei ein Humanismus, und eine Malerei, die das Bild des Menschen nicht mehr male, sei eben unmenschlich, sei vom Humanismus Rußlands überholt. Warum wir im Westen noch immer so rückständig malten? Verdutzte Gesichter bei uns. Gelächter, irgendwie ist das komisch und wie alles Komische gar nicht so leicht zu widerlegen.

Was ist mit ihnen? Sie sind Aufklärer der frühesten Stunde und huldigen einem naiven und handfesten Realismus. Sie sind wie vierzehnjährige Jungen bei uns, die gerade ihre Karl-May-Phase hinter sich haben und sich zum erstenmal knabenhaft naiv der Welt zuwenden, an ihre einfache, ungebrochene Wirklichkeit glauben. Alles ist zählbar, meßbar, berechenbar, alles kann man machen und manipulieren. Es ist eine Aufklärung, die nichts mit unserer Aufklärung, mit Voltaire und Lessing zu tun hat. Es fehlen jeder Witz, jede Ironie, jeder Sinn für Gebrochenheit. Es ist die Aufklärung eines Bauernvolkes, ein schlichter und rustikaler Rationalismus, noch frisch und unreflektiert. Sie wollen schon denken, gewiß, aber sie wollen noch nicht über das Denken selber denken. Das ist es. Sie haben die zweite Stufe der Reflexion noch nicht erreicht.

Dafür gibt es viel Begeisterung in der Sowjetunion: Einladung beim Friedenskomitee. Die Herren, die jetzt um den grünen Tisch sitzen, sind begeisterte Friedensfreunde und versuchen, uns mit fröhlicher Stimme und rudernden Armbewegungen in diese Friedensbegeisterung einzustimmen. Der Vorsitzende hat eine lange Rede gehalten, die zum Schluß begeistert zu Frieden und Freundschaft aufrief und prasselnden Applaus bekam. Andere Herren stehen auf und bekennen sich auch zu Freundschaft und Frieden. Es wird viel und überzeugend von Völkerversöhnung und Brüderlichkeit gesprochen, man diskutiert enthusiastisch neue Möglichkeiten, den Frieden zu fördern. Nachdenkliche Gesichter: Vielleicht sollte man gemeinsam ein Fernsehspiel machen, meinten zwei Herren vom Rundfunk. Andere meinen, auch der Film könne den Frieden fördern. Gewiß, überhaupt die Kultur, sie sei eine große Friedensmacht. So geht das den ganzen Nachmittag. Die Stimmung steigt, die Ansprachen werden lauter, die Vorschläge kühner, man spricht jetzt vom Tierschutz, der auch schon große Fortschritte gemacht habe. Es geht jetzt zu wie in den Hinterzimmern eines sozial-humanitären Vereins in Basel oder St. Gallen. Gleich wird jemand den Vegetarismus oder den Kampf gegen den Alkohol ausrufen, und auch die Heilsarmee wäre hier willkommen. Es ist eine große Stunde des deutschen Idealismus in Moskau, eine Stunde des bürgerlichen 19. Jahrhunderts, man muß den Frieden nur wollen, Freunde, wie ihn schon Schiller und Goethe und Beethoven wollten, und mir fällt plötzlich die böse Weihnachtserzählung von Heinrich Böll ein, in der ein automatischer Engel vom festlich geschmückten Christbaum herab immer »Frieden, Frieden« ruft, während die Familie vergrämt um den Weihnachtstisch hockt.

Bin ich ein Kriegstreiber, weil ich das alles komisch finde? Bin ich ein Imperialist, ein Revanchist, ein NATO-Literat, wenn mich so viel Begeisterung nur enttäuscht? Ich hatte mir Aussprachen mit Sowjetmenschen anders vorgestellt: nüchterner, realistischer. Darf ich sagen: marxistischer? Ich hatte immer geglaubt, in Rußland Marxisten zu treffen, Leute, mit denen man eine scharfe Klinge der Dialektik wechseln könne. Der Marxismus ist bei uns eine Methode des Denkens, die genau und unbestechlich registriert, die scharf analysiert und daraus vernünftige und zwingende Schlußfolgerungen zieht. Er ist eben »zersetzend« – das ist seine beste Seite. Aber was ist hier? Hat sich das Erbe von Marx in freundlichen Schaum aufgelöst? Nur Begeisterung und ländliche Aufklärungsphilosophie? Und zum erstenmal wird mir bewußt, daß ich in diesen Moskauer Tagen eigentlich noch keinem Marxisten begegnet bin. Wo sind die hier eigentlich? Die Dialektiker, die an Hegel und Marx geschult sind? Wo sind die Schärfe ihres Arguments, die Unangreifbarkeit ihrer Logik? Gibt es das überhaupt in der Sowjetunion: Marxisten? Ich habe sie nicht gefunden.

Was ich gefunden habe, was ich auf der Straße, in Cafés, in Schulen immer wieder traf, waren viele gesunde, freundliche Menschen, auf deren Gesicht ein neugieriges Zucken entstand, wenn ich sagte, ich sei aus der Bundesrepublik. Das Ballett war langweilig, die Tänzer vorzüglich, die Choreographie trivial. Das Publikum raste. Ich bin in der Pause gegangen, ich kann nicht mehr, ich will nicht mehr. Der Reisende ist voller Erwartung, der Moskau-Reisende ist voller moralischer Hoffnungen. Ich bin frustriert. Was ich fand, war die Machtergreifung des Kleinbürgertums: Neckermann-Kitsch, aber durchleuchtet von der Hoheit und Autorität seiner Verstaatlichung. Ich kam nicht mit großer Hoffnung, aber mit mancher Erwartung. Ich sehne mich nach dem Privaten, dem Kleinen, Intimen, ich habe Hunger nach Kapitalismus und Ausbeutung, schon träume ich nachts von der Bahnhofstraße in Zürich, auch Frankfurt wäre ganz akzeptabel, und Mailand wäre die schönste Stadt. Ich möchte einmal in einem Café sitzen, das nur zehn Tische hat, wo das Licht nicht immer gleißend hell brennt, sondern diskret verdunkelt wie in einer Bar. Ich möchte meine Garderobe auch einmal über den Stuhl legen dürfen, ich möchte im Café einmal rauchen und auf der Straße einen Zigarrenstummel einfach wegwerfen ohne Schuldgefühle, und gelegentlich an einer Straßenecke würde ich gern einmal eine Herrentoilette finden, nicht immer ein Lenindenkmal. Das alles sind westliche Entbehrungen, die auf die Dauer das Gleichgewicht stören. Wer hätte gedacht, daß das Leben von solchen Dingen abhängt?

Ich weiß, ich werde es nicht schaffen. Nie werde ich den Kanon des Fortschrittes erlernen, ich bin ein Sohn des verrotteten Westens. Ich liebe das Zwielicht, das Gebrochene und Ironische, ich habe einen deutlichen Hang nach unten und bin ermüdet von dem dauernden proletarischen Aufblick nach oben, diesem ermüdenden Eifer, sich emporzubilden. Das alles strengt an. Ja, ich bin auf dem besten Wege, ungerecht zu werden. Ich weiß, so persönlich, so subjektiv darf man die Sowjetunion nicht sehen.

Man sagt es mir täglich: Du mußt es objektiver sehen, und ich bemühe mich um solche Objektivität täglich mehr. Morgens wache ich manchmal mit dem Gedanken auf, dies sei keine Reise mehr, sondern meine wirkliche, reale Existenz. Millionen von Menschen leben doch so. Du mußt es auch lernen. Du mußt es objektiver sehen. Man muß doch nicht unbedingt im Westen geboren sein? Es könnte auch sein, daß dich das Schicksal im Krieg nach Minsk oder Smolensk oder nach Alma Ata verschlug. Was dann? Ich gehe durch die Straßen der Stadt und sage mir: Du mußt dich eben abfinden, mußt dich einrichten, es ist nun einmal so.

An den Benzingeruch könnte man sich sicher gewöhnen. Im Warenhaus GUM suche ich mir schon die Zimmereinrichtung aus, Möbel sind knapp und Teppiche nicht zu sehen, aber einen Radioapparat könnte ich mir kaufen, und schöne Schallplatten gibt es, und ich würde täglich die ›Prawda‹ oder den ›Daily Worker‹ lesen und nachts die Deutsche Welle hören. Ich fürchte, es würde schlimm mit mir enden. Ich wäre oft traurig hier, und Trauer ist natürlich eine Provokation der Sowjetmacht, Melancholie ein Produkt des kapitalistischen Antagonismus. Was ist nur mit mir, warum erquicken mich die Gesetze der Ausbeutung, und warum lähmt mich diese außerordentliche, diese vollkommene Gerechtigkeit?

Also: Ich bin in der Pause aus dem Ballett gegangen. Auf der Bühne war ein deutscher Märchenwald zu sehen, innig und schön, wie bei Caspar David Friedrich, und ein Försterhaus mit einem Burschen war da, und ein Mädchen kam in einem langen, rosa Nachthemd hereingeschwebt und wehrte ganz deutlich die Werbungen des Burschen ab. Da bin ich gegangen, das genügte mir. Es war unhöflich, ich weiß es, eine Rücksichtslosigkeit gegenüber Intourist, eine Taktlosigkeit gegenüber dem Friedenskomitee, das uns geladen hatte, und natürlich auch eine Provokation der Sowjetmacht, die mit mir eine erstaunliche Langmut zeigte.

Ich schlich an den Moskauer Mauern entlang, die so hoch und

dick waren wie jetzt meine Melancholie. Da war im Dunkel eine Tür. Man weiß in Moskau nie, ob solche Türen in ein Gemüsegeschäft oder in ein Parteibüro führen, aber siehe da: Es war ein Café, oder richtiger gesagt, eine Bierschwemme, dunkel und herrlich verkommen, wie am Stuttgarter Platz in Berlin. Das gefiel mir. Eigentlich war der Bierausschank nicht gestattet, wie ich hörte, aber ich bekam Bier, das lauwarm und fade schmeckte. Eigentlich war das Rauchen verboten, aber die jungen Männer hier rauchten alle, und zwei begannen sich sehr für mich zu interessieren, als ich mir eine lange dünne Virginia aus Österreich ansteckte. Das erregte Verwundern, noch mehr mein Gasfeuerzeug. Sie erzählten, tranken, waren lustig, einer zitierte Puschkin. Der Kellner wollte die Jugend immer erziehen und bestand darauf, daß hier kein Bier getrunken und nicht geraucht werden dürfe, aber das kümmerte niemand, und nach einer Weile begannen sie, aus ihren Taschen rosa Zehnrubelscheine zu ziehen, und machten mir Angebote. Ich war sehr verblüfft. Alle waren Studenten, wie ich hörte, und als ich sie fragte, was sie studierten, sagte der eine, er studiere Clown, ein anderer studierte Gärtner und ein dritter Radiotechnik. Die Studenten hatten viel Geld in der Tasche, drei von ihnen folgten mir auf die Straße. Es hatte zu regnen begonnen, es goß ganz plötzlich wie im Orient und schüttete Wasser, aber die drei ließen sich nicht abweisen, sie hakten sich ein, und während das Wasser auf uns niederplatschte, wurden ihre Angebote konkreter: Ob ich Blue jeans hätte? Sie böten mir für eine Hose zwanzig Rubel, das sind achtundachtzig Mark. Ob ich ein Nylonhemd hätte, zehn Rubel, ein Paar spitze Schuhe? Auch an meinem Regenmantel waren sie zu erstaunlichen Höchstgeboten interessiert. Als ich das alles ablehnte, gingen sie herunter und fragten wenigstens nach Kugelschreibern und Kaugummi. Für alles sehr lukrative Preise, hier sofort in bar, aber nur im Dunkeln. Aber das erstaunlichste war, daß sie sich auch durch den Hotelportier nicht abschrecken ließen. Sie kamen mit, sie taten, was zu Stalins Zeiten kein Russe gewagt hätte, sie tummelten sich ungeniert im Ausländerhotel, und wenn nicht diese herrlich unpraktischen Fahrstühle gewesen wären, zu denen ich als sechster Mann zusteigen konnte, so wären sie mir sicher aufs Zimmer gefolgt, immer in der Hoffnung, gebrauchte Textilien des Kapitalismus kaufen zu können.

Und während ich durch die endlosen Flure des »Metropol« meine nächtliche Wanderung antrat, dachte ich: So ist nun der

Mensch. 1917 diese Revolution, so viel Blut und Schweiß und Erziehung zum Sozialismus. Es ist ein Jammer mit dem Menschen. Das Handeln kann er nicht lassen.

Weitere Tage sind vergangen, randvolle Reisetage der Belehrung und Aufklärung. Ich habe den Standpunkt der Objektivität zurückgewonnen. Ich weiß nun die Leistungen der Revolution zu würdigen: zweihundertzwanzig Millionen Menschen, die noch vor hundert Jahren Leibeigene waren, in Stofflumpen und Wattejacken herumliefen und in dürftigen Holzkaten wohnten, zu achtzig Prozent waren sie Analphabeten. Es ist nicht zu leugnen, es ist ein gewaltiger Fortschritt, heute können hier alle lesen und die meisten schreiben, sehr viele wohnen in Steinhäusern und tragen Lederschuhe und Kleider wie in Europa, und alle lernen und bilden sich fort. Bin ich nun würdig, Lenin zu sehen? Darf ich mich in die endlose Kette derer einreihen, die aus Kasachstan, aus der Ukraine, aus Usbekistan, aus Grusien, Aserbaidschan, aus Armenien, Turkmenien und Tadschikistan kamen, um auf dem Roten Platz den Vater des Vaterlandes, um Lenin zu sehen?

Man kennt das Bild, man hat es oft im Fernsehen gesehen, diese endlose, geduldige Schlange, die sich in kunstvollen Windungen über den Roten Platz fortbewegt. Bauersfrauen und Soldaten, Traktoristen aus Armenien und Junge Pioniere aus Leningrad: Pilger nach Moskau. Moskau ist ihr Traum, einmal in Moskau gewesen und den roten Zaren gesehen – davon wird man noch lange in der Mongolei sprechen. Niemand zwingt sie hierher, keine Polizei, kein kommandiertes Massenaufgebot wie in der DDR. Moskau war immer der Traum dieses Volkes und der Rote Platz sein Heiligtum. Hier wurden im Mittelalter blutige Schlachten gegen die Tataren geschlagen. Die Patriarchen zogen über diesen Platz am Palmsonntag, auf Eseln reitend. Die Zarenprozession nahm hier ihren Weg in den Kreml. In jedem Jahrhundert brachen hier Revolutionen aus, und in jedem Jahrhundert wurden hier Revolutionäre geköpft – ein blutiger Platz der Geschichte, so rot von Blut wie der Tower in London. Der Rote Platz wirkt heute sehr leer, sehr kalt und wuchtig. Wir gehen brav in Zweierreihe, wie Schüler beim Klassenausflug, wir winden uns langsam in der Schlange voran, eine Prozession von Lehrlingen in Sozialismus, die erste Weihen empfangen sollen.

Nach all den architektonischen Merkwürdigkeiten, die ich in

Moskau sah, den wildwüchsigen Phantasien eines tatarischen Nachklassizismus, wirkt das Lenin-Mausoleum überraschend ruhig und sachlich. Schwarze Marmorblöcke in erträglichen Proportionen, alles etwas zu dick und quadratisch, aber immerhin schon von gerader Linie und klaren Fluchten. Es wird dunkel, wir passieren den Keller, geschichtet aus den schönsten Marmoren der Union, wie ich höre. Und dann sind wir plötzlich da. Aus dem Dunkel leuchtet ferne ein Licht, es sieht wie eine rosa Glühbirne aus, und als ich näher komme, sehe ich, daß es Lenins Schädel ist, dessen kahler Kopf, zartrosa glühend, wie von innen angestrahlt wirkt. Der Kopf scheint vom Zentrum her zu leuchten, eine mystische Irritation, denn nun zeigt es sich, daß der ganze Körper von oben hell angestrahlt ist. Der Leichnam liegt da, wie wenn er vorgestern gestorben und gestern durch die Künste raffinierter amerikanischer Totenkosmetik gegangen wäre. Er trägt einen schwarzen Jackettanzug und die Krawatte, die ich so oft in mächtigen Gipsmodellen sah. Seine Hände sind nicht gefaltet, die Gesichtszüge sind weiß und wächsern und erinnern mich in ihrer präparierten Schönheit einen Augenblick an Marlene Dietrich. Amerika und Rußland, sie wollen beide den Tod nicht wahrhaben. Die Sowjets haben auch die Religion abgeschafft, gut, aber siehe da, hier steht schon ein neuer Hochaltar, und wie die Russen jetzt vorbeiziehen, das zeigt alle Züge tiefer religiöser Ergriffenheit. Warum bekreuzigen sie sich nicht? Oder tut es diese alte Frau dort hinten heimlich? Sicher ist: Lenin ist in diesem Volk an die Stelle Gottes gerückt, sie sind noch zu unterwürfig, um ohne einen Gott leben zu können. Lenin ist ein Geheimnis, es wird mir hier klar, Lenin ist trinitarisch: Er ist der Vater des Vaterlandes, er ist der Sohn der Revolution, der Heilige Geist der Partei. In jeder Sitzung des Zentralkomitees ist er mystisch anwesend. Lenin bleibt das Pfingstereignis des Sozialismus. Hier im Kreml lebt er ewig fort.

Und ich denke: So hat sich ein Volk aus der Tiefe befreit. Lenin ist wirklich groß. Er ist größer als Napoleon oder Bismarck, er ist einer der wenigen Beweger der Welt. Er hat das größte Experiment der Geschichte in Gang gebracht; das Unglück ist nur, daß er es hier in Rußland tat. Hier in Rußland stehen die Uhren der Geschichte noch immer anders. Rußland kommt aus einem Jahrtausend der Unterdrückung. Sie haben nie einen Descartes gehabt, keine Aufklärung, keine Französische Revolution, kein bürgerliches Jahrhundert, nie einen funktionierenden Kapitalismus. Moskau kommt aus einem anderen Kulturkreis: Es wurde einst in Byzanz getauft, und byzantinisch sind heute noch seine Riten und Gebräuche. Moskau ist ungeheuer verspätet. Und alle Kosmonauten können nicht darüber hinwegtäuschen, daß man den Geist des Mittelalters erst langsam zu überwinden lernt. Noch immer heißt hier die soziale Grundformel Unterwerfung – und nicht Demokratie; das ist Kritik und Kontrolle. Die Person, der einzelne ist noch immer nicht da. Sie stehen erst am Anfang der Aufklärung und übertreiben sie, wie alle Anfänger, maßlos. Aber sie haben die Aufklärung, sie werden sie halten. Ich denke: Sie werden es schon noch schaffen.

Und später dann, kurz vor dem Abschied, stehen sie alle da, die bürgerlich aussehenden Herren von der ›Iswestija‹ und von ›Sowjetunion heute‹, die Herren vom Rundfunk und unsere Lehrerinnen von Intourist, die Sprecher des Friedenskomitees und viele andere Herren, die im Laufe der zwei Wochen auf geheimnisvolle Weise dazukamen. Und in ihren Gesichtern sind fragende Unsicherheit, Herzlichkeit, Erwartung und Neugier: Wie war es nun? War es nicht gut? War es nicht schön? Haben wir es nicht geschafft? Blumen in ihren Armen und viele russische Puppen, die jetzt verteilt werden. Großer Abschiedsbahnhof. Man möchte noch rasch ein Interview und eine Aufnahme für den Moskauer Rundfunk. Die Söhne der Revolution stehen nach fünfzig Jahren erwartungsvoll da und erhoffen von den Söhnen des Kapitalismus frohe Bestätigung. Wenn die Kapitalisten jetzt sagen, daß alles gut war, dann sind wir doch auf dem richtigen Weg, nicht wahr? Den Westen einholen, den Westen überholen, ist es nicht das?

(1967)

New York
Essay der Freiheit

New York war immer nur ein Traum von mir, und wie jeder Traum, der über Nacht plötzlich Wirklichkeit wird, begann auch New York für mich mit einer tiefen Enttäuschung. Aufwachend aus meinem langen Lesetraum von der leuchtenden, herrlichen Stadt, fand ich New York sehr alt und schmutzig vor. Schwarze Verbrauchtheit lag über der Straße, der ich in den letzten Wochen in meinen Hoffnungen und Phantasien entgegengefiebert hatte.

Es war Freitag, der 10. Juni, abends so kurz nach zehn. Ich stand auf der Fifth Avenue, fühlte die Unruhe, die Neugier, die Ratlosigkeit aller Ankömmlinge in mir und dachte: Welch ein Augenblick, du setzt deine ersten Schritte auf einen neuen Kontinent. Du solltest einfach mal losgehen, solltest dich treiben lassen, jetzt so eine Stunde vorm Schlafengehen. Sehen, hören, riechen, schmecken, solche ersten Gänge sind wichtig. Sie entscheiden. Jetzt bist du noch voller Erwartung, alles ist möglich. Heute mittag noch in Frankfurt auf der Zeil und jetzt zehn Uhr abends in Manhattan auf der Fifth Avenue. Das ergibt eine Schärfe der Optik, eine Frische des Sehens, die du nie wieder erreichen wirst. Sie mußt du nützen. Nie wieder wirst du so unwissend, so neugierig, so vollkommen unschuldig dieser Stadt gegenübertreten können, sie fragen: Wie siehst du aus, New York?

An diesem Abend sah es nur enttäuschend aus, trostlos und schmutzig. Liegt es daran, daß wir darüber zu viel gelesen und gehört haben, daß wir im Film und Fernsehen zu oft ein vorfabriziertes Bild dieses technischen Märchenlandes geliefert bekommen? Tragen wir nicht alle dieses neonstrahlende, aluminiumschlanke Wolkenkratzer-Image mit uns, das Pan American so erfolgreich an Europa verkauft? So ist es nicht. Es ist eine Täuschung. Man muß das vergessen. New York ist ganz anders.

Ich stand auf der Fifth Avenue, blickte die schnurgerade Straße herunter, die jetzt kurz nach zehn leer und dunkel dalag, wie erschöpft und verbraucht von der Geschäftigkeit eines Tages. Die Straße sah aus wie ein unaufgeräumtes, leeres Bett. Ein Geschmack von Öl und Eisen in der Luft. Kein Publikum, kein Weltstadtkorso, nur die Reste des Tages: Papier und Pappe von

Bechern, Zeitungen, Eisstiele, Bonbontüten, plattgedrückt, schwarzgetreten. Ein Farbiger ging vorüber, ein alter Mann wühlte in einem Papierkorb; Traurigkeit lag über dem Asphalt.

Ich blickte empor, suchte den Himmel und sah zum erstenmal diese unheimlichen Straßenfassaden, die für New York typisch sind; niemand erzählt sie uns. Zwölf oder fünfzehn Stockwerke hoch zieht sich eine schwarze Steinwand, die mich in ihrer monotonen Häßlichkeit sofort an eine Gefängnisfassade erinnert. Uralter Backsteinstil wie in Altberlin oder London Eastend, nur sehr viel höher, unverputzt, von trostloser Schwärze mit Hunderten von hohen, schmalen Fensterchen, die mit ihren winzigen Glasscheiben wie vergittert wirken. Unter jedem Fenster streckt sich ein schwarzer Eisenkasten brutal und kantig heraus. Er pustet.

Ich gehe weiter, biege in eine Querstraße ein, lasse mich treiben. Hier ziehen sich an den schwarzen Häuserwänden Eisentreppen entlang. Sie führen an der Außenwand in einem schwarzen Zickzack wie Diagonalen in einem Winkel von fünfundvierzig Grad halbschräg hoch, laufen dann waagerecht zurück, bilden einen kleinen Balkon, um im nächsten Stock wieder halbschräg weiterzuklettern; zugleich baumeln lange Eisentreppen herunter. Das sind die Feuerleitern, die »fire escapes«, sie sollen bei jeder Gefahr einen bequemen Abstieg zur Straße bieten. Blickt man auf die andere Straßenseite, so wirkt dieses Eisensystem vor den Fenstern wie ein Zickzackgestänge der Angst: die Maltechnik von Buffet, so sah er Großstadtwände. Blickt man auf der eigenen Seite die Front herunter, so verwirrt sich der Blick in der unendlichen Wiederholung des Systems: Eisengestrüpp, Eisenbefall, der sich wie abstrakter Efeu die Wände hochzieht, die schwarzen Vogelkäfige der Aircondition dazwischen. Es ist wie eine Orgie in schwarzem, schmutzigem Eisen, ein Anblick von gewaltiger und imponierender Häßlichkeit. Ich frage mich: Warum sagt uns das niemand über New York?

Natürlich zieht es den Fremden zum Times Square. Irgendwo hatten sie gesagt: Zweiundvierzigste Straße, du mußt nur immer geradeaus gehen. Irgendwann kommst du dahin. Du mußt das sehen: Irgendwann findest du es ganz von selbst, dieses strahlende, zuckende Glasherz New Yorks, von dem berühmte Globetrotter schon im 19. Jahrhundert schrieben, Times Square verkörpere den Mittelpunkt der Welt; von hier aus werde die Erde vermessen. In der Tat gehört Times Square neben dem

Grand Canyon und den Niagarafällen zu den Weltwundern Amerikas. Du mußt nur immer geradeaus gehen, hatten sie gesagt. Weltwunder kann man nicht verfehlen.

Neue Enttäuschung unterwegs: Die Straße, auf der ich jetzt gehe, ist etwas breiter. Sie ist schwarz und alt, ist dunkel und schmutzig, aber doch etwas belebter. Ein paar Burschen kommen mir entgegen, Transistorengeräte schlenkernd, ein paar gelbe Taxis surren an mir vorüber, Eisengitter vor Schaufenstern, zerbeulte Jalousien, Feuerleitern an den Wänden. An jeder Straßenkreuzung lese ich jetzt in der Richtung, in der ich gehe, auf den kurzen gelben Schildern das Wort, das in uns so unerhörte Phantasien und Hoffnungen weckt, das Wunderwort, die große Weltstadtverheißung, und denke: Das kann es doch unmöglich sein? Aber es steht auf den Schildern, sie mehren sich, an jeder Straßenecke steht: Broadway, 32. Straße, Broadway, 33. Straße, Broadway, 34. Straße. Und ich frage mich, ich zögere, gehe zurück, lese aufs neue, frage Passanten, ich versichere mich bei einem Polizisten: »Ach bitte, wo ist denn hier der Broadway?«

Er war es, er war es seit langem, wie mir höflich und ernst Bescheid gegeben wurde. Ich lief durch das nächtliche New York, ich lief durch Manhattans berühmteste Straße und merkte es nicht. Ich wußte noch nicht, daß Broadway wie eine endlose, traurige Diagonale quer durch Manhattan zieht: alt, grau und häßlich, und nur auf der kurzen Kreuzung zwischen der 42. und der 45. Straße zum Times Square aufflammt. Da allerdings reißt sich der Broadway aus seiner schwarzen Großstadt-Traurigkeit unvermittelt zu einer Orgie von Licht, zu einem elektrischen Feuerwerk von bizarrer Phantastik empor.

Was ist es, das den Times Square für den New-York-Anfänger so enttäuschend macht? Natürlich, man bringt noch europäische Vorstellungen mit, denkt bei dem Wort Platz an etwas Großes, Geräumiges, Freies, das etwas repräsentiert: einen Sieg, einen Helden, eine Idee. Man denkt an die Place de la Concorde in Paris, an den Trafalgar Square in London, denkt an die Piazza Navona in Rom: Springbrunnen, Obelisken und viele Bänke unter grünen Bäumen. O holder Wahnsinn Europas, laß alle Hoffnung fahren. Times Square ist gar kein Platz, ist gar nichts, sondern bezeichnet nur das Häuserquadrat, wo der Broadway zwischen der 42. und der 44. Straße die Siebente Avenue kreuzt – nicht mehr. Der Times Square repräsentiert nichts als das hochkommerzialisierte Massenvergnügen im technischen Zeitalter, ist einfach ein Orkan von Licht, von greller, zuckender, rasender Leuchtreklame, die den Fremden plötzlich überfällt, blendet und ihm eine Vielfalt vortäuscht, die nicht erfüllt wird. Coca-Cola-Ausschank, Cafébars, Show Business, Playhouses, Kinos mit glitzernder Leuchtschrift, Drugstores, Schuhgeschäfte, Eisläden, Buchläden, die Aktmagazine aller Art anbieten, Souvenirkästen mit dem Kitsch aller Fremdenindustrien, offene Bartheken, an denen zermürbte Großstadtgesichter eine farbige Limonade trinken, Steakbratereien, wo riesige Fleischstücke ins Feuer geworfen werden und wo vor staunenden Augen das atavistische Vergnügen der Fleischverbrennung öffentlich zelebriert wird, automatische Spielhallen, wo Halbwüchsige das Vergnügen der Menschenerschießung für zehn Cent üben. Zwei alte Frauen, die mit einem gelben Plakat von Bar zu Bar ziehen und das Jüngste Gericht verkünden. »The End Is Near«, ist zu lesen. Sie erwecken bei den hemdsärmeligen Gästen nicht Schrecken, sondern Heiterkeit. Die alten Frauen kreischen, man lacht. Gehören sie mit zu den Requisiten des Amüsements?

Was ist Times Square? Ein Schaltbrett elektrischer Lustbarkeiten. Horror und Sex, Verbrechen und Lust geben sich hier ein funkelndes Fest öffentlich lizenzierter Schaustellung, die zugleich starr und automatenhaft wirkt. Leben, das über Schienen, Triebhaftigkeit, die über Transformatoren läuft, elektrisch herauf- und heruntergespannt und irgendwo ferngesteuert. Du kannst hundert Meter weitergehen und stehst wieder vor der gleichen Lichtorgie mit denselben Krawattengeschäften, denselben Transistorenläden, denselben Sex-Magazinen. Die gleichen Hamburger und Frankfurter und Cheeseburger und die gleichen Steaks, die sich zu unheimlichen Bergen blutigen Fleisches häufen. Wieder ein Kino, das das Verbrechen des Jahrhunderts verspricht, wieder ein Playhouse, das in glitzernder Laufschrift die nackteste Schau der Welt anbietet. Laß dich nicht bluffen. Verworfenheit lockt nur von außen. Kein Ticket für einen Dollar fünfundzwanzig wird sie dir einlösen.

Was also ist Times Square? Der uralte Jahrmarkt im elektronischen Zeitalter. Eine gleißende Drehorgel verklemmter Massenbefriedigung, grell und geheimnisvoll, brutal und direkt, ein Kampfplatz der Industrien, die Vergnügen wie Zahnpasta produzieren: Verbrauchen, verbrauchen, verbrauchen, heißt hier die Parole. »Things go better with Coke«, steht hier geschrieben. Es steht hier geschrieben auf leuchtendem Grund: »Remember, you have a friend – The Chase Manhattan Bank.«

Wieviel taugen solche Anfänger-Impressionen? Was sind sie wert, um die Stadt zu erfahren, zu verstehen, in ihrem Inneren freizulegen? An diesem Abend ging ich enttäuscht nach Hause, entmutigt und etwas verstört. Mein Traum war kaputt, meine Hoffnung enttäuscht. Ich wußte noch nicht, daß dies eine notwendige und heilsame Enttäuschung war, der Anfang des großen Ernüchterungsprozesses, die Stimme der Stadt, die da sagt: Du wirst mich nicht sehen mit deinen alten Augen, du wirst mich nicht hören mit deinen alten Ohren. Shut up! Du kannst mich nur sehen mit neuen Augen, du kannst mich nur hören mit neuen Ohren, denn ich bin die neue Welt. Ich werde dich schütteln und stoßen, ich werde dich schlagen und schocken, bis du entzwei bist. Denn ich bin die neue Welt.

New York hat nichts von der Freundlichkeit unserer europäischen Metropolen, nichts von der Schönheit Roms, nichts von dem einladenden Charme von Paris, nichts von der vornehmen Verschlossenheit Londons – New York geht auf den Fremden zunächst wie ein Faustschlag nieder, zwingt ihn zu Boden und sagt: Ich bin anders, begreife das doch. Laß dich nicht täuschen durch meine Fassaden, diese Masken Europas, diese Echos der Welt: die englischen Worte, die deutschen Namen, die italienischen Kirchen, diese spanischen Laute. Ich bin das nicht: Europa, nur etwas größer. Ich bin etwas anderes und Neues. Das mußt du erst langsam lernen.

Also lerne: New York ist eine Inselstadt, die aus fünf Stadtteilen, Boroughs genannt, besteht. Nur der nördliche Stadtteil Bronx gehört mit seinen eineinhalb Millionen Einwohnern zum amerikanischen Festland. Brooklyn und Queens, die mit vier Millionen Einwohnern die ausgedehntesten Wohnviertel besitzen, gehören zu Long Island. Die Stadtteile Manhattan und Richmond sind Inseln für sich. Die Stadt umfaßt dreitausendzweihundert Quadratmeilen mit über acht Millionen Einwohnern. Lerne weiter: Die Stadt ist nicht geschichtlich gewachsen wie andere Städte der Welt, sie wurde von Anfang an gemacht, und zwar nach den strengen Regeln demokratischer Rationalität. Das bedeutet: kein beherrschender Mittelpunkt, kein historisches Stadtzentrum, sondern fast vollkommene Gleichheit der Planung. Jeder Stadtteil wird zunächst durch ein Parallelsystem breiter, beherrschender Avenuen gegliedert, zu denen die numerierten Straßen wie Rippen das Quersystem bilden. Also ein gewaltiges Schachbrett, ein Rastersystem. Die Sechste Avenue, Avenue of the Americas, teilt die Straßen in East und West auf. Das bedeutet: äußerste Vernünftigkeit und Leichtigkeit der Orientierung. Es bedeutet auch: Mangel an Verschlungenheit, Verwinkeltheit, die Abwesenheit des Geheimnisses.

Lerne schließlich: Auch die Bevölkerung ist nicht gewachsen, sondern »gemacht« – durch Einwanderung. Hier lebt kein Volk, hier leben die Ausgeworfenen und Verfolgten vieler Völker: ein Kosmos von Exilierten. Seit dreihundert Jahren treffen hier im Hafen die Flüchtlinge und Auswanderer aller Nationen ein. Die Stadt zählt heute über zwei Millionen Juden, über eine Million Puertoricaner und Spanier, eine Million Italiener, eine Million Neger, eine halbe Million Iren, und so geht das weiter. Das macht das einmalige politisch-moralische Klima der Stadt aus: Sie ist süchtig nach Freiheit. Es kamen immer nur die Auswanderer, die Flüchtlinge, die Exilierten aller Völker und sagten: Laßt uns hier die Stadt der Freiheit bauen. »Sendet die Heimatlosen, die Sturmgepeitschten her zu mir« – steht in schlechten Versen zu Füßen der Freiheitsstatue auf Liberty Island. Sie kamen und bauten sich New York zu einer Traumstadt der Freiheit mit allen Herrlichkeiten und Schrecken solcher Träume.

Wenn du das begriffen hast, daß die Stadt von der Wurzel her etwas anderes und Einmaliges ist, kannst du anfangen, sie ins Auge zu fassen. Sieh dir an diese Burg der Freiheit, diesen dreihundertjährigen Essay in Stein. Wie ist er geraten? Betrachte Manhattan, das kleinste Borough der Stadt, und ist doch das größte Wunder, das Menschen je schufen. Von Staten Island her gesehen liegt es wie ein Gebirge aus Glas und Stahl, das aus der Ferne an eine Alpenlandschaft, an gewaltige Felsmassive in der Zentralschweiz erinnert, so schieben sich die grauen Riesen der Wolkenkratzer kolossal ineinander, überlagern sich, bilden Schluchten und Gipfel, stürzen in scharfen Linien ab, reißen sich wieder zu geschuppten Spitzen empor. Es ist eine Landschaft gigantischer Geometrie. Die Insel ist hier »downtown« im alten Gebiet von Wallstreet, ganz schmal, der Boden knapp und horrend teuer, und diese Enge trieb alle Häuser wie Pilze in einer Regennacht in eine bizarre und groteske Höhe. Häuser? Was Big Business hier schon in den dreißiger Jahren in die Höhe trieb, sind keine Häuser mehr, es sind Kathedralen der

Bürokratie, Türme des Kapitals, Pyramiden des Goldes, hoch in den Himmel geschichtet.

Der Anblick Manhattans hat etwas Phantastisches und Abstruses, etwas Faszinierendes und Erschreckendes; man kommt davon nicht mehr los. Er wirkt triumphal und gigantisch in einem Augenblick: ein unbeschreiblicher Sieg des menschlichen Geistes, und er wirkt im nächsten Augenblick hybrid, eine Krankheit, eine Wucherung wilder Steinzellen wie Krebs. Sieh dir das an: So starben auch einmal die Dinosaurier aus am Wahnsinn der Größe. So gehen Kulturen, am Krebs ihrer Maßlosigkeit wuchernd, wieder zugrunde. New York – was ist das? Die herrlichste Pyramide der Freiheit oder ein Steinbruch fürs dritte Jahrtausend?

Dialektik der Erfahrung, Ambivalenz der Gefühle, das Hin- und Hergerissensein zwischen Bewunderung und Erschrecken, das wird dich nun nicht mehr verlassen. Dieser Zwiespalt begleitet dich durch die ganze Stadt. Es sind die zwei Seiten der Freiheit. Und jeder Tag ist in sich zerrissen, kennt die grauen Stunden der Resignation, der depressiven Verstimmung, wo du nur fliehen willst, nur weg, nur weg hier: Die Stadt ist die Hölle. Und jeder Tag bringt diese Augenblicke reinen Entzükkens, diese Aufschwünge heller Begeisterung: Wie bist du schön und lebendig, New York. Es ist so schwer, über New York etwas Gültiges auszumachen, weil es immer das ist, was man gerade sieht, erlebt, sagt – aber auch sein Gegenteil. Die Stadt ist im einzelnen von beklemmender Häßlichkeit und ist doch im ganzen unzweifelhaft schön. Sie ist unendlich grausam und doch so menschenfreundlich organisiert. Sie ist modern und uralt, naiv und raffiniert, hier gilt nur das Geld, und doch ist das Geld hier nicht viel wert. Kein New Yorker würde mit so viel Starrsinn und Habsucht an seinen Dollars hängen, wie ein Genfer oder Züricher an seinen Franken hängt. New York ist puritanisch-verklemmt und bebt doch schamlos vor Sex. Es ist reine Diesseitigkeit, radikalste Weltimmanenz und ist doch eine fromme Stadt. Alles ist hier privat, und doch ist alles Private zugleich vollkommen öffentlich. Jede Bank, jedes Polizeibüro, selbst FBI sind zu besichtigen. Man kann von New York nur in Gegensätzen sprechen. Nur im Zusammenfall dieser Gegensätze leuchtet die Wahrheit der Stadt für einen Augenblick auf. Sie ist auf keine Formel zu bringen.

Natürlich gibt es Schwerpunkte, beherrschende Zentren, die ausstrahlen und Überblick bieten. Der Blick vom Empire State

Building zum Beispiel, unzählige Male bestaunt, bewundert, beschrieben, er nutzt sich nicht ab, bleibt jeden Morgen die gewaltigste Vision, die je der Mensch dem Menschen bereitet hat. Mitten in Manhattan, Fifth Avenue, an der 34. Straße, schwebst du in einem der vierundsiebzig Lifte hundertundzwei Stockwerke hoch, du schwebst über vierhundert Meter empor und blickst dann auf diese wuchernde Wabenwelt. Mit einem Blick umfaßt du die ganze Insel aus Stein, aus Beton, aus Glas und Stahl, die unter dir in bläulichem Licht emporbrandet und manchmal etwas aufrauscht – der Anblick ist vollkommen phantastisch und vollkommen real zugleich. Graublaue Türme, gläserne Fassaden, schwarze Klötze und dazwischen die schnurgeraden Schluchten der Avenuen und Straßen, in denen winzige, bunte Spielautos in endlosen Bändern dahinrollen – ist das also das Leben? Mit einem Blick siehst du vom Hudson zum East River über den Central Park nach Harlem hinauf. Fragendes Wiedererkennen in luftiger Höhe, kindliche Freude: Pennsylvania Station? Battery Park? Lexington Avenue? Oder Madison? Und natürlich der lange Querstrich da: Das ist doch der endlose Broadway? Von hier oben sieht er ganz freundlich aus. Es gibt Schwerpunkte, die man mühelos wiedererkennt. Natürlich United Nations, am East River. Aber das gewaltige Lichtbrett am Ufer ist eigentlich gar nicht das Haus der Vereinten Nationen. Das Haus, in dem die Vollversammlung und der Sicherheitsrat tagen, ist ein niedriger Flachbau mit Kuppeldach daneben, den niemand beachtet. Das Lichtbrett ist nur das Verwaltungsgebäude, ein Bürohaus für kleine Angestellte und das Heer der Journalisten. Auch das Chrysler Building ist unverkennbar mit seinem blanken, gotisch geschuppten Helm, spitz wie ein Bischofshut. Und das hier, natürlich: 444 Building, der Wolkenkratzer an der Madison Avenue, Hausnummer 444. Und gleich daneben 666 Building, Fifth Avenue, Hausnummer 666, und daneben, richtig, das Museum of Modern Art – der Anblick ist vollkommen real, alles liegt zum Greifen da wie auf einem Stadtplan und wirkt doch zugleich vollkommen unwirklich, eine Landschaft der Phantasie. Manhattan vom Empire State Building aus – das könnte ein Gott oder ein Dämon gezaubert haben. Ich frage mich ernstlich: Kommt das noch aus Menschenhand?

Ein anderes Wunder ist Park Avenue, von der 53. Straße herunter zur 42. Straße gesehen. Das war mein Traum von New York, hier steht er wirklich da in den schlanken, grünen Glaswolkenkratzern der letzten Jahre, die alle, dicht an dicht, in den Himmel wachsen: ein neues Zentrum der Hochfinanz. Ich lese: Chemical Bank, New York Trust, First National City Bank, Manufacturers Hanover Trust, Bankers Trust. Ach, Park Avenue hier in Midtown ist keine Straße mehr: Es ist ein gewaltiger Hausflur der Hochfinanz, der auf der Höhe der 42. Straße durch das monumentale Quergebäude von Pan American abgeschlossen, zugestellt wird. Walter Gropius hat es gebaut: ein schönes achteckiges Monstrum, auf dessen Dach Helikopter wie taumelnde Hornissen abfliegen und landen. Die Erde bebt manchmal, denn unter dem Riesen von Pan Am liegt Grand Central Station, New Yorks Hauptbahnhof; er wurde von Gropius einfach überbaut. Eine halbe Million Menschen laufen hier täglich unterirdisch durch, um zu ihren Zügen zu kommen. Sie laufen an gläsernen Palästen vorbei, die bis zum Himmel nur aus Fenstern bestehen. Der Blick nach oben, ein Blick der Touristen, der Fremden, Provinzler, macht schwindlig. Wo immer du hinsiehst: nur zartgrünes Glas, wo hinter tausend Fenstern, die niemand mehr öffnen kann, verwaltet, geschrieben, gebucht und registriert wird. Die Park Avenue ist wie ein Traum von der neuen, verwalteten Welt, ein Blick in die kommende Weltbürokratie, kein Alptraum, wie Kafka ihn meinte, aber vollkommen abstrakt, anonym, von jener sublimen Schönheit, die nur die Geometrie dem Geist vermittelt. Park Avenue ist ein Fest für Gehirne, die sehen wollen. Es ist reine Mathematik und Musik für Augen.

Soll ich nun weiter aufzählen? Soll ich den Kreislauf der großen Zentren und Zahlen beginnen, das Sightseeing der Erinnerung, das jeder New Yorker Besucher, bestürzt und ratlos, mit nach Hause bringt? Soll ich das Rockefeller Center loben: eine Stadt in der Stadt mit hundert Firmen, zweihundert Läden und dreißig exklusiven Restaurants und fünfzehn Häusern, in denen alles noch einmal da ist; Theater und Kino, Radio und Fernsehen, Nachrichtenagenturen, Fluggesellschaften, Ölfirmen, La Maison Française, Palazzo Italia, British Empire Building und, schließlich, Time and Life Building, wo Amerikas öffentliche Meinung gemacht wird? Soll ich das Lincoln Center hinzunehmen, das neue Kultur-Zentrum New Yorks mit seiner neuen Metropolitan Opera, seinem Haus der New Yorker Philharmoniker, seinem Haus fürs Repertoire-Theater »The Vivian Beaumont Theater«, dem »New York State Theater« fürs Musical und schließlich dem »Library Museum of the Performing Art«, ein Teil der berühmten New York Public Library, in dem die Dokumente von Musik, Theater und Ballett gesammelt und ausgestellt werden? Lincoln Center ist wie ein Anfall von Kunst, ein krampfartiges Zusammenzucken von Kultur in diesem Organismus von Wirtschaft und Handel, eine späte Wiedergutmachung der Kaufmannsstadt an den Geist. Es ist schön und imponierend und erinnert doch etwas an die Kulturpaläste der Sowjetunion. Die Kunst im Zeitalter der Massenzivilisation.

Die Gegensätze, die Widersprüche, die gesellschaftlichen Antinomien der Stadt, sie machen mich krank wie Wetterstürze. Es schlägt plötzlich um: Eben warst du noch auf dem Broadway, und wenige hundert Meter weiter stehst du jetzt auf der Bowery, und alle Kraft und alles Leben sind verschwunden. Die Bowery war einmal eine vornehme Straße, heute ist sie ein Elendsquartier, eines von vielen. Die Bowery ist die Straße der alten Männer, die aufgegeben und kapituliert haben; hier liegen sie auf dem Asphalt. Eines Tages konnten sie nicht mehr, sie konnten diesen ewigen, wahnsinnigen Kampf um den Job, den Dollar, das Business nicht mehr leisten, vielleicht wollten sie es auch nicht mehr, diese tägliche Show des Keep-smiling, dieses Sichaufschminken, Sichjüngermachen: »Hey, Joe« und »Hallo, Sam«, dieses tägliche Potpourri von Goodwill, von Fröhlichkeit und Raubtiergelüst. Die Show war aus, die Kraft gebrochen, das Stück, das Freiheit hieß, zu Ende, sie ließen sich fallen, und nun liegen sie hier ausgestreckt auf der Straße, krümmen sich um Laternen herum, hocken auf eisernen Treppen, starren ins Leere, wickeln sich in Zeitungspapier ein, strecken sich auf dem Asphalt, die Arme liegen wie ausgerenkt daneben und die Finger gespreizt, Geschwüre von Syphilis zwischen den Fingern. Paß nur auf, daß du nicht darauftrittst. Sie liegen wie Abfall aus Fleisch auf der Straße, die Stadt hat sie ausgespuckt, Auswurf und Abfall des Kapitalismus, verfaulende Reste der Freiheit. Eine Kirche daneben. Privatkirche des Mister Tom Nonnan. Der Mann betreibt eine Sekte wie ein Coca-Cola-Geschäft. Er wirbt mit einem rot-weißen Plakat: »If you haven't a friend in the world, you can find one here.« Aber die alten Männer der Bowery wollen auch dieses Geschäft mit dem Privatgott von Tom Nonnan nicht mehr. Sie wollen nur liegen, schlafen, vergessen. Ein Arm reckt sich hoch, die Finger gespreizt, eine Stimme kommt aus Papier: »One quarter, please, Sir!« Ein Vierteldollar Alkohol. Das ist der Gott der Bowery.

Ja, und wieder einige Straßenzüge weiter: Greenwich Village, das große, bunte Dorf der gewollten, der kunstvoll arrangierten Armut. Hier liegen sie auch, nicht auf Asphalt, sondern auf Gras – und protestieren. Sie protestieren gegen Wallstreet und Park Avenue, gegen das Leben in der 125. Straße und gegen Madison Avenue – liegend.

Hier ist das Künstler-, das Studenten- und Literatenviertel, die grüne Oase des Individualismus: Jeder darf im Dorf einmal sein, wie er wirklich ist. Hier ist die Freihandelszone für Intellektuelle, für Neger und Weltverbesserer jeglicher Art. Protestsong und Beatmusik, Gitarre und Laute, Marihuana und LSD sollen hier zu Hause sein; ich fand es nie.

Greenwich Village ist die Welt der Beatniks und Gammler, der Pazifisten, Sektierer, der Lebenskünstler und unerkannten Genies. New Yorks Anti-Amerikanismus stellt sich hier aus: Die alte Freiheit wird mit einer neuen bekämpft. Man ist links und schräg und trägt lange Haare, man ist gegen den Vietnamkrieg und läuft also barfuß. Man entdeckt für die Stadt der Vernunft den Zenbuddhismus durch Drogen, der Himmel ist im Grunde eine Pille, du kannst sie an verborgenen Ecken kaufen und wirst die Ekstasen und Nirwanagesichte der heiligen Hildegard finden.

Hier um den Washington Square blühen die geheimen, verbotenen Paradiese der Amerikaner: faul sein, schmutzig sein, dagegen sein, anormal sein, sich nicht waschen, stinken, die Haare so lang wie Jesus und das Hemd wie Ghandi heraus, die Hosen kunstvoll zerfranst und barfuß über den glühheißen Asphalt eines Sommertages. Das sind die verborgenen Gelüste der Stadt. Hier leben sie. Sie nennen es »underground«, und es klingt wie eine Führung durch Subway-Distrikte. Aber es ist längst eine Touristen-Attraktion daraus geworden, die findige Regisseure an jedem Wochenende farbenfroh neu inszenieren. ›Mad Magazine‹ und ›Evergreen Review‹ haben daraus ein spektakuläres Verlegergeschäft gemacht: »We invite you in the underground!« Man kann das abonnieren. An jedem Wochenende wird hier durch den Untergrund geführt. In der Bleeker Street blüht das »underground cinema«, Playhouses dazwischen, in denen langhaarige Jünglinge ekstatisch Mikrophone umklammern und in stampfenden Rhythmen die Wutschreie der Jugend gegen die Nation ausstoßen. Der kleine »underground«-Raum brüllt und bebt, er zuckt und rast vor Widerstand. Der Eintritt kostet drei Dollar fünfzig, der Raum ist air-conditioned – Gott sei Dank. An der Kasse zum Untergrund: Eiskrem und Coca-Cola.

Ist Greenwich Village das Saint-Germain-des-Prés von New York? Es ist es – rein soziologisch, aber es ist auch ganz anders. Es ist knallhart, brutal und charmelos, von der grellen Direktheit der Bilderbücher für Kinder. Hilflosigkeit liegt über dem Aufwand an Kraft. Die Farben sind alle signalrot, fettgelb, giftgrün, es fehlen die Nuancen, die Zwischentöne. Hilflosigkeit und neuer Zwang liegen darüber. Ein Hauch von Terrorismus. Der Individualismus als Gruppendiktat, das Einzelgängertum als Zwangsauflage. Es ist ein sehr amerikanischer Anarchismus, den Greenwich Village produziert. Trotzphase auf der Analstufe, der Schmutz ein Fetisch der Freiheit.

Neue Verwandlung der Szene, wieder ein anderes Planquadrat, die Stadt ist so groß. Ich sitze in der Subway und fahre nach Coney Island. Alle haben mich davor gewarnt, alle haben gelacht und abgewehrt: »Machen Sie nur das nicht, es ist die Hölle – unbeschreiblich.« Das zog mich an. Von der Innenstadt fährt der Expreß fast eine Stunde quer durch Brooklyn. Die Subway rattert und schlägt durch die schwärzeste Nacht, sie fährt mit ohrenbetäubendem Lärm, Brooklyn Manhattan Transit, Independent Lines, sie schüttelt und donnert und ist die Stimme der Stadt, die sagt: Ich werde dich schlagen, bis du mich siehst. Es ist dunkel, aber dann wird es hell, die Unterirdische steigt auf, fliegt hoch, fliegt an Häusern, Höfen, zementierten Plätzen mit Baseball-Jugend vorbei, Kleingärten, Müllplätze und Autowracks, Kings Highway heißt die Station; es ist alles nur wie durch Staubwolken zu ahnen, denn die Subway hat die schmutzigsten Fenster der Welt. Jetzt sieht man es. Der Staub von Manhattan, der Staub von Bronx und Queens liegen dick darüber: Straßenstaub, Kellerstaub, Eisenstaub, Menschenstaub, der sich eingenistet und festgeklebt hat. Niemand sieht das hier mehr.

Und dann sind wir plötzlich da. Wir sind in Coney Island, wir sind am Atlantischen Ozean, dem großen Badestrand von New York, einem von vieren, wo an jedem Wochenende bei gutem Wetter Millionen liegen, laufen, baden und glücklich sind, wirklich: Es ist unbeschreiblich. So etwas gibt es nicht in Europa, Zwergenland; Berlin-Wannsee und der Strand von Rimini sind ein Privatbad dagegen. Das allein hat die Reise gelohnt, hier hast du Amerika, Riesenland, hier hast du das kommende, große Massenzeitalter, von dem unsere Kulturkritiker düster unken, ein Alptraum Ortegas und Jüngers. Hier hast du den Traum und kannst sagen, ihn mitgeträumt zu haben.

Warum schlägt mir das Herz höher? Warum schäme ich mich nicht, es zu sagen? Es ist die Lust des Erkennens, ich habe Hunger nach Welt, nach Wahrheit, ich bin fasziniert von Gesellschaft: Hier hast du die Wahrheit der kommenden Gesellschaft vor Augen. So wird sie sein. Greif zu, faß an, überschaue das Ganze, streichle es mit deinen Blicken, hier hast du das 21. Jahrhundert in Fleisch und Blut vor dir im Sand, und es ist glücklich, ja. Es ist eine Sekunde der Wahrheit, zum erstenmal über die breiten hölzernen Promenaden von Coney Island zu gehen: ein Ozean von Leibern. Wo immer du hinsiehst, nach beiden Seiten ein endloser Strand, der weiß, der braun, der fleckig und flimmernd von Menschen ist. Man sieht kaum Strand, denn überall wimmelt es von Leibern, von Armen und Beinen und Strohhüten und Badetüchern, und so geht es dauernd weiter. Eine halbe Stunde kann man auf der Holzpromenade spazieren und meint doch, am gleichen Punkt geblieben zu sein. Es flimmert überall von Menschen. Dies ist das Schauspiel der Millionen, die glücklich sind. Würstchenbuden, Hot Dogs, Schießstände, Wahrsager, Rollschuhbahnen, Juxbuden, Riesenräder am Rand. Du kannst Go-cart fahren und raffiniert durch die Lüfte schaukeln, du kannst Eis lutschen oder dich zu einer neuen Sekte bekehren lassen, du kannst angeln, Jazz machen, Pappmenschen erschießen und drollige Puppen erwürgen – o Märchenland, Wunderland, Alptraumland: Coney Island – wer bin ich denn? Ich bin ein Sohn des alten Europas, ich komme aus Deutschland, Dichterland, Denkerland, Henkerland: Seid umschlungen, Millionen, Schillerland. Nun gib's doch zu: Hier wird sie wahr, die Neunte Symphonie. Diesen Kuß der ganzen Welt. Es ist schön, in dieser Zeit Amerikas zu leben.

Neuer Umschlag: Ich bin im Museum of Modern Art. Hier hängen die Schätze Europas: Cézanne, Chagall und Matisse, Buffet und Picasso – und wie sie hängen; kein europäischer Museumsdirektor kann es so schön, so weiträumig und elegant hängen. Es ist nichts von der Müdigkeit und Muffigkeit kontinentaler Rumpelkammern der Kunst zu spüren. Es ist Donnerstag abend, und jeden Donnerstag abend findet hier vor den Meistern der Moderne ein Jazzkonzert statt, das erlesene Saxophonisten und die raffiniertesten Trompeter und Schlagzeuger der Staaten vereint. Es ist Donnerstagabend, ich stehe vor dem breiten Picasso-Gemälde, das ›Guernica‹ heißt, ich sehe in Spaniens

Schmerz und höre aus der Ferne die hellen, verspielten Kapriolen und Kadenzen des Saxophons kommen, wie sie den Raum, der groß und leer ist, ganz langsam erfüllen, an den Wänden emporlaufen, die Bilder abtasten, zurückkehren. Die Trompete zieht darüber eine lange melodische Schleife und kehrt wieder zurück, der dunkle Rhythmus der Trommeln darunter.

Ich trete auf den Hof, diesen herrlichen Innenhof des Museum of Modern Art, den niemand vergessen kann, der ihn nachts sah. Der Anblick ist vollkommen schön. Darf ich sagen: überwältigend? Er ist es. Mitten im Innenhof ragen hier die nächtlichen Wolkenkratzer von Manhattan auf, stehen, wie riesige Bäume, die brennen, im Himmel. Die schlanken, kubischen Türme sind erleuchtet, sie strahlen aus tausend Fenstern. Das hieß eben noch NBC Building oder 666 Building oder Time and Life Building, aber jetzt, wo die Jazzgruppe das alles umspielt, vereint und umzingelt, heißt es einfach: moderne Kunst. Manhattans jüngste Architektur ist hier zu einer immerwährenden Ausstellung ihrer selbst zusammengetreten. Sie lebt draußen und ist doch hier drinnen ein Teil der Kunst, ist selber Museum, stellt sich dar als ein Teil der »modern art«. Es ist ein bestürzender Augenblick, wo alles zusammenschießt. Ein Fest sublimer Verfeinerung, nur Licht und Glas, nur Farbe und Ton – eine Insel abstrakter Sensibilität mitten im Steinklotz Manhattan.

Welcher Deutsche, der Sammy Davis hörte, der Baldwin las, kennt Harlem nicht? Meint, es zu kennen? Meint, Bescheid zu wissen über das schwarze Getto Manhattans, das die Kraft und die Leidenschaft der unterdrückten Rasse staut? Man las von verwinkelten Gassen, von Nachtklubs und Hinterhofschuppen, in denen sich schwarze Jazzbands in wilder Melancholie Luft machen. So stellt man sich's vor, aber so ist es nicht. Es ist viel banaler. Harlem ist einfach Manhattan »uptown«; es liegt auf dem großen Schachbrettmuster der Stadt genauso offen, genauso rechtwinklig und rational da wie alle anderen Stadtteile auch. Die Straßen in Harlem sind genauso breit und geheimnisvoll wie hier überall, sie heißen auch Park Avenue, auch Madison Avenue, auch Fifth Avenue und wirken doch wie die armen, verkommenen Geschwister, die heruntergekommenen Verwandten, deren glanzvoller Name nur noch ein Hohn auf die Wirklichkeit ist. Denn hier ist das Viertel mit der größten Armut, der größten Arbeitslosigkeit, der höchsten Sterblichkeitsziffer von New York. Die Bevölkerungsdichte ist unüberbietbar und die tiefste Wurzel der Explosionen hier: Zweihunderttausend Menschen wohnen allein in East Harlem auf einer Quadratmeile. Eine gestaute, eine gepreßte Welt, Getto, das doch von außen banal und geheimnisvoll wirkt – manches erinnert nur an Berlin-Moabit oder auch an die Kantstraße. So ungefähr. Hohe, graue Mietshäuser, Warenhäuser, Möbelgeschäfte, Radioläden, etwas verkommener, etwas ärmer, aber doch vollgestopft mit den Requisiten der Nation. Nur daß es hier keine Hast und kein Tempo gibt.

Die Harlemer lehnen in den Fenstern, sitzen auf den Treppen und Feuerleitern, spielen Karten, laufen Bällen nach. Die erwachsene Jugend strebt den Weißen nach. Irgendein Tausendkünstler hat ein Haarglättungsmittel erfunden und hier unter die Leute gebracht. Die jungen Mädchen zeigen stolz ihre glatten, langsträhnigen Schöpfe, die jungen Burschen sind auch entkräuselt, sie tragen lange, glatte, fettig glänzende Nackenhaare, sehen von hinten aus wie Gigolos in Mailand, Turin oder Madrid.

Nur der Schmutz, der Straßenschmutz von Harlem erfüllt uralte Leseerwartung. Die Lenox Avenue ist übersät mit Abfall. Zeitungspapier und Pappreste, ein einziger öffentlicher Papierkorb, in dem die Füße raschelnd spazierengehen. Die Lenox Avenue ist wie ein unaufgeräumtes Schlachtfeld wilder amerikanischer Verbraucherleidenschaft. Alles zum Aufziehen, zum Aufschlitzen, zum schnellen Benutzen, zum Wegwerfen gemacht. Harlems farbige Bevölkerung verbraucht öffentlich und wirft öffentlich weg. Übt sie darin nicht die wichtigste Tugend der Vereinigten Staaten? Sie demonstriert auf eine unübersehbare Weise, was es zunächst einmal heißt, ein Amerikaner zu sein.

Das Zentrum von Harlem ist die Siebente Avenue Ecke 125. Straße. Die 125. Straße ist wieder so eine Art Kantstraße, leider, aber hier täuschen die Fassaden, denn diese Ecke ist brisant. Alle Unruhen in Harlem, alle Explosionen der angestauten Leidenschaften beginnen hier unmittelbar vor einem Haus der schwarzen Bücher, das auf seinem Schild den beruhigenden Hinweis gibt: »Das Haus des gesunden Menschenverstandes und Heim der wirklichen Werbung.« Der gesunde Menschenverstand hat hier seine Grenze, hier schlägt er um, denn an dieser Ecke ist die farbige Agitation zu Hause, hier werden flammende Reden und mitternächtliche Versammlungen gehalten. Die Zeit von Martin Luther King ist hier vorbei. Das Stichwort heißt Black Power. Die Schwarzen sind eine Macht, und die Moslems organisieren sie gegen den »Goddam White Man«, wie ein Buchtitel hier heißt. Bin ich der gottverfluchte weiße Mann?

Liegt es an dieser Verschärfung des Rassenkampfes, daß Harlem heute in seiner früheren Tradition als exotisches Vergnügungsviertel tot ist? Seit den letzten großen Unruhen betritt kein New Yorker die Stadt der Farbigen mehr. Es ist ein schweigender Boykott. Andererseits ist die Integration der Farbigen in den anderen Teilen New Yorks so weit vorangeschritten, daß die erfolgreichsten farbigen Musiker und Tänzer längst vom großen Show Business weggeholt wurden. Viele junge Farbige ziehen aus dem Getto der 125. Straße zum Washington Square nach Greenwich Village, wo sie sich in die Phalanx der intellektuellen Protestjugend einordnen. Die berühmten Bands sind längst aus Harlem ausgezogen. »He went downtown« ist hier eine stehende Redensart, und die Harlemer sagen das nüchtern-resigniert, wie die Berliner immer wieder sagen. »Der is nach'm Westen gegangen.«

Geblieben ist der Mann auf der Straße, die Masse der Bevölkerung, in einem Zustand dumpfer Resignation und gefährlicher Ratlosigkeit. Geblieben sind die sonntäglichen Feste schwarzer Frömmigkeit. Man kennt sie. Nirgends gibt es so viele Kirchen, Kapellen und Predigthäuser wie hier rund um die 125. Straße. Meist unscheinbar von außen, nüchtern und weltlich die Fassade, fast wie ein Reise- oder ein Wettbüro, aber darüber steht: The Greater Refuge Temple, Bishop William L. Bonner, Pastor. Hier wird unverändert das zweiteilige Schauspiel schwarzer Christianität zelebriert. Der erste Teil ist angelsächsisch, schmeckt unverkennbar nach einer Sonntagsschule in Liverpool oder London. In frommen Chören, in ernsten Gebeten und donnernden Predigten werden das Stück von der Sünde und Verlorenheit und das Gegenstück von Jesus, dem lieben schwarzen Mann, aufgeführt. Das Stück, das über zwei Stunden dauert, ist aber nur eine Vorübung, noch ganz in der Bravheit schwarzer Missionsschüler und englischer Methodistensöhne geraten. Es braucht seine Zeit, und wer den Gottesdienst in Bishop Bonners Tempel schon mittags um halb eins verläßt, wird nichts von dem Ausbruch schwarzer Leidenschaften erlebt haben.

Erst allmählich löst sich die englische Starre. Eine ältere Frau mit einem großen, blumenüberladenen Sonntagshut beginnt plötzlich vor mir zu schreien. Niemanden wundert das hier, keiner dreht sich um. Sie schreit in spitzen, schrillen Tönen: »Help, Jesus, help, o Lord, help my soul!« Andere Frauen beginnen zu schreien, jede für sich, ein Pfingstfest privater Entzückung, privater Ängste und Offenbarungen beginnt. Eine Jazzkapelle, die bisher von dem sanften Harmonium auf der rechten Seite übertönt war, ergreift auf der linken Seite die Herrschaft, sie schlägt mit melodisch scharfen Rhythmen in das Offenbarungsgeschehen ein, intoniert immer wieder die gleiche freudige Tanzmelodie, die die Gemeinde lauter und lauter mitsummt. Und dann stürzen die ersten Heimgesuchten vor, laufen durch den breiten Gang, werfen sich vor der Altarbank nieder, Zuckungen in den Gliedern, Angst im Rücken. Sie stoßen laute, gellende Schreie aus, reißen sich hoch, wie wenn sie körperlich kämpften, fallen wieder zusammen, springen auf, halten sich die Ohren erschreckt zu, rollen auf dem Boden, schreien und stöhnen. Angst ist jetzt überall eingebrochen, die Jazzband heizt an, wird lauter und lauter, das Schlagzeug ist jetzt eine Trommel im Urwald und schlägt durch in die schwärzesten Tiefen, und das Saxophon und die Klarinette darüber verheißen spätere Freude und himmlischen Geist. Jetzt ist nur noch Tanz in Bishop Bonners Tempel. Eine ganze Sonntagsgemeinde, die kleinbürgerlich-frömmelnd begann, ist in wildester Auflösung, ist Schrei und Ekstase, ist Kampf und Schlachtfeld dunkler Dämonen.

Was ist das? Das ist ein komplettes Symptombild religiöser Schizophrenien mit deutlichen Untertönen sexueller Erregung. Ein Ausbruch archaischer Ängste und ein Entzücken im Stil eines allgemeinen Orgasmus. Sie zittern vor der Altarbank, zucken und rutschen, werfen den Kopf schief hoch, lassen ihn kraftlos fallen, schreien. Aber es ist auch etwas anderes: Pastor Bonner geht wie ein Priester, der Hostien austeilt, von einem zum anderen. Er verteilt keine Hostien, Symbole sind hier nicht vonnöten. Er beschwört. Er legt die Hand auf den Kopf des Wahngeschüttelten, er betet und spricht, treibt aus, weist die Dämonen mit lauter Stimme weg. Er segnet. Der Kampf wird entschieden im Zeichen der Bibel. Jesus, der liebe schwarze Heiland, wird siegen.

Das Schlachtfeld beginnt sich zu beruhigen. Milder Gospelsang klingt nun durch den Saal. Jetzt wird die Kollekte nach vorne gebracht. Auf großen Schalen auf der Altarbank häufen sich Dollarnoten zu grünen Bergen. In Manhattans ärmstem

Stadtteil werden die größten Opfer gebracht. Keiner gibt Münzen, manche Zehn- oder Zwanzigdollarnoten. Die Kirche ist ein Sozialinstitut für alle und auch ein Geschäft, das sich lohnen muß. Es lohnt sich in Harlem noch immer, eine Kirche zu betreiben. Ein Night Club lohnt sich in Harlem nicht mehr.

Einige Gerüchte über New York müssen zerstört werden. Ein Kosmos der Völker, ein Schmelztiegel der Nationen, Engländer und Franzosen, Iren und Italiener, Spanier und Juden, Deutsche und Griechen – natürlich. Aber das Gerücht, das sich so hartnäckig damit verbindet, man könne deshalb hier auch bei diesen vielen Völkern »so typisch« zu Gast sein, ist eine liebenswerte Selbsttäuschung, die die New Yorker verbreiten. Sie stimmt nicht. Es kann keine Rede davon sein; eine wirkliche Pariser Atmosphäre, eine unverfälschte neapolitanische Heiterkeit, das echte Flair Münchener Boheme wird man an keiner Ecke der Weltstadt finden. Wie wenig die New Yorker doch von Europa wissen! In allen Stadtteilen gibt es die nationalen Quartiere, in denen die Sprachen, die Speisen, die Sitten, die Spezialitäten des Landes geboten werden. Gleich hinter Wallstreet beginnt Chinatown, und gleich hinter Chinatown beginnt die Italienerstadt. Es gibt diese Zentrierungen, aber sieh nur etwas genauer in sie hinein, rieche die Gerüche hier, beobachte die Gebärden, lies in diesen unendlich erschöpften Gesichtern, die müde auf schwarzen Feuerleitern sitzen, und du spürst sofort die Gebrochenheit der Nationalität, die Zerstörung der völkischen Herkunft, die Verkrampfung und Erstarrung der nationalen Riten. Die Stadt ist viel zu gewaltig und elementar, um nicht sofort zu verändern. Das sind wohl noch Juden, die in Brooklyn leben, aber es sind schon in der ersten Generation unverkennbar amerikanische Juden geworden, das sind wohl noch Italiener, aber es sind längst italienische New Yorker. Niemand kann sich der Gewalt dieser Stadt entziehen, die da sagt: Ich koche die Völker. Am groteskesten treiben es zweifellos die Deutschen in ihrer Stadt. Sieh dir das an: Yorkville genannt; es ist eine komische und gespenstische Illusion, was hier auf der Sechsundachtzigsten Straße als »Deutschland« der Welt verkauft wird.

Die 86. Straße: deutsche Schilder und Namen überall, oft in verzitterter Gotik geschrieben, Fraktur, höfische Lettern, uralt und urdeutsch. Deutsche Geschäfte, die Blutwurst, und Reisebüros, die Rheinland verkaufen. Deutsches Bier, Moselwein und deutsches Heimweh werden hier offeriert. Café Geiger und Café Hindenburg: Das Bild des bürstenhaarigen Feldmarschalls hängt im Fenster, und auf einer sahnebekränzten Torte steht süß und ernst vermahnend: »Die Treue ist das Mark der Ehre«. Altnazis und Juden, deutsche Touristen und Amerikaner, die für Heidelberg schwärmen, geben sich hier bei Sauerbraten, Kohl und Schrammelmusik ein düsteres Fest verlorener Gemütlichkeit. Im Hofbräuhaus spielt eine krachlederne Kapelle Weisen von 1910. »Muß i' denn, muß i' denn zum Städtele 'naus.« Das ist zwar schwäbisch, aber hier wird auf bayerisch gespielt; es ist so gemütlich. Trachtenvereine feiern Wiedersehen in altväterlichen Beinkleidern und wunderlich bunten Jäckchen, die offenbar rheinhessisch oder fränkisch sein sollen. Kein Mensch in Rheinhessen oder Franken trägt solche Gewänder mehr. In Brooklyn gibt es Hunderte solcher Traditionsvereine, die sich mit Fähnchen und kurzen Hosen, mit Gesang und Bier zu fröhlichem Deutschsein am Wochenende treffen. O Deutschland, deine Söhne in den Staaten: Sie tragen ein Heimatbild vor sich her, das schauerlich und grotesk ist, das aus brauner Soße und Fachwerkhäusern, aus Eisbein und Innerlichkeit besteht. Wilhelm II. und Hindenburg, Hitler und Adenauer könnte man hier im trauten Verein in einem Hinterzimmer beim Skat treffen, so schrieb Rudolf Hagelstange, als er das sah. Er hat recht. Man muß unser Deutschland verteidigen. So schlimm, wie die New Yorker es spielen, ist Deutschland nicht mehr.

Tragödie der Ausgestoßenen, Heimweh des Herzens – das mußt du gesehen haben, sagten sie, das ist unvorstellbar, das findest du höchstens noch in Tel Aviv einmal. Ich fuhr also nach Washington Heights und sah sie dort sitzen. Es war am höchsten Punkt von Manhattan, gleich unter den »Cloisters«, der New Yorker Klosterstadt, die John D. Rockefeller in Spanien fein säuberlich abtragen und in Manhattan fein säuberlich neu aufbauen ließ. Ein echtes Klostersystem mit Weihrauchgeruch an den Wänden und Gregorianik vom Tonband, Mittelalter zum Greifen und Hören, Gotik zum Fühlen, alles echt. Hier wird es von den New Yorkern befühlt und befaßt. Es fühlt sich so alt an: Geschichte ist das.

Darunter im Fort Tryon Park diese kleine, verborgene Cafeteria, um die sich niemand mehr kümmern würde, wäre sie nicht seit den dreißiger Jahren der einsame Treffpunkt der deutschen Juden. Die Cafeteria ist städtisch betrieben, ist also ganz billig und schlecht, kein New Yorker benutzt sie. So ist sie eine Enklave der Goldschmidts aus Breslau, der Wittkowskis aus Gleiwitz, der Cohns aus Leipzig, der Rosenbaums aus Dresden geworden. Und natürlich auch die aus Frankfurt, aus Stuttgart und Ulm sitzen hier. Sie sitzen auf altmodischen, harten Klappstühlen im Garten, trinken Kaffee, essen Torte und sprechen nicht englisch, nicht amerikanisch, nicht einmal richtig deutsch: Sie sprechen nur oberschlesisch und sächsisch, ostpreußisch und thüringisch und natürlich auch schwäbisch und bayerisch. Ein Pfingstfest der deutschen Dialekte ist hier zusammen, ein Café Kranzler im Grünen wie ein Wachsfigurenkabinett, alles so täuschend ähnlich wie 1930. Das ganze große, weite Reich der Deutschen, wie Hitler sich's träumte, ist hier zusammen in allen Gauen. Hier lebt noch Deutschland von der Maas bis an die Memel, von der Etsch bis an den Belt – und sind doch deutsche Juden. Ich meine, sie waren für Zyklon B und die schwarze Wand bestimmt.

Ist es nun jüdische Selbstironie, also Galgenhumor, daß sie sich heute noch hier in Washington Heights selber nur »Das Vierte Reich« nennen? Irgendwann sind sie rausgekommen, 33, 34 oder vielleicht auch erst 38. Irgendwann legten sie mit ihrem letzten Geld aus Europa an der Westside, an einer Kaimauer des Hudson an. »Sendet die Heimatlosen, die Sturmgepeitschten her zu mir.« Sie hatten Hitler überstanden, der Spuk lag weit hinter dem Meer. Washington Heights war damals ein schlechtes, armseliges Wohnquartier. Es war billig. Hier wurde der Professor aus Breslau Taxifahrer, der Kunsthistoriker aus Königsberg Hosenverkäufer, die Ullstein-Journalistin aus Berlin Friseuse. New York war grausam und hart, aber es war auch menschlich und gut. Es sagte 33: Ihr seid keine Untermenschen, ihr seid kein Geziefer, kein Geschwür der Völker. Faschismus ist Lüge. Ihr seid wie wir alle. Give him a chance!

New York hat auf diese Weise zahllosen deutschen Juden das Leben gerettet, aber das hindert die Goldschmidts und Cohns nicht, hier im Fort Tryon Park in der städtischen Cafeteria an jedem sonnigen Nachmittag seltsame, bizarre Feste des Deutschseins zu feiern. Natürlich sind alle schon älter. Sie haben in der 170. oder 180. Straße wieder solide bürgerliche Berufe. Die blondgefärbte, hochbusige Dame mit dem blumenbedruckten Kleid, die sich jetzt in steifer preußischer Gebärde Kaffee eingießt, sie wirkt so deutsch, sieht aus wie aus Hannover, eine Wachsfigur aus dem Hannover von 1930. Hier lebt's noch. Das Ehepaar an meinem Tisch, das in handfestem Badisch hajo und hano von Freiburg im Breisgau spricht – ist das denn New York? Es ist es. Es hat etwas Rührendes und etwas Gespenstisches, wie hier das Vierte Reich beieinandersitzt, Kaffee trinkt, Torte schleckt, deutscher Größe und Vergangenheit nachsinnt, deutsche Zeitungen liest, deutsche Rundfunksendungen abhört. Sie können diese schreckliche, gefährliche Liebe zu Deutschland nicht lassen. Und wenn sie sterben, und natürlich sterben sie jetzt langsam aus, so kannst du es in ihrer deutschen Zeitung, im ›Aufbau‹, in jeder Todesanzeige lesen: »Mein geliebter Mann, Herr Mendel Lewin, New York, früher Breslau. Sally Königsberger, New York, früher Königsberg. Nathan Goldstrom, New York, früher Heidelberg.« Du kannst es jede Woche in der Zeitung lesen, daß sie diesem Land bis zum Tode die Treue halten. Chiffren des Erkennens der Sterbenden: Max Ascher, Jackson Heights, New York, früher Berlin-Charlottenburg. Rosa Feigenbaum, New York City, früher Rülzheim/Pfalz. Ich denke: Sie können es auf den Tod nicht lassen.

Sequenz der Bilder, Sturzbach der Erinnerung, Dialektik der Erfahrung – New York, was bist du eigentlich? Du zerfällst immer mehr, wirst immer fremder, je mehr ich dich kenne. Bist du der Mann in der Westside Bar, der mir hart und vierschrötig das Wechselgeld hinknallt, daß die Münzen wieder hochspringen und eine Weile auf der braunen, schweren Eichentheke tanzen? Bist du der Farbige in der Show der 42. Straße, der steppt und tanzt und mit krächzender Kehle singt und Frohsinn verkauft? Bist du die alte Frau am Broadway, die mit einem selbstgemalten Schild für Gotteslohn wirbt: »Invest your money in God – it pays!« Bist du Madison Avenue, die Zentrale der Werbung, die Hochburg der Slogans und Spots, wo die Television-Fernsteuerung der »consumer personality« betrieben wird? Bist du die Hausfrau in Jackson Heights, die, weißgepudert und hochgeschminkt, ihr Drahtwägelchen durch die 75. Straße rollt, um bei Marx & Berliner Konserven und Fertiggerichte für die Woche zu kaufen? Sie ist wie eine Maske, so freundlich, zu mir: »Glad to see you here.« Bist du der Urwald der Schilder auf der 14. Straße, das magische Geflimmer von Worten und Zeichen, die niemand mehr liest? Bist du der alte Mann aus Europa, der Politiker aus Berlin, der jetzt unter einer kleinen Glühlampe in Jamaica, 179. Straße, nachdenklich seine Memoiren der Weimarer Republik schreibt? Was ist New

York? Gibt es so etwas wie eine Seele der Stadt? Ist ihre Analyse möglich?

Im Untersten, glaube ich, ist einfach Kraft, reine Dynamik. Sieh dir das an, wieviel geballte Kraft und Energie die Stadt dauernd ausströmt. Es ist jeden Morgen wie heißer Dampf, der zischend aus einer gewaltigen Lokomotive entweicht. Die Stadt bebt und vibriert jeden Morgen vor Kraft. Sie zittert – unerlöst. Geh an die Westside, mach den häßlichsten, schmutzigsten Spaziergang Manhattans, immer an Docks, an Hafenanlagen, Kaimauern, an Silos und Kühlhäusern vorbei. Hier ist der Bauch von New York. Sie entladen aus den schwarzen Schiffsleibern millionenfach Fleisch, nichts als rohes, rotes, gefrorenes Fleisch. Blutige Ochsen und Kühe werden im Blut steifgefroren verladen, eine Versammlung von Schweinen, die fettgelb ist und nach unten hängt – kilometerlang. Die Stadt ist pure, blinde Kraft. Sie schlägt dich und schüttelt dich und wirft dich zu Boden. Sie rattert in ohrenbetäubendem Lärm durch die Nacht. Sie knallt alles hin. Sie stoßen, sie checken. Ihr Lieblingswort: to check. Das heißt: anweisen, schimpfen, kontrollieren, stocken, stoßen und hemmen. Du hörst das Wort hundertmal jeden Tag. In diesem Wort ist die Kraft New Yorks versammelt. Hier wird alles gecheckt.

Daneben aber ist – Angst. New York ist erfüllt von unbeschreiblichen Ängsten, sie geistern Tag und Nacht durch die Stadt. Die Angst, daß Feuer ausbrechen könnte, die Angst, den Ausgang nicht zu finden, die Angst, nicht beachtet zu werden oder verlorenzugehen, die Angst, nicht normal zu sein, die Angst vor dem Alkohol, dem Verbrechen, dem Wahnsinn. Immer ist man hier auf den Ausbruch des Ungeheuerlichen gefaßt. Überall Notrufe, Signalanlagen, Alarmknöpfe, Hinweisschilder: What to do in case of fire! Ja, was soll man tun? Die Stadt ist von einer unbändigen Feuerhysterie beherrscht. Darum überall an den Hauswänden diese abscheulichen »fire escapes« und unten vor der Hauswand diese wütend hervorgestreckten Hydranten: Knallrot und giftiggelb stehen sie wie eiserne Bulldoggen bissig da, phallische Aggressionen – Wasserwerfer, Wachhunde auf allen Wegen.

Den ganzen Tag über jagen gewaltige Feuerlöschzüge durch die Straßen. Sie stoßen kein helles, sieghaftes Tati-tata aus wie bei uns. Sie nähern sich mit einem undefinierbaren, tiefen Gejaule. Sie heulen in jenen unterirdischen Saug- und Pumplauten, mit denen sich die Marsbewohner bei uns einmal anmelden werden: Hui, hui, hui, hui, jault es durch alle Straßen. Das

Viertel wird abgeriegelt. Lautsprecherwagen geben präzise Rettungsanweisungen, Sprungtücher werden ausgebreitet, blitzschnell wird ein Strom Wasser hochgeschossen. Ach, was soll denn hier brennen, hier ist doch alles aus Eisen, aus Stein und Glas. Es kohlte nur irgendwo ein Taschentuch, oder in einem Kochtopf war eben die Suppe angebrannt. Einerlei: Eine Katastrophe wird immer erwartet. Man kann es nicht oft genug üben: What to do in case of fire?

Dann die Angst. Wächst sie aus der Enge dieser wuchernden Wabenwelt? Träumen sie nachts davon, eingeschlossen, verriegelt, gefangen zu sein? Eine Welt ohne Türen? Über jeder Tür in New York prangt von innen dieses gelbe, rettende Schild: »Exit«. Kirchentüren, Subwaytüren, Toilettentüren, Türen in Bars und Drugstores, Büros und Cafeterias – wo immer nur eine Tür denkbar ist, ist die frohe, glückliche Botschaft über der Tür noch einmal in hohen Lettern befestigt: Ausgang. Jauchzende Erkenntnis: Die Tür ist wirklich eine Tür, sie ist offen, es steht ja geschrieben. Und dann muß auch jede Tür immer offenstehen. In jeder Wohnung, in jedem Büro, alle Türen in New York haben Tag und Nacht offen zu sein. Es könnte ja sein, es wäre ja möglich, daß plötzlich eine Katastrophe ausbricht. Was dann? Wer in dieser Stadt eine Tür hinter sich schließt, macht sich verdächtig. Er handelt gegen die tiefsten Ängste Amerikas.

Gewaltige Kraft und gewaltige Ängste – das würde nicht gehen, wenn es nicht zusammengehalten, gebündelt, beherrscht würde durch einen immensen Aufwand an praktischer Rationalität. Die Ratio steuert das Ganze gegen. Sie herrscht. Es ist alles so vernünftig und praktisch in dieser Stadt: die Straßeneinteilung, das Zahlensystem, die Telefondienste, dieser Urwald von blanken Automaten, der einen überall hilfreich umgibt. Das Denken in Dollars und der Text der Verfassung, alles strahlt reine Vernunft und Lust am Funktionieren aus. Es ist einfach leicht, hier zu leben, denn alles ist organisiert, funktioniert intelligent und vernünftig. Die höchsten Wolkenkratzer haben alle nur einen Briefkasten unten. Aber in jedem Stockwerk ist ein schmaler Schlitz für einen Briefschacht aus Glas, der nach unten führt. Da sieht man dann seine Postkarte durch siebenundzwanzig Stockwerke fallen – wer kommt schon sonst auf der Welt auf so einfache und vernünftige Lösungen?

Die Verluste solcher Rationalität sind enorm. Es fällt so viel aus, was das Leben aromatisch, blutwarm und verzwickt macht. Die Stadt kocht vor Lebenskraft und ist doch eiskalt. Sie sind so nett und hilfreich zu dir, wenn du kommst. Aber wenn du eine Minute zu lang bleibst, werfen sie dich aus wie Automaten. Sie lassen dich eiskalt fallen wie die Milch aus ihren Automaten. Nur keine Umwege, nur keine Brechungen, nur nicht das komplizierte Spiel der Verdrängungen, das Kultur hervorzaubern könnte. Es belastet. Die Stadt hat etwas verblüffend Direktes und Nacktes. Das gibt ihr jenen Zug infantiler Obszönität, der dir aus allen Schaufenstern entgegenleuchtet. Alles grell und hart und direkt: einfach schamlos. Alles immer nur es selbst. Es ist so praktisch: Man ißt nur, um satt zu werden, man verbraucht, wirft weg, steigt wieder ein, fährt weiter – das Leben ist ein funktionierendes Fest der Ratio, die frei und arm zugleich macht. Übrigens: Es macht wirklich frei.

Steht es in einem Gegensatz dazu, daß die Stadt zugleich die liebenswertesten Züge grotesker Verspieltheit zeigt? Gewiß, New York ist grau, hart und vernünftig, aber sieh dir die Farben der Taxis, dieses herrlich verspielte Kindergelb und Puppenstubenrot an, vergiß nicht die vielen Metaphern reiner Clownerie, die die Stadt in pittoresker Lustigkeit durchhüpfen: diese rotblauen Briefkästen, die wie gewaltige Papierkörbe onkelhaft auf den Straßen stehen. Sie sammeln den Abfall von morgen schon heute. Erinnere dich der vielen orange und marineblauen Baldachine, die vor den Hoteltüren und Funeral Homes fürstliche Empfänge versprechen. Welch ein Aufwand um nichts. Die Plakate in der Subway, die die subtilsten und witzigsten sind, die ich kenne: »You must not be Jewish for this bread!« Werbung für Matzen. Und wie der Neger lustig in die Matze beißt. Bedenke auch die Humanität einer Stadt, die in alle Bauzäune offizielle kleine Sehschlitze für die Neugierigen einbauen läßt. Da stehen sie dann an der Bretterwand und frönen ganz offen der Lust des Erspähens. Reines Voyeurtum – hier ist's erlaubt. Sie bauen hier Pennsylvania Station um. Darüber steht: Bethlehem Steel. Wer möchte nicht auf der Neunten Avenue Stahl aus Bethlehem besichtigen? Und wo gibt es bei uns Polizisten, die nachmittags große gelbe Stoppschilder eilfertig anschleppen: »Playstreet – closed!« Manhattans Kinder spielen auf den größten Straßen – amtlich. Und wo gibt es eine Zigaretten-Reklame wie die am Times Square von Camel? Der bunte Mann auf dem hohen Plakat stößt echte Rauchwolken aus. Herrliche Qualmringe ziehen genüßlich über die Straße. Jeder darf einmal dran riechen. Und die Privatautos erst, diese verrückten Spielzeuge der Amerikaner: von vorne blinkende

Urwaldvisionen, Raubtiergesichter in Blech, grotesk und böse mit Fratzen des Dschungels. Chromzähne, die sagen: Du, ich beiße dich! Und von der Seite: reine Meterware vom Band. Braune, gelbe und blaue Stoffballen zum Abschneiden: Wie lang hätten Sie's denn gern – Ihr Auto?

Die letzte Nacht. Meine Zeit ist um. Ich fliege morgen. Ich sitze in einer Wohnung, die in Queens liegt, in Jackson Heights in der 75. Straße. Ich zog inzwischen hierher. Ich bin ganz allein. Die Neonröhren summen, der Fernseher spielt, er hat dreizehn Kanäle, das Radio läuft, der Eisschrank knackt manchmal aus der Küche, eine gewaltige Air-condition-Maschine fächert mir vom Fenster milde Polarluft entgegen. Ich bin ganz allein unter lauter fleißigen, netten Maschinen Amerikas, es ist Mitternacht, und ich denke: Das war es also. Das Spiel ist aus. Der Vorhang zu. Das war New York. Wie war es eigentlich? War es nun schön? War es schrecklich? Sie werden dich fragen, und du mußt eine Antwort wissen. Alle werden dich nun in Deutschland fragen: Wie war's denn nun in Amerika, na? Und du mußt dann sagen: Wunderschön war's, oder: Ach, ziemlich schrecklich. Irgend so etwas mußt du bereithalten. Ich kann das nicht. Ich weiß das nicht. Ich bin nur vier Wochen durch die Straßen von New York gelaufen, an Wolkenkratzern und Feuerleitern, an schamlosen Schaufenstern und hochverzäunten Baseballplätzen vorbei, hinter denen halbwüchsige Neger wie Gazellen sprangen und Hunde den Asphalt ableckten. Es war ein Sammeln und Suchen, ein Sehen und Schmecken, ich bin mit der Subway durch viele Nächte gefahren, habe mich schlagen und schütteln lassen. Die Stadt ging auf mich wie ein Faustschlag nieder und hat mich wieder erhoben und neu entzückt. Die alten Augen, die neuen Ohren, die neuen Augen, die alten Ohren – wie war's denn nun?

Vielleicht soherum: Ich fahre gern zurück, ja. Schon seit Wochen spüre ich so etwas wie Heimweh. Ich ertappe mich öfters dabei, wie ich nach der Flugkarte suche, prüfe, ob auch das Datum stimmt. Die Nachricht vom Streik der amerikanischen Linien erschreckte mich. Nur nicht den Rückflug versäumen. Die Stadt ist erregend, aber es fehlt auch so viel. Was ist es denn? Es ist schwer zu beschreiben. Ist es einfach die Heimat, die Last der Geschichte, der Boden Europas, aus dem Kathedralen wuchsen? Stimme ich auch diesen Choral unserer Abendländer an? Ich auch? Wann ging ich denn in Kathedraen? Ich habe es kaum beachtet in Deutschland. Ich war nie stolz darauf: Geschichte und Volk und Kultur, was besagt das schon? Hier draußen wird's spürbar. In seiner Abwesenheit wird es offenbar. Das gibt es, und dieses Etwas fehlt hier.

Und doch: Etwas wird bleiben. Das geht nicht mehr unter wie andere Reisen. Das war wie ein Schock, ein Streifschuß der anderen Welt. Da bleiben Narben. Du gehst gern nach Deutschland zurück, aber wenn du ehrlich bist: Du wirst nicht mehr ganz der alte sein, wenn du dort ankommst. Etwas hat sich verändert. Ein Bazillus hat dich beflogen. Du wirst dich immer wieder gelegentlich bei dem Satz ertappen: »Ja, aber in Amerika, wissen Sie ... « Immer wieder wird in deine abendlichen Gespräche dieser Satz einschießen: »In New York damals, wissen Sie ...« Das wird wie eine Krankheit, eine Infektion der Stadt, ein Bumerang der Erinnerung werden: »Wissen Sie, in Amerika, da ist das so.«

Ich glaube, das genau ist es. Man hat die Unschuld Europas verloren, wenn man einmal in New York war. Der Hochmut der Erstgeborenen wurde gebrochen. Das ist eine neue Welt. Mit ihr muß man rechnen.

(1967)